老北大讲义

传承百年学术重镇薪火与精华

中国金石学概论

马衡 著

時代文藝出版社

图书在版编目（CIP）数据

中国金石学概论 / 马衡著．一长春：时代文艺出版社，2019.5

ISBN 978-7-5387-5739-2

I. ①中… II. ①马… III. ①金石学－概论－中国 IV. ①K877.24

中国版本图书馆CIP数据核字（2018）第003661号

出品人 陈琛
产品总监 郭力家
责任编辑 方伟
助理编辑 刘力
装帧设计 孙利
排版制作 毛倩雯

中国金石学概论

马衡 著

出版发行 / 时代文艺出版社
地址 / 长春市净月高新技术产业开发区生态大街与福祉大路交会西行200米
出版集团A座15楼 时代文艺出版社 邮编 / 130000
北京开发部 / 010-63108163
官方微博 / weibo.com / tlapress 天猫旗舰店 / sdwycbsgf.tmall.com
印刷 / 三河市万龙印装有限公司
开本 / 710mm × 1000mm 1 / 16 字数 / 225千字 印张 / 18.75
版次 / 2019年5月第1版 印次 / 2019年5月第1次印刷 定价 / 45.00元

图书如有印装错误 请寄回印厂调换

出版说明

自1898年建校以来，北京大学作为中国第一所国立大学，当仁不让地成为一座重镇。我们很难在“重镇”的前面加上合适的定语，如果挂一漏万地勉强做一下尝试，那么，如下关键词应该无法忽略：教育、学术、思想、文化传承；如果再在这些严肃的字眼前做个补充，我们应该谨慎地加上——心目中。

因此，这句话完整地表述出来，或许是这个样子的——北大是我们心目中一座教育、学术、思想和文化传承的重镇。

从语法的角度来看，离中心词越远的形容词，它的定语功能越弱，因此，这个“心目中”的限定作用其实很让人怀疑——难道事实不是这样吗？难道北大只是无数人在心中塑造的神圣殿堂吗？

确实如此，在我们没有条件走入北大的课堂，在我们没有聆听教授们的传道、授业、解惑，甚至在我们没有阅读这套《老北大讲义》之前，它只不过存在于我们渴求学业、探求人文理想的心目中。如今的我们很难跨越时空触摸“五四”时期的红楼，也再无可能听到黄侃挤兑胡适的精彩言辞——但好在，校址课堂可以变换，教授先生可以逝去，但这套《老北大讲义》，仍然使这座学术思想的重镇触手可及般呈现在我们的面前，而不仅仅再让我们于心目中憧憬和描摹。事实上，又有什么比文字著述能流传得更远更久，同时又能连缀百年与今日、先贤与遗产呢？

这套《老北大讲义》，就是这样与我们“心目中”的那座殿堂如此接近，它来自于塑造这座重镇所需的基石——现在我们依然无法用准确的词汇总结出给神殿做基石所必要的成分。好在北大建校百年后的大洋彼岸，美国斯坦福大学明确拒绝了国务卿赖斯重回母校任职的申请。一位教授这样阐述他的理由：赖斯为之服务的政府破坏了正义、科学、专业、正直等基本的学术价值观，斯坦福不应该再让她回来。美国人在现代文明中体会到“学校”的本质精神，而早在百年前社会思想纷杂的乱世中，北大的学者便在这个基础上加上了“勇气”二字，因为，他们面对的是启蒙。

正是基于勇气之下的正义、科学、专业、正直，老北大的讲义直到如今，依然在现代学术和思想史上具有无可替代的价值。原因似乎很简单：它只为良知负责，而不掺杂任何功利；原因却也很复杂：能够做到这一点，并不是仅有愿望和坚持那么容易。因此，我们很难想象，这套《老北大讲义》，是如何能够穿越百年风云，在思想的多次变革和社会的动荡过后，依然能够熠熠闪光。

或许所有的答案早在蔡元培先生的一句话中：“循思想自由原则，取兼容并包之义。”这是北大的立校之基，是北大的教育准绳。但是，如果我们抛开了学校与教育的因素，就会清晰地看到现代学术与思想发轫的源头。正是本着这种精神，这套《老北大讲义》呈现出大多数人意想不到的面貌：

其一，它涵盖了文学、史学、艺术、哲学甚至更多的边缘学科。而我们大概很难想到那些目前几近符号化定格的先贤竟会如此“跨学科”，在某个非专项的细小考证上侃侃而谈；

其二，在同类学术问题的思考上，各教授的观点未必一致甚或相左。课堂上也经常有明讥暗讽、互相贬低之类的掌故。但这并不妨碍落了下风的一方以独立的精神和学术的品格坚守自己；

其三，在当时的情况下，教授们对西方现代哲学思想或历史观念的了解并不很深，哪怕对本国正在发生的白话文运动也多有不成熟的看法，但这并不妨碍以客观踏实的精神大胆探求；

其四，即或放在今天，我们依然看到著述中鲜活的思路和治学原则。或许其所述内容业已陈旧，但其字里行间跳动的思想却是今天的某些所谓巨著中缺少的灵魂。

正因为如此，《老北大讲义》不仅仅是小小课堂的教学工具，更是现代学术和思想发轫的第一媒介。因为有了李大钊的《史学要论》，才有了马克思主义唯物史观在中国的首次公开而正式的传播；因为有了胡适的西方哲学讲义，才有了国人对西方文明尤其是现代思潮的进一步了解；因为有了钱玄同和刘半农的汉语研究，才有了推动白话文运动的基本依据……

当我们无法亲临北大课堂，当我们无法回到那个大师辈出的年代时，这套《老北大讲义》像是一座桥梁沟通了时空，轻易地在我们脚下搭建了一条通往中国学养源头的路。

然而，对这些珍贵思想文化遗产的整理和推广，看似轻易简单，实则困难重重。在首批推出的著述中，我们不得不仔细考虑作者的成就与影响，也不得不考量每一本书的内容价值，甚至还得兼顾品种的丰富性和学科的完整性，因此，难免有遗珠之憾。

此外，有些影响较广的著述，此前亦有各种单行本见于市面。编者虽然力求呈现出更多的新品种，填补文化传承上的空白，但考虑到这是国内首次完整地以“老北大讲义”的概念进行编纂出版，所以，我们也在严谨衡量的基础上推出了这类“旧作”。

以往，老北大讲义有很多著述仅有存目，出版本十分罕见。但让我们十分快慰的是，在此次编选的过程中找到了一些孤本，不日将陆续付梓——在兴奋与欣喜之余，我们也不免惧怕，如果再不出版，它们，这些凝聚一流学者的毕生心血的思想学术经典，恐怕后人再难读到了。

正因如此，我们希望这套书的出版，能够延续我们“心目中”的那座殿堂，否则，很难说再过百年后，北大是不是一座空中楼阁，会不会只是个在口头传颂的一段传奇。

关于作者与本书

马衡（1881—1955），浙江鄞县人，字叔平，我国著名的金石考古学家、书法篆刻家。吴昌硕去世后他被公推为西泠印社第二任社长，“遥领社职”，并从1924年起，多次参与故宫博物院的文物点查、维护工作，曾任故宫博物院院长长达十九年，在战乱中亲自主持故宫文物的南迁、西运，确保了故宫万余箱文物毫发未损，更在关键时刻拒运文物赴台，使故宫能以今日的面貌存在。

马衡毕生致力于金石学的研究，精于汉魏石经，其治学上承清代乾嘉学派的训诂考据传统，注重对文物发掘考古的现场考察，主持过燕下都遗址的发掘，对中国考古学由金石考证向田野发掘过渡有促进之功。郭沫若认为：“马衡先生是中国近代考古学的前驱。他继承了清代乾嘉学派的朴学传统，而又锐意采用科学的方法，使中国金石博古之学趋于近代化。”

马衡在学术上成就众多，贡献巨大：他确定了殷墟甲骨年代，测定了先唐十五等尺长度，肯定石鼓为秦刻，系统研究了我国古籍制度，对汉熹平魏正始石经之研究成果达到后人难逾之高度，深入探讨了中国书籍制度之变迁……郭沫若评价他：“凡德业足以益人者，人不能忘之，马先生虽颇自计，然其所成就，已应归于不朽。”

这本《中国金石学概论》，是其任教北大时的讲义。1917 年，马衡任北京大学附设国史编纂处征集员，并于次年任文学院国文系金石学讲师。北大研究所国学门成立后，任考古学研究室主任兼导师，并在历史系讲授中国金石学。

张中行回忆马衡先生授课情形："他在北大是名誉教授，开'金石学'课，我听了一年。他个头儿在中人以下，装束和举止都整饬，说话慢条斯理，都有根有据，没有一句是出于灵机一动。"

而作为讲义的本书，不仅探讨了金石学的定义、范围与历史，同时也指出了金石学研究的方法与材料的搜集、保存、流传等处置方法，堪称全面的学科导论性文献，具有统领学科的巨大价值，被誉为近代金石学的开山之作。

目　录

卷　一

中国金石学概要（上）

绪　论

第一章　金石学之定义及其范围

金石者，往古人类之遗文，或一切有意识之作品，赖金石或其他物质以直接流传至于今日者，皆是也。以此种材料作客观的研究以贡献于史学者，谓之金石学。古代人类所遗留之材料，凡与中国史有关者，谓之中国金石学。

凡甲骨刻辞、彝器款识、碑版铭志及一切金石、竹木、砖瓦等之有文字者，皆遗文也。其虽无文字而可予吾人以真确之印象者，如手写或雕刻之图画，明器中之人物模型及一切凡具形制之器物等，皆有意识之作品也。

由上所言，既名金石学，而范围乃不仅限于金石者何欤？盖有故焉。试先述其名称之由来及学科成立之概况。

商周之时，所谓金石者，皆指乐器而言，非今之所谓金石也。其以金与石并举，而略同于今之定义者，盖自秦始。《史记·秦始皇本纪》所载群臣奏议及始皇二世诏书，多曰金石刻，或曰金石刻辞。其意盖欲以文辞托之不朽之物质，以永其寿命，故合金与石而称之曰金石刻或金石刻辞。后世称此类刻辞，谓之金石文字，或竟简称为金石。

五代以前，无专治金石学者。昔傅山问阎若璩，“此学始于何代何人”，阎举七事以答之。王鸣盛为钱大昕作《潜研堂金石文跋尾序》，又续举十一事。李遇孙辑《金石学录》，其第一卷中皆辑自经典、《史》、《汉》以及唐五代者，并阎氏王氏所举者计之，亦不过四十余事。此四十余事中，不皆属于考证。其有可以订讹补缺者，亦皆一鳞片甲，不能成家。有宋一代，始有专攻此学者，欧阳修《集古录》为金石有专书之始。自是以后，吕大临、薛尚功、黄伯思、赵明诚、洪适辈，各有著述，蔚为专家。郑樵作《通志》，以金石别立一门，侪于二十略之列。而后金石学一科，始成为专门之学，卓然独立，即以物质之名称为其学科之名称矣。

宋以来之为此学者，大致分为二类。其一可名为古器物之学，不论其为金为玉，不论其有无文字，凡属三代、秦、汉之器物，皆供赏玩者是也。其一可名为金石文字之学，不论其物质之为何，苟有镌刻之文字，皆见采录者是也。故此二者之范围，最初仅限于器物及碑碣，其后乃渐及于瓦当砖甓之属。至于今日，古物出土之种类，日益滋多，殷虚之甲骨，燕齐之陶器，齐鲁之封泥，西域之简牍，河洛之明器等，皆前人著录所未及者。物质名称虽不足以赅之，而确为此学范围以内所当研究者。故今日之所谓金石学，乃兼古器物学、金石文字学而推广之，为广义的学科名称，非仅限于狭义的物质名称已也。

第二章　金石学与史学之关系（缺）

分　论

第三章　历代铜器

考古学家谓人类进化之阶，由石器时代进而为铜器时代，更进而为铁器时代。中国当商周之时，铜器最为流行，是为中国之铜器时代。今日流传之古铜器，十之七八为其时之物，文字花纹制作皆工细绝伦。吾人观其艺术之精，即可想见当时冶铸术演进之程序矣。古籍中于金工之事记载详备者，当推《考工记》一书（《考工记》虽以补《周礼·冬官》之缺，犹不失为东周时之书）。《记》言："攻金之工，筑氏执下齐，冶氏执上齐，凫氏为声，栗氏为量，段氏为镈器，桃氏为刃。金有六齐：六分其金而锡居一谓之锺鼎之齐，五分其金而锡居一谓之斧斤之齐，四分其金而锡居一谓之戈戟之齐，参分其金而锡居一谓之大刃之齐，五分其金而锡居二谓之削杀矢之齐，金锡半谓之鉴燧之齐。"此言分职及合金之品数也。六职各条，则言诸器制作之法也。又篇首云，"巧者述之守之，世谓之工"，则言百工之事世继其业也。

分工则其艺专一，世业则其术精进，无惑乎商周时代铜器之多且精也。降至秦汉，世工之制虽侵废止，而铜器时代之积习尚未尽除，故尚方服御诸器犹相沿用铜。至于后世，铜之材料渐缺，以之铸钱犹虞不足，遑论铸器。故始而严禁以铜铸器，继而毁器以铸钱矣。今传世诸器，商周为多，秦汉魏晋次之，六朝以后最少者，职是故也。

其名称类别，偻指难数，今括其大要，约分六目：一曰礼乐器，二曰度量衡，三曰钱币，四曰符玺，五曰服御器，六曰古兵。次第述之如下。

一　礼乐器

《礼经》所记礼乐诸器，汉儒笺注已不能无误。后世治礼者，以意为图，失之愈远。宋人若吕大临黄伯思辈，搜罗古器，探索源流，审释其文字，考订其形制，据《礼经》以定名称，凭实物以正笺注，于是远古法物，始与经文相发明。有清一代，通儒辈出，循是以求，益加精进。汉代经师之失，赖以订正者尤多。较之全凭笺注臆定形状者，相去岂可以道里计哉？

礼器之总名，古人概曰尊彝。有合称尊彝者，有单称尊或彝者。分言之，则烹煮之器曰鼎，曰鬲，曰甗，黍稷之器曰敦，曰簠，曰簋，酒器曰尊，曰罍，曰壶，曰卣，曰觥，曰盉，曰爵，曰觚，曰觯，曰角，曰斝，曰勺，脯醢之器曰豆，盥洗之器曰盘，曰匜，载鼎实之器曰匕，曰柶，承酒器之案曰禁，盛冰之器曰鑑。其名称往往见于器中，读其铭辞即知为何器。

其为用也，则有宗器，有旅器，有媵器。

宗器用之宗庙。凡曰作宗彝，作祭器，或器名之前著其祖考之名，或称尊彝、宝彝而有蒸、尝、享、孝等字者，皆是也。

旅器用以征行。古者天子诸侯之出，必奉主车，每舍有奠告之礼，《礼记·曾子问》言之详矣。《春秋·左传》曰，“牺象不出门”，《礼记·曲礼》曰，“祭器不逾竟”，则凡师田之祷祠，不得不别作祭器以供之，是谓旅器。

《易·旅卦》之《释文》云，“羇旅也”，孔《疏》云，“失其本居而寄他方谓之为旅”，是旅有行义。故虢叔簋直铭之曰“铸行簋”，公父匜曰“铸行匜”。他若史穴簠曰，“作旅匡，从王征行”，曾伯霥簠曰，“余用自作旅簠，以征以行”，虢仲簋曰，“以王南征伐南淮夷，在成周作旅簋”，皆明言征行。旅之为字，异文尤多。有从辵作遊者（曾伯霥簠，陈公子甗），有从车作旍者（仲叔尊，毛公敦，旧释旅车二字，非），有从车从止作旟者（伯贞甗），有从㫃从车作旍者（旅车卣），有从从、从辵者（单从鼎，芮公鼎，旧释从，疑亦遊之省），有省旅著车者（车卣）。辵也，止也，车也，皆有行义。证以铭辞，求之字义，其为行器明矣。

媵器用以媵女。《说文》（人部）：“佚，送也。吕不韦曰，‘有侁氏以伊尹佚女’。”又（贝部）：“賸……一曰送也。”盖以人送嫁谓之佚，以物送嫁谓之賸，古者佚、賸本一字也。鄦子簠曰，“用铸其簠以賸孟姜秦嬴”，鲁伯厚父盘曰，“作仲姬俞賸盘”，其字正作賸。又有作朕（寿鼎、薛侯匜、鲁伯愈父鬲），作媵（季良父簠），作妌（芮公鬲）者，皆佚、賸二字之省变。凡此诸器，无不著女姓者，尤为以物送嫁之明证。

以上三者，皆礼器之用也。

与礼器并重者，则有乐器。乐之八音，金居其首。传世之器，种类不多。今就所见者约略举之，惟钟、鼓、錞、铎等数种而已。尚有非金属之乐，如埙，如磬，亦附述于后。

古之礼乐器，祭祀与燕飨共之。故钟鼎之铭难言祭祀，亦有兼及燕飨者。如邾公华钟云，“以恤其祭祀盟祀，以乐大夫，以宴士庶”，先兽鼎云，“作朕考宝尊鼎，朝夕飨厥朋友”，明燕飨与祭祀同器也。亦有不言祭祀而独举燕飨者，所见惟许子钟、邾公牼钟、子璋钟、簷鼎、赵曹鼎、欮敦等数器，是或专供燕飨之用者欤？

鼎　鼎本象形字。商器有作父己宝鼎，其字作，象三足两耳硕腹之形。《殷虚书契》（卷八第七页）有字（卜辞皆以鼎为贞，与许说合），犹不失其形状。其后渐趋整齐，由而变为（《书契》卷七第三十九页，与厘鼎字略同），（同上），（师奎父鼎）、（毛公鼎），最后乃成小篆之（之变为，犹之变为）。其为卦也，巽下离上，有烹饪之用，孔《疏》所谓就用释卦名也。于字则象其形，于卦则明其用，二者本不相涉。许氏引《易》以解字形，谓“象析木以炊”，求之六书，转不可通。

古人制器，本以应用，故鼎之大小虽无定，而形制则皆有足有耳。足者，虚其下以待爨也，圆者三足，方者四足。三足为鼎之常制，故古人多以鼎足表三之数。耳者，所以贯铉而举之也，故多在唇上。其在唇外者，则谓之附耳，《尔雅》（《释器》）所谓“附耳外谓之釴”是也。所以附耳于外者，为其可以容盖也，故附耳之鼎，皆莫不有盖（凡礼器之无盖者，则覆之以布，是谓之鼏）。汉鼎多短足附耳有盖。盖有三耳，仰之则成三足。其制自六国时已然。夫鼎足本为炊而设，短则不能置薪，不几等于虚设乎？然由此可以推知灶之设备，盖至晚周时始完，其先之所谓灶者，不过指炊爨之所而言，炊爨时仍各于器下置薪，不似后世之指炊爨之具也。

鬲　鬲亦鼎属。《尔雅》（《释器》）：“鼎款足者谓之鬲。”郭《注》云：“鼎曲脚也。”《史记·蔡泽列传》索隐云：“款者，空也，言其足中空也。”今验之于器，足皆中空，始信司马贞之说较郭璞为有据。所以必空其足者，取其近火而易熟也。其制三足，略与鼎同。腹硕而口较欲，不皆有耳，此为异耳。

其字亦象形，许君谓“象腹交文，三足”。单伯鬲作，召仲鬲作，其形最肖。

甗 甗之上体似鼎而无底与足，下体似鬲，中著以箄。有上下各为一器者，有合成一器而不能分者，有以机钮连属二器俾可开合者。其制多为圆形，然亦有如方鼎之制而下承以四足者。《考工记·陶人注》引先郑云：“甗，无底甑。”《说文》（瓦部）：“甗，甑也。一曰穿也。”（段玉裁改为一穿，然箄不止一穿，其义仍未安。）是其为用正如今之蒸笼，所以承水升气于上也。三代以后，形制微异。潍县陈氏藏汉渔阳郡孝文庙甗镀，上器如盆，有盖，下器如洗而腹较深，中有箄，不作上鼎下鬲形。铭文称为铜甗镀。吴大澂《恒轩吉金录》有平阳甗，制如孝文庙甗镀之下器，铭文称为鏖甗。端方《陶斋吉金录》有晋釜，上下二器，与孝文庙甗镀同，铭文称为铜釜。则汉晋之制大略相同矣。

《说文》于鬲部收鬳字，曰“鬲属”，于瓦部又收甗字，曰“甑也”，其实鬳、甗为一字。鬲之重文作瓰，则甗当为鬳之重文明矣。惟见于商周器铭者又皆作献（从虍，从鼎，从犬，郑大司甗省鼎、疐甗省虍独不省犬），无作鬳或甗者。《殷虚书契》（卷五第五页）有字，释作甗，正象器形。是又最初之象形字矣。

据《考工记》言“陶人为甗鬲”，是鬲甗皆为陶器，后乃有以铜制者（古器本不皆用铜，今所见礼器皆铜者，盖以铜仿制之耳）。但今出土陶鬲甚多，而陶甗则未之见。

鼎、鬲、甗同为煮器，用各不同。旧说鼎用于肉胾，鬲甗用于粢盛。今验之器铭，鼎盖兼有二者之用。有曰鬻彝（史颂鼎），鬻牛鼎

（曶鼎），脍鼎（超亥鼎）者，用于肉胾者也。有曰馈鼎（弋叔鼎），齍鼎（厘鼎）者，用于粢盛者也。鬲则曰齍鬲（白浅父鬲），馈齍（戏伯鬲），甗则曰用鬺稻粱（陈公子甗），皆只供粢盛之用。《仪礼·士丧礼》，“夏祝鬻余饭，用二鬲于西墙下”，《世说新语》（夙惠），“陈元方季方炊……忘著箄，饭落釜中成糜”，是皆以鬲甗煮粥饭之证也。

齍䵼二字，旧释不一。且有以铭中直称作齍（尚鼎），作䵼（斿妇鼎），而疑为器名者，尤为非是。

齍，盖盍字。《说文》（皿部）：“盍，黍稷在器以祀者。”前人以盍盛非鼎实，遂不敢确定。今知鼎之为用，兼任粢盛，则齍之为盍，复何疑义。

䵼字，王静安谓从匕肉，从廾，从鼎，有匕肉于鼎之义，引申而为进为奉。历鼎应公鼎之“夙夕䵼享”，即《诗·周颂》之“我将我享。其说是也”。

鼎称齍鼎、䵼鼎，犹壶称醴壶（郑楙叔宾父壶），盘称頮盘（鲁伯愈父盘），就其用以言之也。所谓作䵼、作齍者，偶未著其器名，非即以之名器，是犹旅器之曰作旅（燹王彝），剩器之曰作剩（稣冶妊鼎）耳。亦有非鼎而以䵼名者，如敦曰作宝䵼（来兽敦），作尊䵼彝（尨姞鼎敦），作䵼彝（史颂敦，宗妇敦），簠、壶、角、盘、鬲、甗，皆曰作赞彝（宄簠、宗妇壶、日辛角、宗妇盘、王作赞母鬲、妇姑甗），或为黍稷器，或为酒器，或为盥洗器，皆与匕肉无涉。其中如史颂敦、妇姑甗及宗妇敦、壶、盘之铭，皆有同文之鼎，其铭辞不差一字。意其时并作诸器，即以同一之铭辞被之，而于䵼字之下著器之共名。其后沿用既久，亦间有用专名者，如伯雒父敦曰“作宝䵼敦”，树仲敦曰“作䵼彝尊敦”，遂成进奉之义矣。

敦 敦为盛黍稷之器。其制似盂，或敛口，或侈口。下有圈底，或缀三足，或连方座。旁有两大耳（耳或下垂如珥）。上有盖，是谓之会。盖亦有圈，却置之可以为足。

又有自来图录家所称为彝者，考其形制，亦皆为敦。自《博古图》以敦之小者列入此类，后世相承，遂有彝之一目。此事自陈介祺潘祖荫诸人辨之，而王静安始著其说于《古礼器略说》。

簠、簋　簠、簋之用与敦同。《说文》（竹部）“簋，黍稷方器也”。“簠，黍稷圜器也。”今验之古器，适得其反。簠侈口而长方，簋敛口而椭圆，与郑说相近。可知汉世诸儒已不能详其形制。甚有外方内圆、外圆内方，互异其说者。不有原器，乌从正之。至其两耳四足，有盖可以却置，则簠与簋初无区别。

簠有以筐名者，所见不下五六器，铭辞有以筐叶均者，有非叶均者，颇疑礼器之簠簋，与筐筥为同类。《诗·国风·采蘋》，“维筐及筥”，毛《传》云：“方曰筐，圆曰筥”。其说解亦与簠簋同，故簠得称筐也。近新郑出土古礼器甚夥，中有簠六而无簋。有一器类长方形之盘，底平口侈而四隅略圆，两端有联环，两侧亦各有一环，铭七字，曰“王子婴次之庻卢”。《说文》（皿部），“卢，饭器也”。又（凵部），“凵卢，饭器，以柳为之”（《方言》十三作“䇯𥰭”，《仪礼·士昏礼》郑《注》作“莒籚簾”）。其器外花纹作编织形，花纹上下又作绳形以周匝之，所以象柳或竹编制之状，其为饭器，盖无疑义。第常器用柳，而此则以铜仿制之耳。既为饭器，则其用与簠簋同矣。王静安据《隶续》所录魏《三体石经》筥之古文作[illegible]，以为金文中篖鼎、酅鼎、酅侯敦等器篖之或酅，即筥国之筥。饭器之卢，亦即筐筥之筥。是则簠簋与筐筥，名异而实同也。

黍稷宜温，故敦与簠簋皆有盖。盖亦用以盛，故皆可以却置。审其制作，可以知其用矣。

尊、罍 《礼经》称盛酒之器皆曰尊，犹之饮酒之器皆曰爵也。若就其专名言之，则尊为盛酒器之一种。其形圆而硕腹侈口。有朴素类觯者，有有棱似觚者。大者容五六升，小者容一二升。王静安谓“有大共名之尊，有小共名之尊，又有专名之尊”是也。其硕腹颈者谓之罍，容量大于尊。《博古图》所收，有容一二石者、有容二三斗者，亦无一定之制。按《诗·卷耳疏》引《五经异义》述毛说云：“大一石”。《尔雅》(《释器》) 郭《注》云：“大者受一斛”，皆就其大者而言。若山罍、大罍则皆受五斗（聂崇义《三礼图》张镒引阮谌说)，《尔雅》(《释器》) 又谓“小罍谓之坎”。知罍本有大小之等差，因其名物而异耳。

牺尊象尊之说，自来未有定论。魏王肃于鲁郡得齐大夫子尾送女器，有牺尊，作牺牛形。梁刘杳又谓晋时发齐景公冢，得二尊，形亦为牛象。二子皆凭实验，非逞臆说，自较墨守陈义者为可信。近代收藏家尚有牺尊，其器作牛形，凿背内酒，与魏晋所出者正同。又有鸮尊、凤尊以首为盖，以颈受酒。

尚有作饕餮食人状者，其制尤奇。是皆于《礼经》无徵者也。

壶 壶之字象器形，《殷虚书契》（卷五第五页）作，金文作（虞司寇壶）。小篆作，上象盖，下象耳腹之形。黄伯思《东观余论》云：“壶之象如瓜壶之壶，《豳》诗所谓‘八月断壶’，盖瓜壶也。上古之时……因壶以为壶。”按《诗》毛传云：“壶，瓠也”。《庄子·逍遥游篇》说瓠云：“何不虑以为大樽。”《释文》引司马云：“樽如酒器。”知古者有以瓠为酒器者矣。

又有所谓𦉜者（仲义父𦉜），制为壶而名为𦉜。《说文》(缶部)：“𦉜，瓦器也。”《玉篇》《广韵》皆云：“似缾有耳。”《诗·小雅》：“缾之罄矣，维罍之耻。”亦谓缾为盛酒器之小者。《积古斋钟鼎彝器款识》载史宾钘。其字作纰，阮元云：“即《说文》之‘钘’字。”盖𦉜、缾、钘，皆壶属也。汉谓之钟，其方者谓之钫。名虽不同，而形制犹与三代无甚差别。盖自名称紊乱之后，而壶之名遂为有喙有鋬之盉所专有矣。

卣 卣制如壶，差小而有提梁，以盛郁鬯，故俗谓之提梁卣。

《说文》无卣字，《周礼·鬯人》又假修为之："庙用修"。郑《注》云，"修读曰卣。卣，中尊"。《殷虚书契》（卷一第十八叶），"鬯六卣"作[illegible]，金文（毛公鼎、伯晨鼎、师兑敦、录伯敦、吴尊）"秬鬯一卣"作[illegible]。惟盂鼎作[illegible]，与经典卣字略同。故王静安以为卣之本字，即《说文》之𠧪。殷虚卜辞（《戬寿堂殷虚文字》第二十五页），又有"鬯五卣"，字作[illegible]，下从皿。凵即皿之省，从凵与从皿同义。知祀伯敏父壶之[illegible]，亦即逌字也。《说文》（乃部），"𠧪气行貌。从乃卤声，读若攸"，而不以为酒器。今可据殷周之遗文，以补许书之缺义。

觥 《诗》屡言兕觥，而传世之器不能正其名。清阮元《积古斋钟鼎款识》录子燮兕觥，并略记其形制云："器制如爵而高大。盖作牺首形，有两角。"王静安著《古礼器略说》，认阮氏此器为角而非兕觥。以为兕觥者，自宋以来冒匜之名而不能辨别。《博古图》以下之所谓匜者有二种。其一器深而有盖，其流侈而短，盖皆作牛首形，俗谓之虎头匜者，即兕觥也。并立六证以说明之。余以为王氏定俗称虎头匜者为兕觥，其说良确。而认阮氏之器为角，则殊不然。《积古斋款识》中记其形制甚略，而题咏中则特详。其《复与诸友分赋商周十三酒器为堂上寿得周兕觥诗》云"盖流作牺首，斛然额角长"，知此器有流。盖之当流处作牛首形，如俗称虎头匜之盖。又云"左右各有缺，双柱居其旁"，则知此器有双柱，故曰"器制如爵而高大"也。窃疑古之兕觥，盖有二种，一为盛酒之觥，一为饮酒之觥，非如王氏说兼盛酒与饮酒二用也。《诗·卷耳》，"我姑酌彼兕觥"。酌谓以勺挹取之，是为盛酒之觥。《诗·七月》，“称彼兕觥”。称，犹举也，称觥与举爵扬觯同，是为饮酒之觥。俗称虎头匜者，不可以举，盛酒之觥也。阮氏之器，其形类爵，饮酒之觥也。二者之器形虽异，而其盖皆作牛首形，且必在当流之处。其前后皆斛然而曲（与王氏所引《诗·小雅·周颂》“兕觥其觩”之说亦合）。二者初无异也。其所以名为兕觥者，亦以其盖得名，非以兕牛角为之也。《西清古鉴》之亚角，传世之父丙角（此器形制及铭文全与《西清古鉴》亚角同，而花纹小异，不知即一器否），亦皆有流有盖，盖作双角之牛首形，与阮氏之器同，惟无双柱为异。皆饮酒之兕觥也。

盉　盉之名不见于《礼经》，而传世之器有自载其名曰盉者。《说文》（皿部）：“盉，调味也。”故吕大临谓整和五味以共调。董逌则指为《少牢馈食礼》羊镬、豕镬之镬，谓《礼经》改盉为镬，其说尤误。端方得铜禁于陕西，所陈皆酒器。有尊一、卣二、爵一、觚一、觯四、角一、斝一、盉一、勺一、柶六。王静安据此定盉为和水于酒之器，所以节酒之厚薄者，并论其形制曰：“其有梁或鋬者，所以持而荡涤之也。其有盖及细长之喙者，所以使荡涤时酒不泛溢也。其有喙者，所以注酒于爵也。”今从王说，定为酒器。

爵　爵有共名，有专名。《五经异义》引《韩诗》说，“一升曰爵……二升曰觚……三升曰觯……四升曰角……五升曰散……总名曰爵，其实曰觞。”（节《诗·卷耳》疏）所谓总名爵者，言饮器皆得以爵名也。所谓一升曰爵者，饮器之专名也。一升之爵，其形二柱三足一耳，前有流，后有尾，《说文》（鬯部）所谓“象爵之形”也。端方藏铜禁所陈之爵，尾与流之下皆有觚棱，古物陈列所有一爵，合二柱以为一，《博古图》之招父丁爵，《宁寿鉴古》之雷纹爵，并无柱，诸女爵方形四足，则皆爵之异制矣。

爵之所以有二柱者，非以为观美也。清程瑶田曾据《考工记·梓人》之文，以求其制作之精意。以为两柱齐眉，谓之乡衡。乡衡而实不尽，则梓师罪之，即指二柱而言。二柱盖节饮酒之容，验梓人之巧拙也。其说近似。宋吕大临谓反爵于坫，殆不然也。

觚 觚之制圜而侈口，有四棱，故谓之觚。亦有形制同而无棱者，则失其命名之旨。此孔子所以有“觚不觚”之叹也。

觯 觯之制似盛酒之尊而小，或圆或椭，朴素无文。

古饮器多不载器名。近出王义楚器三，形制完全为觯，而铭文一曰鍴，其二皆曰耑。王静安以为《说文》觯、觛、卮、䏑、𦉜五字实即一字，鍴、耑固即《说文》之𦉜，亦即《礼经》之觯。其说是也。饮器之自载器名，此为仅见。

角、斝 角与斝之制，皆三足一耳，与爵略同。角口羡而无柱，上多有盖。斝口圜而有柱。

《礼经》之言酒器，以角与斝连文，或角与散连文。《韩诗》之说五爵，亦有散无斝。《殷虚书契》（卷五第五页）据字以订正许书斝字之说解及经典散字之形误（见《殷虚书契考释》）。其说是也。

勺 《仪礼·士冠礼》：“实勺，觯，角柶。”注：“勺，尊升，所以𣂁酒也。”《考工记》（《梓人》）：“梓人为酒器，勺一升。”《注》亦云：“勺，尊升也。”（按二尊升字并当作尊斗。）《说文》（勺部）：“勺，挹取也。”盖勺之为用，所以酒于尊而注于爵，或又以为饮器、挹取而饮之。端方所藏铜禁，酒器中有一勺，出土时在卣中。又藏贶弘觥（《陶斋吉金录》误作匜）亦有一勺，其铭与觥之器盖同文。皆足证明其为酒之用也。其名又谓之斗。《诗·行苇》：“酌以大斗。”《释文》：“字又作枓。”《说文》（木部）：“枓，勺也。”与勺为尊斗之说亦合。汉有神爵四年成山宫铜渠斗，其形如今之勺，其字又从金作钭，亦𣂁酒之勺也。

古酒器有二种，有盛酒之器，有饮酒之器。盛器通谓之尊，即王氏所谓小共名之尊也。饮器通谓之爵；即《韩诗》说之五爵也。尊、罍、壶、卣、盉，皆尊也。爵、觚、觯、角、斝，皆爵也。觥则有尊有爵。勺本斟酒之器，又可以为行爵。

饮酒之多寡，礼各有其宜。故器有大小之别。旧说容量之数，分歧不一。古人制器又不必尽符定制。今就传世之器比例其大小，则《韩诗》之说较为允当。此不过就其大要而言。至形制同而容量不同者，仍往往有之。

豆 《说文》(豆部):“豆，古食肉器也。从口象形。𣅋(小徐本如此)，古文豆。”今传世之器其形与篆文同。一，象盖，○，象腹，㐀，象足。周生豆作豆，大师虘豆作豆，并小异而大同。惟古陶器有作𣅋者，无盖形，则与许君所举之古文同。

豆之制有二类，甲类如《考古图》所录之齐豆是，乙类如《博古图》所录之刘公铺是。二器皆有器名，一若甲类者谓之豆，而乙类者谓之铺矣。但又不然。《博古图》又有疑生豆，铭曰作羞豆，形制为乙类，是甲乙二种皆得谓之豆也。近代著录之父丁豆，周生豆，大师虘豆三器，不知其形制何若，惜无由证之。又铺之为器名，于经传无征，箇为豆类，而器铭反不著，皆不能无疑也。传世之豆，以瓦豆为多，亦分甲乙二种，知铜豆本非常制也。

又肉几之俎，寿州曾有出土。闻有传世小铜俎，其制亦如几，未之见也。

盘、匜 古者祭祀燕飨，皆有沃盥之礼，昭其洁也。盘与匜相需为用，以匜泻水于手，而盛之以盘。故匜有鋬有流。盘浅而巨，两旁有耳，观其制即可以明其用。盘在汉为洗，为铜，视盘为深而无足，中多作双鱼形。晋有澡盘，形制未详，要亦沃盥之器也。

匕、柶 《说文》(匕部):"匕，相与比叙也。从反人。匕亦所以用比取饭，一名柶。"是匕、柶同物也。然《礼经》于别出牲体者及匕黍稷者，始谓之匕，而扱醴者则谓之柶。古者匕以木为之，《礼记·杂记》"枇以桑"，《诗·大东》"有捄棘匕"是也。柶则以角为之，《仪礼·士冠礼》《士丧礼》角柶是也。近出鱼鼎匕，银质金书，存三十余字。端方藏酒器中有柶六，载于《陶斋吉金录》中(端方名之为勺，误)。铸金匕柶，惟此而已。

禁 古盛酒之器，多陈于禁或斯禁之上。《士冠礼》《士昏礼》《士虞礼》《特牲馈食礼》谓之禁。《乡饮酒礼》《乡射礼》谓之斯禁。《少牢馈食礼》《礼记·玉藻》《礼器》又谓之棜。其实棜即斯禁。棜本实腊之器，其形有类于斯禁，故斯禁又得称棜。禁与斯禁之别，在足之有无。郑玄《礼记礼器注》云:"禁如今之方案，隋长局足，高三寸。"《乡饮酒礼》《乡射礼》注云:"斯禁，禁切地无足者。"《特牲馈食礼》注云:"棜之制如今之大木矣，上有四周，下无足。"尊者用斯禁，卑者用禁，《礼器》所谓"礼有以下为贵者也"。端方于宝鸡县所得承尊之器，形椭长如方案而有足，即禁也。古盖以木为之，而此以铜铸，故得流传至今。闻孟津所出铜器中亦有之，四周皆以铜制而空其中，或铜与木合制者欤。然未见其器，不知其说之果可征信否也。

鉴 《说文》(金部):"鉴，大盆也。"《周礼·凌人》注曰:"鑑如甀，大口，以盛冰，置食物于中以御温气。"《西清古鉴》所录之蟠夔洗，《续鉴》所录之蟠虺洗，一径二尺余，一径尺余，皆鉴也。何以知之，《山右金石志》著录一器，今为霍氏所藏，形制正同，而铭曰"自作御监"。知许郑之说之有据矣。近新郑所出亦有一器，人皆目为洗，是沿《西清古鉴》之失也。

钟 钟有大小之别。小而编县者谓之编钟，大而特县者谓之镈，通谓之钟。《考工记·凫氏》一篇，纪钟制甚详。自程瑶田为《章句图说》，而铣间、鼓间、钲间之解始定。阮元命工鼓铸，而枚之为用乃明。惟旋、干之制、说者不一，虽程氏亦未能确定。《筠清馆金文》载从钟钩，图共形制。一端有兽形，一端为钩。铭文二行，曰“芮公作□从钟之句”又传世二器，形制略同。 有兽形而无文字。爵文有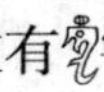字，亦酷肖此形。据《凫氏》之文曰：“钟县谓之旋，旋虫谓之干。……参分其甬长，二在上，一在下，以设其旋。”是旋与干明是二物，属于甬之钮谓之旋、县于筍虡之钩谓之干。干作兽形，故又谓之旋虫。爵文盖象干之形也。程氏所拟之图，虽未必尽合，而其精思卓识，实不可及。

凡甬旁设旋者侧悬，无甬而上有钮者直县，故钟有侧县直县两种。大抵镈钟多直县，编钟多侧县。镈钟多载全铭，编钟则铭之首尾多不完具。盖编钟十六枚为堵，编薄于一镈，其铭当依其次第分载各钟，合之乃全也。刻铭之处，有在两面者，有仅刻于钲之一面或鼓之左右者。惟楚公钟刻于腹，收钟、𠟭编钟刻于甬，则不多观耳。

后世释氏之钟，其口皆圆而平，上皆有钮。唐宋以来铜钟铁钟之见于著录者，皆此类也。

鼓　鼓以革制，而传世有铜鼓，不知始于何时。《后汉书·马援传》《注》引裴氏《广州记》曰：“俚僚铸铜为鼓，鼓惟高大为贵。”《大周正乐》(《太平御览》乐部引）曰：“铜鼓铸铜为之，虚其一面，覆而击其上。南蛮、扶南、天竺类皆如此。”今所见铜鼓，正如《大周正乐》所言，多为汉以后物。或云，曾见一器，两面作鼍纹，与冒革之状同。周围雕镂精绝。虽无文字，而花纹似商周物。是或为此种制作之最古者。

铜鼓多无文字。虞喜《志林》曰：“建武二十四年，南郡男子献铜鼓，有铭”（《御览》乐部引）此有文字之见于记载者。近闻有晋铜鼓，有铭。其文有义熙纪年及官号人名。盖专用之军中，非寻常乐器也。

錞 《周礼·鼓人》“以金錞和鼓”。郑《注》云：“錞，錞于也。圜如碓头，大上小下。乐作鸣之，与鼓相和。”萧监、斛斯征皆依干宝《周礼注》，灌水振芒，以验其用。《宣和博古图》著录十余器，宋人已不能生灌水之制。《乐书》云：“錞于者，以铜为之，其形象钟，顶大腹揳口弇，上以伏兽为鼻，内悬子铃铜舌。凡作乐振而鸣之，与鼓相和。”（《御览》乐部引）则有舌可以振摇，又与钲、铎之用同。今所见形制，与前人记载悉合，但多无舌，究不知灌水与振舌，二说孰是。

其器多无文字，制作皆不似商周时物。间有有文字者，亦皆隶书，且多为数目字（《荆南萃古编》所录一器，有三代文字，不足信）。

铎 铎之制似钟而小，铭多倒刻。盖铎有舌，以甬为柄，持而振之，口恒向上。故与钟之上下位置适相反。

近代所出句鑃，形制与铎相类。铭在两铣，亦皆倒刻。吴大澂疑鑃为铙，王静安则疑为铎，且以其器出南方，据《盐铁论·利议篇》“吴铎以其舌自破”，《淮南子·缪称训》“吴铎（吴字今本作矣，据王念孙《读书杂志》订）以声自毁”（高诱《注》云，“铎，大铃，出于吴”），疑其器即吴铎，是或然也。

錞、镯、铙、铎，谓之四金，皆与鼓相联为用。镯之为物，许郑并以钲释之。初以为周之镯即汉之钲，然《诗·小雅》“钲人伐鼓”，已有钲字。且传世古器有日在庚钲，铭曰“自作征城”（征即钲字，城字不可识）。湖南近出一残钲，铭曰“作钲□”。又曰“铸此证□”（钲下一字，左从金，右从戈，中不可辨，意即从金从成，与前一器“钲城”同）。前一器为郐君自作，文倒刻。后一器为伐郐者所作，文顺刻。实皆周物。窃以为镯、铙、铎、钲，四者同物而异名，其区别仅在大小之间。《周礼》郑注及贾《疏》以为“无舌为铙，有舌为铎”恐不尽然也。

汉有四时嘉至钲（《四时嘉至》并汉乐章之名），新莽有地皇候骑钲，其制并与三代同。《西清古鉴》载孝武西园安世摇钟（《安世》亦乐名），四时嘉至摇钟，亦即此物。即曰摇钟，则必有舌矣。

又有牛马铎，有钮有舌。其铭多有宜牛马等字，皆汉以后物。晋荀勖以赵郡贾人牛铎定乐，即此类也。

埙 埙为烧土之乐器，形如鹅卵，锐上平底，一面二孔纵列，一面三孔如品字，一孔在顶上，凡六孔。顶上之孔所以吹者。其形制与《世本》《尔雅注》《风俗通》所言正合。文字多以印抑之，如陶器然。亦有无文字者。

磬 磬为石制之乐，而《博古图》载四磬皆为铜制，形制全不相类，不足信也。清程瑶田著《考工创物小记》，为《磬氏为磬章句图说》，解磬制甚详。又著《磬折古义》，谓县磬之形，其直中绳。全由记文及旁证以定之，惜无实物为之佐证。今出土有殷磬、周磬、汉磬。殷磬出安阳，为殷虚故物（见《殷虚古器物图录》），其数凡五。周磬近出孟津，为编磬。北京大学亦得五枚。又蓬莱吴氏藏一特磬，虽不知出土之地，而形制与孟津所出者同，亦为周器。汉磬上有“四时嘉至”字，故知为汉器。殷、周、汉之制虽各不相同，而所谓倨句一矩有半（即磬折）者，乃仅就其脊而言，不似《礼图》之表里相等也。就其孔而县之，皆非直县，与程氏之说亦不合。以是知程说似精，终不若实验之确也。磬之制既无花纹，又无文字，不为赏鉴家所重，故流传者少。《历代钟鼎彝器款识》录一磬，有铭六十字，未见第二器也。其所图之形，鼓与股之长虽相等，而大致与今日所见者无以异也。

释氏铜磬，名为磬而制为仰钵形。有文字者较少。其最著者为唐大中铜磬；遍刻经文，今久佚矣。

二　度量衡

古之度量衡出于律。据《汉书·律历志》，律之本为黄钟之宫。以秬黍之广为分，九十分为黄钟之律。千二百黍实其龠，重十二铢。故度本起于黄钟之长，量本起于黄钟之龠，衡权本起于黄钟之重。然地有肥瘠，岁有丰歉，古今培植之术有精粗，黍之大小轻重焉得一定之标准。后之考古者，欲求其说之不分歧，其可得哉。无已，则不能不借资于传世之实物。清之为是学者，前有钱塘，著《律吕古谊》，后有吴大澂，著《权衡度量实验考》(仅成权度二篇)。钱精于数学，而以实物证明之。吴自言不知算与律，以所得玉律琯与古圭璧较，定为黄钟十二寸。谓《汉志》述刘歆说"黄钟九寸"，为新莽之制，莽以前无此说。然龠实千二百黍，亦为歆说，何独疑彼而信此。故其较黍之轻重也，则又疑《汉志》有误。于此知历代度量衡之制，虽有实物犹不易言考定也。又况传世之器，多为私家所庋藏，学者未必亲见。尺度可以抚拓，似不啻亲见矣，而纸有伸缩，复难凭信，此非罗列实物，参互比较，不能得其真也。今姑就所见所知者先著于篇，以俟异日搜集而为研究之资。

度　钱塘据曲阜颜氏所藏尺，以验羊子戈与《考工记》(《冶氏》)所纪之尺寸适合，遂定为真周尺。吴大澂据传世圭璧，作周镇圭尺。皆不过自成一家之言，是否可信，尚为疑问。其有年号文字可据者，则惟新莽始建国尺，东汉建初尺，蜀章武弩机尺，魏正始弩机尺，正仓院唐尺，宋三司布帛尺，巨鹿故城木尺及明嘉靖牙尺，万历官尺等数种而已（《筠清馆金文》载始建国铁尺，不云器藏何所，亦未摹其尺度。《奇觚室吉金文述》载西汉元延铜尺，较建初尺略短，其文即仿元延及建初尺为之，实伪物，不足信）。

新莽始建国尺，藏潍县某氏。其制可以伸缩，敛之为六寸，舒之则为一尺。一端有环，可以系绳。两旁刻鱼形。铭曰，“始建国元年正月癸酉朔日制”。余未见原器，仅见吴大澂《权衡度量实验考》中摹本，长今尺（营造尺，下仿此）七寸八分半，实较余所考之新尺为长。苟非伪器，必吴氏摹误也。

东汉建初尺，藏曲阜孔氏。铭曰，“虑俿铜尺。建初六年八月十五日造”（北京大学研究所有仿制者）。长今尺七寸四分。清以来考古尺度者，皆以此为标准。近人有藏古铜尺骨尺各一者，长短兴建初尺近同，或亦皆汉物。

蜀章武及魏正始二弩机（蜀弩机后归端方，摹于《陶斋吉金录》中，而失摹其尺寸），尺寸刻于望山上。蜀尺与建初尺同。知蜀之尺度犹遵汉制（《恒轩吉金录》载蜀建兴弩机亦刻分数，以三分为一小格，六分为一大格，共积三十六分。疑非依尺寸刻画者）。魏尺较建初尺略长，王静安云，“殆即《隋书·律历志》所论杜夔尺”。

晋前尺拓本，出于《王复斋钟鼎款识》，前人皆以为真晋尺。今据王静安考订，实即宋高若讷用汉货泉度尺寸所定十五种尺之一，其铭辞与《宋史·律历志》所载略同。此说可为定论，足破前人之惑。

正仓院唐尺藏日本奈良正仓院。据《东瀛珠光》所摹共有六尺，长短分四种。一种长今尺九寸三分（白牙尺甲、白牙尺乙、红牙拨镂尺甲），一种长今尺九寸二分六厘（绿牙拨镂尺甲），一种长今尺九寸四分八厘（红牙拨镂尺乙），一种长今尺九寸五分五厘（绿牙拨镂尺乙）。又乌程蒋氏藏镂牙尺一，刻镂精绝，与正仓院尺同，长今尺九寸四分弱，殆亦唐尺也。

宋三司布帛尺，曲阜孔氏所藏。原器未见，拓本亦罕覯。

宋巨鹿故城木尺凡三，其二长今尺一尺二分半，其一为木工所用之曲尺，长今尺九寸六分强（北京大学研究所有仿制者）。

明嘉靖牙尺，侧有文曰“大明嘉靖年制”，长今尺一尺微弱。

万历官尺旧藏嘉兴瞿氏。明洪武钞之高，正当此尺一尺。以今尺较洪武钞，长短正同。知今尺虽沿用清工部营造尺，实即明官尺也。

又古之钱币，初造时皆有一定之尺寸，如《汉书·食货志》所载新莽之钱货六品、布货十品及错刀、契刀、货布、货泉等，皆详纪其轻重大小之数。其中最易计较而又不难得者，惟货布、货泉两种。货布长二寸五分，积四布得一尺。货泉径一寸，积十钱得一尺。余尝以货布尺较新嘉量（详后节），不差豪黍，始知《汉志》之正确。余即据以作刘歆铜斛尺，并依《隋书·律历志》作十五种尺（并存北京大学研究所）。唐武德四年铸开元通宝钱径八分，则积十二钱有半，得一尺。惟开元通宝钱行用期甚长，大小极不一致，惟背有洛、并、幽、益、桂等字者差为可据，以此五州皆于武德四年置监也。

量　前人之考古量者，始自嬴秦。然潍县陈氏所藏左关釜二，左关锞一，实皆量也。釜形如罂，小口大腹，腹有两柄，可持而倾。今之斗斛两旁有柄，殆亦有所昉也。字不可识，器形如半匏而有流，十所容不满一釜。陈介祺考为陈太公和相齐宣公时所作器。惜无由见之，不能实验其容量也。

秦量则陈介祺瑞方所藏最多。其制多椭圆，或长方形，一端有銎，可实木柄，上刻始皇二十六年诏，或并刻二世元年诏。传世一方量，底刻始皇诏。旁刻“大良造鞅”云云（十八年，齐□卿大夫众来聘，冬十二月乙酉，大良造鞅爰积十六尊五分尊□为升）。盖纪商君平斗桶权衡丈尺之事。于以知始皇并兼天下，一法度衡石丈尺，皆秉商君之旧。故即于旧器上增刻诏书也。

秦之铜版，亦刻始皇二世诏，世谓之诏版。宋董逌考为古规矩之器，实出臆断，清吴大澂定其名称曰秦量诏版。今验其制，四隅有孔，中微凸起，略如覆瓦，似即施于木制之量者。盖金量陶量，文字皆足以传久。木量易于磨灭，故必刻金以饰之，其孔所以施丁。其微凸者，饰于椭圆器而欲其熨贴也。

新量以《西清古鉴》所载最为完好。五量备于一器，上为斛，下为斗，左耳为升，右耳为合、龠、与《汉书·律历志》所说正合。五量皆有题字，各记其尺寸及容积，与刘徽所见晋武库中之铜斛（见《九章算术·商功篇》注）同。尚有铭辞二十行、凡八十一字，亦与《隋书·律历志》所载后魏并州人王显达献古铜权铭合（《隋志》误一字、夺二字，当据此正之）。此器今在故宫博物院。端方藏一残器，亦有此八十一字之铭辞，为河南孟津出土。近见玉版一方，两面刻，铭辞亦同。是或班行天下以为永式者。近又见一方量拓本，上有字二行，一行曰，“始建国元年正月癸酉朔日制”。一行曰，“律量斗，方六寸，深四寸五分，积百六十二寸，容十升”。又有嘉禾、嘉麻、嘉豆、嘉麦、嘉黍等字。此器不见于著录，意必新出土者，不知归谁氏矣。

汉量惟阳安铜斛一器，上刻《戊寅诏书》。

汉以后量，未见流传。后世斗量之以木制，或即始于后汉三国时也。

量器之斗，大率有柄，其字亦象形。故凡器之以斗名者，如酌酒之斗及鐎斗、尉斗等，皆莫不有柄。北斗七星，亦正象器形。古人命名之旨，可类推而知之。

又古盛酒诸器，皆有一定之容积。以器计之，无烦料量。故齐侯罍（此器今存古物陈列所）铭曰，“铸西𩰫亯宝罍四秉，用实旨酒”。

假定罇之所容一斛（《积古斋钟鼎彝器款识》所录一器有刻款一行曰，“文官十斗，一钧三斤”八字，而古物陈列所一器无之，二者或同铭异器欤），则四秉当以六十四器实之。盖言其总数，非一器之所容也。考古量者，除传世斗斛及自纪容量之诸器外，此种盛酒之器，无论其为金为陶，皆宜取资者也。

衡 权衡之初制，必如今之天平。施纽于衡中，使两端皆平，一端县权、一端称物。故传世之权，多纪斤两之数。其后渐趋简易，移其纽于一端，而刻斤两之数于衡上，即今之所谓称也。韦昭《国语注》曰，“衡，称上衡。衡有斤两之数”。然则以衡纪数，自三国时已然。今所见古权，凡纪斤两者，皆为天平制之砝码，其不纪斤两者，皆称制之锤也。

权之见于著录，亦始于秦。曩尝见一小铜权，其铭为古文（铭辞有西里等字，与陶器同），实周代之物，其上不纪斤两之数。

秦权以《陶斋吉金录》及《秦金石刻辞》二书所载为最备。二家所录，几三十器。或圆如覆盂，或周围有觚棱，上皆有钮。其刻始皇二世诏与量同。或著地名，或纪八斤、十六斤之数。有以石为之者，仅见一器耳。

新莽之权，有作环形者。按《汉书·律历志》说五权曰：“圜而环之，令之肉倍好者，周旋无端，终而复始，无穷已也。”即指此制。其文多曰“律石”，或曰“律一斤十二两”。有作瓜棱形者，底有大泉五十钱文。又有一权，亦作瓜棱形，文曰“官累重斤二两”。以钱文及形制互证之，殆两汉或新莽时物也。莽权之纪斤两，与秦权同。

汉以后权，惟元明尚有存者。其余不多见（《陶斋吉金录》所载北周权一，唐权二，皆伪物），或称之为用较广，其文字皆在衡上。衡以木制，不能传久，而无字之权，又不能定其时代，故吾人转觉材料之少也。

古度量衡三者之考证，以权衡为最难正确。盖此种实物惟秦新两朝之权纪有斤两，尚可较其轻重。其不纪斤两者，则无从凭借矣。此外有纪重明文之一切器物，苟非残损，尚可取资。然金有时而蚀，石有时而泐，年湮代远，重量即差，只可于依稀仿佛之间，比较其大略而已。

三　钱币

古者日中为市，致天下之民，聚天下之货，交易而退，各得其所。其后生产日增，需求亦繁，交易有无，不能相准，于是钱币兴矣。钱币所以辅财物之不足，自来未有定名。曰货，曰布，曰币，沿交易时代物品之名也。曰贝，日金，以本体之物质名之也。曰刀，曰钱，以所像之形名之也。曰泉，则由钱而同音通假也。宋以来谱录家多沿新莽之称，谓有首肩足者曰布，刀形者曰刀，圜者曰泉。清马昂又以世所称为蚁鼻钱者曰贝。今皆仍其名称，分类述之，一曰贝，二曰布，三曰刀，四曰钱，五曰钞板、银定，而以钱范附于后焉。

贝　古代文化兴于西北，距海甚远，贝不易得，故在贸易时代，即以为货物之辅助品。故许慎云，“古者货贝而宝龟”（《说文》贝字解），而彝器之文又有锡贝若干朋之语也。今所见古代真贝，背上凿穿或磨平，而与腹下洞穿者，皆是也。虽未能确定其为行用之货（彝器文之所谓锡贝，恐已非真贝），而要之为货贝时代之遗制，则可断言。所以必凿穿或磨平其背者，以其可以贯系也。只贯于系者谓之朋，犹后世之钱曰缗曰贯也。古彝器文有子荷贝形作（祖癸爵），作（父乙彝），作（父丁鼎），作（父乙盘）者，即古朋字。其“锡贝若干朋”之朋作、等形，皆可以见古人系贝之状。按崔憬《易损》

注云，“双贝曰朋”，《汉书·食货志》注苏林曰，“两贝为朋”，《诗菁菁者莪》郑《笺》云，“五贝为朋”。王静安《说朋》云，“古制贝玉皆五枚为一系，合二系为一若一朋”，其说是也。象形朋字所从之、、等形，皆贝字也。

今世传铜币，有蚁鼻钱者。其形上狭下广，背平面凸，上俱有孔，或透或不透。文字约有四五种，俱不易识。宋以来即有此称，俗又谓之鬼脸钱。马昂目之为贝，其说良是。盖其初用真贝，后乃铸铜为之。自真贝至有文字之铜贝，不知经若干时期矣。

真贝出于近世，前人未有论及者。所出真贝之外，尚有以骨仿制者，略似磨背之真贝，亦有贯系之穿。此类之贝，多为古墓中之物。考其墓之时代，亦有在铜货盛行之时者，如新郑发见郑伯之墓，即与铜器杂陈。知此为殉葬之贝，而非通行之货。然以贝殉葬，必以贝为可宝，尚不失货贝时代之遗风。故殉葬者，或以贝或以钱耳。前人考古，偏重文字，故于钱币之源流，亦自有文字之铜贝始，不知此铜贝以前，亦有其沿革之迹可寻也。

安阳县西五里之小屯，又出骨制之物，状作环形，径三分许，肉好若一，厚薄不等。或谓即骨贝之变形（由两面皆平中有一穿之骨贝变椭为圜，则成此形），而为后世圜金之所自仿。云南以贝代钱，其名谓之肥（《明史》及《通志》作吧，《元史》作叭，《续通考》云，即《尔雅·释鱼》之蚆），以滇池所产之蚌壳为之，行用之制，以枚计直，一枚曰庄，四庄曰手，四手曰苗，五苗曰索（鄂尔泰《云南通志》），其状舆此略同。台湾高山族所用者，其形较小，贯之以缗，度其长短以定直，运肘以代尺度，以由肘至腕之长为一尺，直钱千。使殷虚遗物而果为货币者，不知其计直之法当若何矣。

用贝始于何时，载籍无征（《易·系辞》言“聚天下之货”，前人有作货币解者，是必不然）。《说文》（贝部）贝字解云："古者货贝而宝龟，周而有泉。至秦废贝行钱。"许君说解虽详，亦仅能言其废止。而于原始之时期，终莫能确定也。

布 《周礼》泉府《注》："郑司农云，'故书泉或作钱'。"《国语》（《周语》）："景王二十一年将铸大钱。"段玉裁《说文注》曰："《周礼》《国语》已有钱字，是其来已久。"（金部钱字注）窃以为古本作钱，不作泉。泉字始见于《周礼》，盖始于王莽，莽之货币无不作泉者，前此未之有也。钱本农具，《诗·周颂》所谓"庤乃钱镈"是也。清代考钱币者多以为传世空首布乃仿田器之钱为之，其说甚允。盖空首布之制作长方形，首为方銎，以安木柄，銎之一面有穿，可以施丁于柄以固之，足如钟铎之于。其状又如铲，故俗或谓之铲布。田器之钱所以劚土，当亦作此形。象钱之形即名为钱，犹象刀之形而名为刀也。其后行用既久，取携不便，乃废其空首而为平面，缺其钟于形之足而成双足。今所谓尖足、圆足、方足者，皆此类也。

诸布文字，诡异不能尽识。其可识者，又非皆合六书。意必俗体之字，随意省减，流行于当时当地，人尽可识也。其所纪者多为地名，或干支数目之字。《货布文字考》据此定为春秋战国时物。于是宋以来"上古有币"之说，不辩自明。或云："不但上古无币制，即《管子》汤禹铸金之说亦未可尽信。盖周以前为贸易时代，本无须货币，观《孟子》'以其所有易其所无'之语，知此风直至战国尚尔。货币始于有周而盛于列国，且初行时不过补助贸易之缺，惟都市官府用之，因官府无物可与民间贸易，故制货以剂之。"

布之行用期在有周之世，至秦始废之，及于新莽，又复行之。莽事事法周，于币制亦然。布、刀、钱，皆周制，莽悉效之。其所作货布及十布，与周布大同而小异，惟形制狭长，首皆有穿，与"梂加当十”金布同而差小，知莽亦有所本也。

刀 刀币之名始见于《管子》，意即太公为周立九府圜法之一，班《志》所谓太公退又行之于齐也。其制象刀形，上有刃，下有柄。柄之瑞有环，全体作偃月形，或磬折形。考其所纪地名及今出土之地，大抵皆齐与燕赵之物。齐刀最大，燕赵次之。今所流传者，有齐三字、四字、六字刀，有即墨刀，有安阳刀，上皆著货字，背多有三画文，显系一国之制。且出土多在山东及河南东境，是齐地也。其河南及河北所出者，则为燕赵之制，较齐刀为小，文字亦简略，不著货字而仅纪地名，有明、邯郸、柏人等地。

王莽之契刀、错刀，名虽法古，而形制实与周制不同。蔡云谓莽未见泉刀，而窃取刀匕之制为之者，是或然欤?

钱 空首布谓之钱，已如上述，然其名后为圆钱所专有。圜钱之制，其初必作环形，内外皆圜。《尔雅·释器》曰：“肉倍好谓之璧，好倍肉谓之瑗，肉好若一谓之环。”三者同制而异形。知此种制度，为古器物通行之式，钱之仿此宜也。其外圜函方者，乃后来因袭故变之制。今所见环形者，有垣字钱，有长垣一斤钱，有共字钱，有济阴钱，有半睘钱，有重一两十二铢钱，有重一两十四铢钱等数种。皆圜孔，内外无郭。意皆周初之制。《汉书·食货志》曰：“周景王铸大钱，文曰‘宝货’，肉好皆有郭。”谱录家即以传世之宝货、宝四货、宝六货当之。其制已为方孔而内外有郭矣。又有内外有郭而孔圜者，文曰西周，曰东周。或定为晚周之制，以为西周者河南，为考王弟桓公受封之地；东周者巩，为西周惠公少子受封之地。故其钱皆出今之河南。若然，则晚周犹有作环形者矣。

秦始用半两钱，沿用至汉。汉始用五铢钱，沿用至隋。中经王莽改变汉法，废五铢钱，更造大泉五十、小泉直一等钱，与刀布并行。

后又改作货泉，与货布子母相权。后汉建武十六年，夏行五铢钱。至唐武德四年，始废五铢钱，而行开元通宝钱。自是以后，钱制大略相同，无甚变更。至清末，始改铸银圆、铜圆。

钱之文字，或纪其重，或纪其直，或纪地名。若齐刀及东周、西周钱，则著国号。后世既有年号，犹不以之铸钱。若汉李寿之汉兴，赫连氏之大夏真兴，宋武帝之孝建四铢，废帝之景和，北魏孝文帝之太和五铢，孝庄帝之永安五铢，不过稍稍改其旧制，尚不著为定例也。有唐一代，始终铸开元通宝钱，亦非年号。其间偶以年号铸钱，亦仅乾封、乾元、大历、建中等数种。宋虽累朝铸钱，而宋通、皇宋、圣宋等钱，亦非尽属年号。自宋以后，则累朝皆铸年号。且有当时未铸而后来补铸者矣。

古之圜法，子母相权，故以小钱为子而以大钱为母。后世财用匮乏之时，往往因袭此制，铸当十、当百等钱，几于历代有之。惟南宋铜牌，其制最奇，面曰“临安府行用”背曰“准贰伯文省”（张廷济云，贰伯即壹伯，疑误）。今所见有贰伯文、叁伯文、伍伯文三种。史志失载，仅见于元孔行素《至正直记》中。盖其时有足陌省陌之别，省陌又各地不同。故创为此制，纪其行用之地而著省字。其制殆同于钞法也。

钞板、银定 古者通行之货，一皆以钱。虽有以金银为货者，非常制也。后世钱法日坏，权以楮币，楮币渐弊，权以银货。故钞与银皆唐宋以后之制。

唐之飞钱，宋之会子等，其初以省运输之劳，继则利用之以济钱之不足。金元以后，交钞盛行，钞为主而钱为辅矣。

飞钱如今之会票，委钱诸司、至所在地合券取钱。其式今不可考。

宋之钞法，有交子、会子、川引、湖会、关子等名，而板式之流传者至罕。传世“一贯背合同”钢印，王静安考为南宋会子背印。惜其钞面板式今不可考。近见一钞板，上图钱十枚，作两列，五正五反，钱文左右各作一“×”字。下有文七行，曰“除四川外，许于诸路州县公私从便主管，并同见钱七百七十陌流传行使”。其下作负米入仓之图，并有千斯仓三字。与金元以后钞式全不相类，决为宋物，以南宋关子、会子、交子等并作七百七十陌也。

金之交钞铜板，则有三合同十贯大钞、山东东路十贯大钞、贞祐五贯宝券、兴定宝泉二贯及二贯钞背等。其文字形式，征之史志，可以订误补缺之处甚多。

元钞板传世较少。近年新出至元二贯宝钞铜板，文字清晰。式与金钞小有异同。其钞之存于今者，有中统元宝二贯交钞，出新疆吐鲁番（见《新疆访古录》）；至元一百文、三十文宝钞各一，出甘肃。

《四朝钞币图录》取金元铜板，合以元、明、清楮钞，凡十七种，摹印精善，考证亦有可取者。传世钞币略备于此矣。

银定之传世者，验其文字，亦多为宋、金、元、明之物。宋金谓之银定，元至元以后谓之元宝。其形与今之元宝微异。大者重五十两，与今同。宋有达州大礼银、潭州大礼银二种。达州银末见拓本，仅存其文于莫友芝文集中。传世潭州银，重各五十两，并有年号。金元以后多无年号，惟载库子、银匠等名，或纪某路等地名。近巨鹿宋故城中出银定数枚，亦无年号，是宋之银定亦不尽有年号也。

又有黄金有文字者，出安徽寿县。亦有出山东者。皆晚周列国时物。共文为方印，有郢爰、陈爰二种。或止一印，或数印相连。宋沈括《梦溪笔谈》谓之印子金。吴大澂定名为金，考为金币之一种。然是否当时通行之货，则未可知也。

钱范 冶铸器物必有笵，钱币亦然。张廷济、鲍康、翁树培等考订钱笵之制，言之详矣。昔皆统名之曰笵，其实宜别为笵与笵母二种。阴文反书者笵也，阳文正书者笵母也。

笵有铜，有铁，有沙土，有滑石；笵母则多以铜或土为之。土笵母为铜铁石诸笵之所自出，笵成而母无所用之，若本始、元康、神爵等五铢及新莽契刀诸笵母是也。铜笵母用以模腊合土而成笵，以笵铸钱。钱成而笵毁，则更以铜笵母作之。故铜笵母之所容，自一二枚至七八枚，无甚大者（半两圆范母容钱二十有九，则以钱小故耳），其铸成之钱亦最精，若齐刀、莽刀、莽泉及建武五铢诸笵母是也。

笵之形制，各钱骈列，中设总流，旁设支流，皆与各钱相联。以面背二笵合之，而灌注铜汁于其中。铸成出之，翦去支流之铜，而钱成矣。今之所谓联布者，出笵后未翦者也。圜钱之轮郭欹斜、文字。错乱者，面背二笵有移动也。列国之布，燕赵之刀，文字奇异，类别最夥，几于无一同笵者。鲍康云，“工人就沙土上以意刻字，旋刻旋铸亦旋弃，故参差弗齐”，是或然也。

今传世者，笵则有空首布、圆肩方足布、方足布、尖足布、齐三字刀、宝六货、半两、五铢及莽泉、莽布等，笵母则有齐三字刀、宝四货、宝六货、半两、五铢及莽之泉、刀、布等，皆见于《古泉汇》《古器物笵图录》二书。而后世钱笵转无传者，是亦一疑问。翁树培以为唐宋以后不用此笵制，殆近之矣。

四　符玺

郑玄《周礼·掌节》注曰：“符节者，如今宫中诸官诏符也。玺节者，今之印章也。旌节，今使者所拥节是也。”三者皆执以为信之物。其中惟使者节无实物可证，仅汉武氏祠石刻画像中图其形制，与《后汉书·光武帝纪》李贤《注》之说相同。今就符兴玺印分别述之。符之后附以牌券，玺印之后附以封泥，从其类也。

符　符为判合之器，《说文》所谓“分而相合”者也。其书之法盖有二种。一曰质剂，郑玄云，“两书一札，同而别之，若今下手书”（《周礼·小宰》及《司市》注）是也。一曰传别，郑玄云，“为大手书于一札中字别之”（《周礼·小宰》注）是也。古多以竹木为之，惟发兵之符始用铜。

《史记·文帝纪》，“二年九月初与郡国守相（《汉书》无国、相二字），为铜虎符，竹使符”，故向之考虎符者。必曰始自汉文帝。近出铜虎符二，长今尺三寸许，文皆篆书金错。其一为左符，文曰：“甲兵之符，右在王，左在新郪。凡兴士被甲用兵五十人以上，必会王符，乃敢行之。燔燧事，虽母会符，行殹。”文剂之制。阳陵符先出，王静安孜证甚详，定为始皇初并天下文字未同一以前所作。新郪符晚出，以阳陵符证之，亦为秦制（“甲兵之符”及左、右、在等字皆同。以“殹”为“也”，亦见于秦权），犹在未称帝以前（新郪本魏地，此符当作于二十二年灭魏之后。）是虎符之兴，在秦以前，特汉初未遑制作，至文帝始为之耳。后汉建武初，亦但以玺书发兵，因杜诗之奏始作虎符。两汉事实正相同也。会符发兵之制，人多莫能详之，赖有新郪一符，尚可考见秦之兵制。又可知甲兵之符，非纪甲乙之数，乃被甲用兵之谓也。

其前于此者，尚有鹰符二，虎符一。鹰符面为鹰形，背有牝牡筍，曲其颈以为钮，似可以佩者。其一文在周缘，其一文在背上，皆古文，不尽可识。虎符为右半，形制大小与秦虎符相类，亦为质剂之制。文二行，行三字，曰“齐节夫二□五□”。字狭而长，类齐钟鼎文。以鹰形为符，于经史无征。《诗·大雅》，“时维鹰扬”，《传》云，“如鹰之飞扬”，后世官号亦有鹰扬将军。其取义殆与虎同，皆喻其猛鸷也。

凡周秦之符，知鹰符、齐虎符、秦新郪符，中皆有穿，可以贯筍（新郪符之穿，适当必、燧、事三字之间，故此三字笔画不完。意必错于筍端，合而贯之，其字乃完耳。阳陵符胶固不能剖，或亦有穿）。且文字为质剂之式，左右完具，煞作半别者。

汉初虎符犹沿秦制。今传世列侯符二，各长今尺三寸五分，一曰“与临袁侯为虎符第二”，一曰“与安国侯为虎符第三”。皆篆书，二行并列，不著左右字，犹是质剂之式。其余郡守虎符，则皆为傅别之式，背文一行，曰“与△△太守为虎符”。剖之则左右各得半字。肋间四字，曰“△△左（或右）几”。则应劭所谓第一至第五也。其字并篆书。形制大小分二类，甲类长今尺一寸八分，乙类长二寸三分。以南郡守、长沙太守二符证之（景帝中二年始更郡守曰守。则南郡守可确定为西汉，其制乃甲类。长沙于西汉为景帝子发封国，于东汉为郡。若以为在景帝前，又不应称太守，则此符可确定为东汉，其制则为乙类）。则甲类当属西汉，乙类当属东汉。符阴之筍，前后各一，或圆或方，大抵左牝右牡。亦间有符阴中空，而于其边际作三角形之筍三，上二下一，左牝右牡以相契合者。

新莽虎符，长今尺三寸六分。背文与字上有新字，郡名下著县名，太守为“连率”，曰“新与△△△△连率为虎符”。肋文五字，曰“△△郡左（或右）几”，并篆书。其符阴中空，边际有三角形之筍五，上三下二，左牡右牝。

晋虎符较东汉略短，昂首凸胸。通体有虎皮纹，不能容字，故于背缝凸起一行，宽二分，左右各半，以刻背文，肋间之字则移于胸前或符阴。背文与字上有晋字，“为虎符”下有第几二字。丞邑男、骀男、始平男三符，字在胸前，曰“△△男左（或右）几”。上党太守左右二符，字在符阴二筍之间，并篆书。其符阴之筍，男符作长方形，其长几与符阴等，左牡右牝，太守符则前后各一，亦左牡右牝。

又有宋高平太守右符，及凉酒泉太守左符，制与晋同，而文字又小异。与字上多诏字，诏上有大宋或大凉二字，易为字为铜字，符字下亦有第几二字。胸前各刻△△太守四字，符阴牝牡筍各居其半。左符牡在前，牝在后，右符反是。牡筍上各刻左或右字，是殆沿晋制而略变者。其字体为篆书而略兼隶势。又有河间太守符，与前二符同而略小，大字下一字不可辨，亦晋以后之制。

山西新出虎符八，左右皆具，首略昂起而不如晋符之甚，较晋符亦略大，长今尺三寸二分，通体刻虎皮纹，背缝亦凸起一行，符阴牝牡筍各半，与东晋以后之制同。刻文凡三处，一背缝，二胸前，三腹下，皆为隶书。凡太守符三，护军符五，背文曰，“皇帝与△△太守（或护军）铜虎符第几”，胸前文曰“△△太守（或护军）”，腹下文曰“铜虎符左（或右）”。其腹下刻字，尤为历代所未有，其为晋以后之制可无疑义。

隋虎符又与秦汉以来之制不同，易伏形为立形，首足尾皆翘出，长二寸二分。背文七字，曰“△△卫铜虎符几”。肋文三字，曰“△△府”。并篆书。符阴颈胸之间三字，曰“△△卫”。腹间三字，曰“△△（府名）几”。并正书，不着左右字。筍在胸与腹之间，作十字形，左牡右牝。其数第一至第五，则犹仍汉制也。

秦符、新莽符，皆金错。汉符银错，晋男符亦银错，太守符乃凿款，东晋以后则皆凿款。又自东晋以后以至于隋，皆曰铜虎符。其曰“大△△（国号）诏与△△太守铜虎符”者，谓以诏书给予铜虎符于太守也，与汉晋符“与△△太守为虎符”之与字异义。

符之制至唐而大变。《唐书·车服志》：“高祖班银菟符，其后改为铜鱼符。畿内则左三右一，畿外则左五右一，左者进内，右者在外。用始第一，周而复始。”匪特左右内外之制异，即左右之数亦各自不同。武后之时，改鱼为龟。中宗初，又复为鱼。盖高祖避祖讳，故废虎符之制也。今所见鱼符之有纪数者，如右清道率府第二、右武卫和川府第三、右领军卫道渠府第五、滦州第四、新换蜀州第四、新铸福州第三，皆为左符。其九仙门外右神策军，则为右符，不纪数，是即右一在外者也。其太子少詹事及朗州传佩等符，则为随身符，所谓不刻姓名传而佩之也。其嘉德门内巡、凝霄门外左交、廷政门外左交等符，则宫殿门城门所给之交鱼符、巡鱼符也。武周之龟符，上下相合。今传世者有六，皆为上甲。不知其内外判别之制如何。其中纪数者二，曰“鹰扬卫金城府第四”，曰“云麾将军行左鹰扬卫翊府中郎将员外置阿伏师奚缬大利发第一”，必皆进内者。宸豫门开门、闭门二符，即《车服志》所谓左厢右厢给开门符也。惟闭门亦用符，则不见于史志。《志》言随身符刻姓名者去官纳之，不刻者传佩相付。今传世鱼符，未见刻姓名者。龟符则有阿伏师奚缬大利发及索葛达干桧贺二符，皆为诸夷蕃将姓名。意其时诸夷蕃将之宿卫者，固无不刻姓名也。鱼符龟符，字皆刻于符阴。上端有一同字，或牝或牡。侧刻合同二半字。首皆有穿，可以系佩。故唐以来符与牌无别。后世或皆谓之牌。

宋之铜兵符，陕西五路，每路各给一至二十，更换给用。其制仿“木鱼契”之形以为之，是仍为鱼符。南宋初，改铸虎符，刻篆而中分之。左契给诸路，右契藏之。今皆未见传世。所见有铜牛符，而不见于史志，文曰“癸丑宝祐春铸”，是亦向待考订者也。又有一铜牌，作钟形。正面上刻皇祐元年四字，下一勑字。阴面上曰资政殿，下曰臣范仲淹。字皆衡刻。是殆刻姓名之随身符，沿唐制也。

又有玉麟符左右各一，其制略如虎符。符阴前后二筍，左牡右牝。

右符底刻第二二字，阴刻一木字。左符底刻第三二字，阴刻一水字。皆正书。按《文献通考》(王礼十)曰:“隋炀帝幸辽东，命卫玄为京师留守，樊子盖为东都留守，俱赐玉麟符以代铜兽。”《唐六典》曰:“传符之制，京都留守曰麟符。”意此乃隋唐之物也。

牌 宋以后兵符不传，所传皆佩牌。辽有卢龙县界、文德县界二铜牌。其形如钱，背刻姓名。此与宋刘光世之招纳信宝钱同为出境之凭证。乃其时习俗相沿之制度，非钱币也。西夏铜牌，或圆或椭，面背皆有文，与《感通塔碑》文字相同。金有鱼符，制与唐符同。符阴同字下刻女真字一行，首尾皆有穿，则与唐略异。奉御从人铜牌，钱大昕定为金时物。又有荆王从人铜牌，其制相同，皆一时之制。元有虎头铜牌，制狭而长。上刻虎头，下有蒙古字一行。正静安云，“此即《元史》所谓虎符者也”。明之符牌，传世最夥，多为铜或牙制者。惟万国珍及皇浦玉宝二牌，则为木制。牙牌为官长所佩，铜牌则为夜巡及官军勇士等所佩。所以重门禁，慎出纳，亦即随身符也。

券 古之功臣，多赐符券。汉高祖与功臣剖符作誓，后世铸之以铁，谓之铁券。其存于今者，唯唐昭宗赐彭城郡王钱镠，及明英宗赐修武伯沈清二券而已。明券即仿唐券之式，共制如瓦，以铁为之，诏书则以金错之，左右各一，左颁功臣，右藏内府，有故则合之以取信。此亦质剂之制也。

玺印 古之玺印所以封检。《释名》(《释书契》)云:“玺，徙也，封物使可转徒而不可发也。印，信也，所以封物为信验也。亦言因也，封物相因付也。”秦以前无尊卑贵贱皆得称玺(《说文》〔土部〕:“玺，王者印也，所以主土。从土，尔声。籀文从玉。”今传世古铜印，玺字多从金，从尒。意铸金则字从金，刻玉则字从玉，以其印于土则字从土。许君主土之说，盖依汉制而臆解，非玺之本义矣)。秦以后则天子称玺、臣下称印。唐以后玺又谓之宝，汉以后印或称章，唐以后或称记（又曰朱记），明清以来或称关防，各随官制而异。其通称则皆谓之印。

封检之制，后世久废，人多莫能详之。段玉裁注《说文》，至谓“周人用玺书，印章必施于帛而下可施于竹木。”（土部墨字注）不知古人封检用泥，正适用于竹木也。近百年来封泥出土，刘喜海为定其名称，世遂知有其物。然于用之法，尚未之详考也。王静安著《简牍检署考》，汇集旧说，证以实物，求得其制度形式，于是书契玺印之为用始明。盖古之简牍，上必施检，然后约之以绳，填之以泥，按之以印。其或盛于囊者，则更约绳封印于囊外。其制盖如今之火漆，故可封物也。自简牍易为楮帛，而封泥之制始变而为濡朱。汉以后纸虽盛行，而官私文书犹兼用简牍，至南北朝之终而始全废。故自周秦至六朝，官私玺印大抵皆方寸。隋唐以后制乃渐大（唐房玄龄等议封禅之制，至请更造玺一枚，方寸二分，以封玉牒）。至于后世，几以印之大小，别官之尊卑。盖其用不同，而形制亦随之而变矣。

今据传世之物，考其形制之沿革，可分为三时期：一先秦，二秦汉至南北朝，三隋唐以来至于近世。

卫宏《汉旧仪》曰：“秦以前民皆佩绶，金玉、银铜、犀象为方寸玺，各服所好。”（《续汉志补注》引）今所见先秦官私玺印，正如卫宏所言，但以铜制者为最多耳。其文字增省改变，与钟鼎彝器不尽同，可识者不过十之四五。《说文叙》曰：“秦书八体，……五曰摹印。”岂知印文别自为体，不自秦始也。其文多著鉨字，无作印者，尤为尊卑称玺之明证。阴文者四缘多有阑，阳文者字细而边宽。官印多阴文，其方约当今尺七八分，盖即古之方寸。亦有当今尺寸余者，意非常制。官名可识者，有司徒、司马、司工、司成、司禄之属。君号之印，字尤诡异，又非尽属地名。盖晚周列国之臣属，封授频繁，《国策》《史记》诸书所载，脱略者多，其人其国，今多无可考矣。私印则阳文多于阴文，大者或同于官印，小者或仅当今尺三分许。其细字宽边之阳文印，昔人目为秦印，以文字例之，殆昔周时物也。此类古文之官私玺印，不特大小无定，即形式亦甚繁。方形之外，有圆者，长方者，上方下圆者，折矩形者，其分歧甚于秦汉。盖第一时期本无定制，惟其所好耳。

秦漠以降，始整齐画一。官私印皆当今尺七八分，历魏晋而不改。观于著时代之汉魏晋“蛮夷印”可知矣。至南北朝而其制微异。其大小当今尺寸许者，即北齐制所谓方寸二分也（见《隋书·礼仪志》六）。前人谱录，概目之为汉印，然其字体随意屈曲，或笔画不完，正如南北朝之碑额，实与汉篆不同。今以其形制与秦汉无甚区别，仍属之第二时期。此时期之官印，方者之外，有所谓“半通印”者，形作长方，适当方印之半，其名见于扬子《法言》（十二）及仲长统《昌言·损益篇》。李贤《后汉书注》引《十三州志》曰，“有秩啬夫，得假半章印”。盖半通或半章，乃微官之制也。私印有两面刻姓名中穿革带者，谓之穿带印。有大小相衔者，谓之子母印，形制较官印为复杂。其材则官印多以铜制，私印间有银与玉者。其印文多出于冶铸，亦间有刻者。惟军中官印则多凿文，以急于封拜，不及冶铸也。御史、将军、太守等印，其文多曰章。按卫宏《汉旧仪》有“丞相、大将军、御史大夫、匈奴单于、二千石印文皆曰章”之语。清瞿中溶《集古官印考》云：“当时并不以印与章为尊卑之别，特以御史、将军、都尉、太守等有风宪兵权之任，故改印曰章。”窃以为章者当用之于章奏，犹今人用于图书，遂名印曰图书也。又有印章二字联文者，多为五字印。《汉书·郊祀志》：“以正月为岁首，而色上黄，官更印章以五字，因为太初元年。"《武帝纪》注："张晏曰，'汉据土德，土数五，故用五，谓印文也。若丞相曰丞相之印章，诸卿及守相文不足五字者，以"之"字足之'。"盖之字、印字皆所以足五字之数也。五字印大率自太初以逮新莽，因莽之官号，五字之印为多。其余仍多四字者。

古之印必有绶，故其上皆铸钮，所以系于绶而佩之。钮之制历代不同，第一时期，多为坛钮、覆斗钮。第二时期，则坛钮、覆斗钮之外，有鼻钮、橐驼钮、龟钮及虎豹辟邪之属。大抵宫印有定制，私印则各出己意以为之，故奇特者尤多。

南北朝以来渐改古制，变小为大。北齐传国玺方且四寸。"督摄万机"木印，长尺二寸，广二寸五分（见《隋书·礼仪志》)，尤为古今所仅有。然常印犹皆方寸或寸二分耳。至于隋唐，其变小为大之制始定。由隋以迄于宋，多当今尺寸八分。金元以降又较大，明清之世，有方三四寸者。印大则不可佩，隋唐宋虽有金紫、银青诸号，已非印绶之称。故其印无钮而有柄，长约一寸，居印背之中。明以来柄又渐长，约当一握。其印背多刻年月及掌铸之官，亦有刻于侧者。元明并刻字号，其防范之术又加密矣。此时期之印，皆为阳文，篆书多谬误。隋唐印之边，与文之粗细相等。宋印间有宽边者，印文蟠屈略繁。金元印宽边者多，篆文之蟠屈亦更整齐。明清印则尽属宽边者矣。

封泥　此三时期中，惟第三时期者皆濡朱而印于纸（朱印之事明见于史籍者，始自北朝)，今所传书牒之类，其上往往有之。其第一第二时期，则印于封泥（今所见封泥，汉魏为多)，向惟见于记载，而今有其物。其制为土凷，面有印文，背有版痕及绳迹。其色或青或紫。其形或为正方，或为不规则之圆形。盖简牍之上，或有印齿，其填于印齿中者，则为正方。其施于囊或无印齿之简牍者，则为圆形。《吕氏春秋·离俗览》曰："故民之于上也，若玺之于涂也，抑之以方则方，抑之以圆则圆。”《淮南子·齐俗训》曰：“若玺之抑埴，正舆之正，倾与之倾。” 涂也，埴也，皆泥也。古人所谓一丸泥者（《列仙传》云：“以方回印封其户。时人言得方回一丸泥，门户不可开。”《后汉书·隗嚣传》，王元说嚣请以一丸泥东封函谷关），即指此也。天子诏书用紫，常人用青，封禅之玉检，则用水银和金为之，谓之“金泥”。王静安谓一切黏土皆可用，其说良是。

官号地名见于印章者，不若见于封泥者之多。盖传世印章，半皆军中之官。而封泥则中外官职皆有之，顾独少武职。宋沈括谓“古之佩章，罢免迁死，皆上印绶，得以印绶葬者极稀。土中所得，多是殁于行阵者”（《梦溪笔谈》十九）。斯言颇得其实。故考古之官制地理者，宜取资于印章。而封泥上之印文，其裨益宝较印章为尤多焉。

五　服御器

吉金之器流传于今者，殷周之世，礼器为多，秦汉以后，则服御之器为多。其范围至广，类别尤繁。鼎、鍑、钟、钫、铜、洗之属，已附见于礼器条下，不复赘述。今约举其最著者分记如下，一、镜，二、钩，三、镫、锭，四、鐎斗、尉斗，五、薰鈩，六、帐构，七、筦钥，八、浑仪、刻漏，九、车马饰。其他残器零饰，或阙其名，或昧其用，尚有待于考订者，不能备举也。

镜　古者以铜为鉴，不知始自何时。《周礼·考工记》言，“金锡半谓之鉴燧之齐” 并言其制造之法。今传世之镜，以汉为最早，未见有周秦者。其著年号则始自新莽，未见有西汉纪元者。镜背多有韵文，大抵皆吉语箴铭，或四言为句，或七言为句。铭辞之首，或冠以作镜者之姓氏，其纪年月者不过什一而已。其制多为圆形，唐以后有六出八出作菱花形者，大或径尺，小或二三寸。大者面平，小者微凸（沈括《梦溪笔谈》曰："鉴大则平，鉴小则凸。……量鉴大小，增损高下，常令人面与鉴大小相若"），背镂花纹，中设一钮。花纹分内外层，或为花草，或为鸟兽，或为神怪，状至奇瑰，多者六七层，少者二三层。铭辞即环列于内外层之间，或一周，或二周。亦有环列方印，每印一字或四字者。其无文字者，上多饰以狮子、天马、葡萄等形。意秦以前之镜，必甚朴素，其制今已不传。其传世者，皆西域之制作，自汉武通西域以后传至小土者，故以西域名产饰之，以志其所从来。其后谶纬之学兴，而其饰乃多神话。汉迄六朝，其字皆为分隶，唐以后则多楷书。唐、宋、金、元之世，铜禁甚严，铸器以铅锡铁代之。唯镜则仍以铜制（《博古图》载铁镜二十有三，魏武帝《上杂物疏》有金错银错铁镜。今传世者，铜制者多，铁镜不过百分之一耳）。今所见有宋湖州铸监局造镜（乾道八年）。金陕西东路运司官造镜（承安三年或四年）。皆出自官铸者。民间所造，以湖州府为多。

汉镜之纪日者，多曰五月丙午。按《论衡·率性篇》曰："阳遂取火于天，五月丙午日中之时，消铄五石，铸以为器。"盖汉人信谶纬五行之说，取火德最盛之月日，以铸取火之具。但其他铜器，如钩，如刀，亦有用此月日者，不仅阳遂为然。然尽有是年五月并无丙午日而曰丙午者，或五月以前改元，而犹称前元缀以五月丙午者。知当时造作，不必真用是月是日，不过习俗相沿，徒成具文而已。

镜久用则黯，必待磨治之而后可复用，故古有磨镜之业。《淮南子·修务训》曰："明镜之始下型，曚然未见形容，及其扢以玄锡，磨以白，则鬓眉微毛可得而察。"（据王念孙《读书杂志》订）今出土古镜，尚有莹洁完好者。殆皆经玄锡之扢、白旃之磨者也。

至其制作之妙，则有所谓夹镜者，以指扣之，中空有声。有所谓水浮镜者，脱去滓秽，轻清如蜕（夹镜、水浮镜之名见《博古图》）有所谓透光镜者，向日照之，背文之影悉现于素壁。凡此工作之精巧，物理之微妙，今虽失传，要皆有研究之价值存焉。

镜范传世甚少。自张廷济辈研求古器之制作，于是始见著录。《古器物笵图录》载拓本七事，一端皆有流。乃知铸镜之法，实与铸钱无异，又铸镜之铜迥殊他器，质脆而易碎，碎处色白如银，似锡多而铜少。知《考工记》所谓金锡半者，至后世而又有增损矣。

钩 钩者，古革带之饰，管仲射齐桓公中带钩是也。胡语谓之师比，赵武灵王赐周绍胡服衣冠、贝带、黄金师比是也。其字或作胥纰（《史记·匈奴列传》），或作犀毗（《汉书·匈奴传》及班固《与窦宪笺》），或作鲜卑（《东观汉记》），皆师比一音之转耳。今传世者，多秦汉以后物。其制一端曲首，背有圆柱。有纯素者，有雕镂者，多涂以金。其雕镂作兽首及鱼鸟之形，或以金银错之。刻辞有云。“口容珠，手抱鱼”（《长安获古编》丙午神钩，《陶斋吉金续录》袖珍奇钩，并有此铭），即状其所饰之形，不知是何取义。文字或作吉祥语，或纪年月日，或为官号，或为姓名。有刻于面者，有刻于背者，有刻于柱底者。柱底之文，可代印章，故往往多反文。《积古斋钟鼎彝器款识》之丙午钩，下有张师信印四字（其在背或在柱底则未详），明着印字，尤可证也。又有中剖为二，左右各半者，字在里侧，或阴款，或阳识。阮元谓合之以当符契，是或然也。有以玉制者，其制亦相类。

其尺寸之大小尤多殊异。寻常所见者，大率当今尺三四寸，或短至径寸，皆为革带之钩。其长至径尺者多无文字，腰围所不能系，意盖鞍饰（《御览》服章部引《吴录》曰“钩络者，鞍饰革带也，世名为钩络带”。《类聚》及《书钞》衣冠部所引则无鞍饰二字）。尝见一大钩，有一玉环胶固于其端。或云是僧徒袈裟所用者，其说似颇近之。

镫、锭 镫锭之制，上有盘，中有柱，下有底。其或着柄于盘而承以三足者，则谓之行镫，即今之手照也。盘所以盛膏，中或有锥，则所以承炷，古所谓膏烛也。

其名之见于各器者，或曰镫，或曰锭，或曰钉，或曰烛定，或曰烛豆，或曰烛盘，实一物而异名。镫、锭、钉、定，盖即一字，《广韵》（锭字注）《声类》（玄应《一切经音义》七引）所谓“有足曰镫，无足曰蹬”（《广韵》“有足”上有豆字），殆不尽然。《说文》，镫、锭并收，而互相为训，不言有足无足之别，明即一物也。镫，本豆下之跗，《记·祭统》曰：“夫人荐豆执校，执醴授之执镫。”《注》云：“镫，豆下跗也。”就形制言之，汉以来膏烛之镫，正如商周祭器之豆。故《广韵》以豆解镫锭，而土军侯烛豆即以豆名其器也。

今传世诸器，多为尚方所造，刻造作人之姓名及其岁月，著宫室之名与器用之数。或纪重量，或详尺度，或载容量。其颁赐外戚家者，则增刻赐予之岁月，及受赐之人。有所谓雁足镫者，柱作雁足形，盘中空，下有底。有所谓鹿卢镫者，器椭圆，盖作两截，后半着于器，前半有鹿卢，可以开合。开之则其盖上仰，中有一锥，以为烛盘。《博古图》所载又有虹烛锭，器圆而敛口，下有三足，上有两管，铭曰“王氏铜虹烛锭”。此乃承烛盘之座，而非所以然膏者。《西清古鉴》载一全器，上有覆，中有盘，下有座。覆有二管下垂，与座之管相衔接。覆与盘之间，又有屏蔽二，如门户然，可以转移。盖施于烛后，使其光反射者，其制益精巧矣。

镳斗、尉斗 镳斗，温器也。三足有柄，所以煮物。无足者谓之尉斗。热炭于斗中，以尉绘帛。用各不同，视其足之有无以为别。前人概名之曰镳斗，实未当也。《笑林》曰：“太原人夜失火，欲出铜枪，误出尉斗。便大惊怪曰：‘火未至，槍已被烧失脚’。”（《书钞》服饰部引）是尉斗实无足，而有足者谓之鐎斗。枪又鐎斗之别名，枪即铛也。用之于军中者，则谓之刁斗。《广韵》以刁斗释鐎，孟康以鐎器释刁斗（《史记·李广传》集解）。二者之容量皆受一斗（建始鐎斗铭曰“容一斗”；孟康刁斗注亦曰“受一斗”），实同物而异名也。

其明着器名者，则有汉建始鐎斗，魏太和尉斗，皆纪造作之岁月及其重量等（汉鐎斗纪容量，魏尉斗纪号数），或刻于唇，或刻于柄。太和尉斗有盖有架，其架谓之尉人。尉人之名，）仅见于《东宫旧事》（《书钞》服饰部引）。证以此铭，始悟其用与其形制。寻常尉斗，则多铸钱文及鱼形于其腹内。

薰炉　薰炉，薰香之器也。《说文》（金部）：“炉，方炉。”“鏇，圜炉。”今器之自载其名曰薰炉者，多为圜器，如豆状，上行盖，下有盘。盖多作为山峦草木之状，而有孔可以出烟，故又谓之博山炉。意爇香于其中，覆之以笼，以薰衣被者。笼盖以竹为之，所谓薰笼是也。

帐构　古之帐如覆斗，支之以架，其架谓之帐构，以竹木为之。交错接筍之处，则以铜联之，名曰帐构铜。其状如筩，中空，以贯竹木。首方而有筍，或旁出歧枝。其铭必备载帐之尺寸及铜构之部位，如上、下、左、右、边构、广构等名称（《攈古录目》所载帐构三，一曰上广构铜，一曰上边构铜，一曰下构铜）。潍县陈氏所藏一器（陈误为车饰）有“前右上广”等字。综其所纪之尺寸观之，长皆一丈，广皆六尺，高或八尺五寸（高度惟《宁寿鉴古》所录一器有之），则所谓覆斗形者，不难想象得之。

筦钥　筦钥之属，传世极少。曾见一器，首屈如钩，其柄节节相衔，可以伸缩。上有“雝库籥重二斤一两名百一”等字，形制与今迥殊。其用若何，尤不可解。使其器无文字，几不能知其为库籥。无棣吴氏旧藏一器，形制与此同。有篆书五字，曰“廿一年寺二”（见《攈古录》)，吴氏不能定其名，惜不及见此器也。日本正仓院有唐锁，其制略同今制。近年洛阳时有出土，有银者，有铜者，唯较正仓院者为小耳。

又有前人所谓藕心钱者，外有长方形之铜器函之。其上多作独角兽形，或有完字及千金氏等字，亦有有年号者，曰“都昌侯元延四年王政。”疑皆筦钥类也。

浑仪、刻漏 浑仪者，测天之器也，《虞书》曰：“在璿玑玉衡以齐七政。”马融注云：“璿，美玉也。玑，浑天仪。”(《史记·天官书》索隐引)是古之璿玑玉衡，即后世之浑天仪，故《尚书·文耀钩》曰，“唐尧即位，羲和立浑仪”也(《御览》天部引)。刻漏者，测时之器也。孔壶为漏，浮箭为刻，下漏数刻，以纪昼夜昏明之数。自秦汉以来，测候之器代有作者。然今中央观象台所存之仪器，率皆宋元以来之制，前此无闻焉。一九〇〇年(清光绪二十六年)庚子之役，八国联军侵犯我京师，法德二国平分钦天监天文仪器。法国盗取简仪、赤道经纬仪、黄道经纬仪、象限仪、地平经纬仪五器，运至使馆，越二年而归还。德国劫去浑仪、天体仪、地平经仪、纪限仪、玑衡抚辰仪五器，运载归国。越二十一年，依据凡尔塞和约而始退还。今就存器略记其时代、至形制及用法，则具详于《天文仪器志略》中。

浑仪为明正统间所造，其制实仿宋皇祐时之物而成。

简仪为元郭守敬所创造，其器实合地平经纬仪、赤道经纬仪及日晷三器而为一器，故名曰简仪。原器于清康熙时作废铜充用，今器乃明正统间仿造者。

天体仪、赤道经纬仪、黄道经纬仪、地平经仪、象限仪、纪限仪六器，为清康熙十二年用南怀仁之说所造者。其上皆有“康熙癸丑岁(十二年)日躔寿星之次治理历法臣南怀仁立法”等字。

玑衡抚辰仪为清乾隆九年所造。上有汉文满文各一行。汉文十二字，曰“御制玑衡抚辰仪乾隆甲子（九年）造”。

地平经纬仪乃合地平经仪与象限仪而为一器。《仪象考成》云，“康熙五十二年，命监臣西洋人纪利安制地平经纬仪”，《清会典》云，“地平经纬仪，康熙五十四年制”，而一九〇〇年《司密逊学会报告书》谓系法王路易第十四赠与中国者。《天文仪器志略》云：“间尝细为检阅，有与旧器不同者数事：一，表尺别用黄铜制就，嵌入仪面，非如旧仪之就仪面摹刻；二，数目字皆用阿拉伯号码，不用汉字；三，立柱横仪梁身皆未用游云升龙为饰；四，仪柱或弧背上未刻制造年代与制造者姓名。”以是种种，则《报告书》所言或属可信。

圭表为测日景之具。明正统间制，清乾隆九年重修之。此外尚有汉日晷，为玉制之方盘。面作平圆，周以界线。每线刻篆书记数，自一至六十九，中有圆孔，所以植表。旧为端方所藏，见《陶斋藏石记》。明汤若望所制日晷二，一大一小，并崇祯年制。

漏壶有二，一大一小，小者系赵宋时制，为元齐政楼故物。大者为明制。庚子之役，器皆散失，各存一壶。

元延祐五年宣慰司陈用和所造漏壶，今在广东（旧在省城双门底，今移置海珠公园）。其器凡四壶，层累置之。第一壶高六尺余，其余以次递减一尺。时辰筹植立于第四壶中，铜尺衡于壶面，遇其时则字浮尺间。故宫博物院交泰殿中有一具，清乾隆时所造。浙江旧有三器：一在嘉兴，宋景定五年铸；一在奉化，元至治二年置；一在上虞，至正二十五年铸。器皆久燬，并文字亦属仅存矣（拓本见《两浙佚金佚石集存》）。

车马饰 《考工记》于车工之事，言之特详。自戴震、阮元、程瑶田诸家考订章句，绘图立说，而后其制度尺寸，始有定解。然附属金饰，琐屑难详，或存其名而不能见其物，或有其物而不能正其名，考证之事，正待来兹。顾制度变迁。三代各异。秦汉以降，形制更殊，出土诸器，率皆零落不完，且多有花纹而无文字，或并花纹而无之。于此而欲稽其时代，究其用途，尤非易事。近孟津发见古墓，中有彝器及车饰甚夥，以彝器之文字定之，当为周代之物。彝器皆已散失，车饰则由北京大学研究所购得数百件，位置不详，殊难整理，所谓皮之不存、毛将焉附也。今先就流传诸物之可确定者约略举之，车饰如軎、辖、和銮之属，马饰如衔勒之属，前人审定，已无疑义。他若葆调、斿饰，或施于盖，或施于旗，要皆卤簿仪仗之属，因亦连类及之。

軎者，车轴头也。传世一器，其形如筩，空其一端，本大末小，本圜而末为八棱。其本及近本之处各有界线隆起以周匝之。二界线之间有穿，两面相对。其端有文五字，曰“嬗妊作安车”。此盖冒于轴头而施辖于穿中者。《史记·田单列传》：“令其宗人盏断其车轴末，而傅铁笼。”《索隐》引《方言》“车辖齐谓之笼”（今本《方言》笼作轪）以解之，即此物也。孟津车饰中有一軎，形制与嬗妊车軎略同，而附一车辖。此皆可断定为周代之物。《积古斋钟鼎彝器款识》所载安昌车釭，为钱坫所藏（钱氏考为汉安昌侯张禹物）。其状虽相似，而近本之处无穿，不能施辖，阮氏谓为车釭固未当，或谓为軎亦非也。

辖者，轴瑞之键，所以制毂也。程瑶田据灵山方氏所藏铜器，定为车辖。其形戴以兽首，首下为枘，首接枘处，面背并为偃月形，兽首两旁有穿，可以横贯，枘之末微剡，略如圭首。程氏谓偃月处与轴凹凸相函（其实直接函軎，间接函轴），其穿以贯柔革而缚于轴。考证车辖之制，可谓精确无疑。近年出土者形制尤多。有枘上作半规形以函軎者，有仅一兽首而下缀以枘者。半规形之上，或为兽首，或为伏兽形之钮，皆有穿以贯柔革。枘之末或锐，或平，或有穿。其施于軎也，軜之末必出于軎外。其軜末有穿者，或即以柔革之一瑞缚之。车軎之两面有穿，其明证也。程氏谓凿不得穿通以伤轴，由于未见鞪未见軎耳。孟津所出车饰，中有鞪四，其一附于軎，其二为原偶而失其軎，形制并为兽首下缀軜，不作偃月或半规形，其一个为兽首而为人首，亦失其軎，为鞪之最奇者。

和，銮，皆铃也。所以为车行节也。《诗》毛氏说，“在轼曰和，在镳曰銮”《小雅·蓼萧》传）。韩氏说，“銮在衡，和在轼前”（《礼记·经解》郑《注》引《韩诗内传》）。《大戴礼·保傅篇》之说与韩氏同。郑氏于《诗烈祖笺》用毛氏说，于《周礼·大驭》注《礼记·玉藻经》解注，并用韩氏、大戴说。是和之在轼，已成定解。而銮之所在，虽两汉儒生亦有异说。清王念孙（《广雅疏证》）孙诒让（《周礼正义》）诸家，并以毛氏在镳之解为长。宋以来著录家称为舞铙者，其制上半椭圆，如两轮相合形。中含铜丸，望之离娄然，摇之则其丸鸣于两轮中。下附以柄，柄之端着以长方形之銎。清阮元据其形制，定为车和，作《铜和考》，谓下之方銎，即冒于车前轼两柱之端，故有旁孔以待横贯，使不致脱。订正《考古》《博古》诸图之误。孟津所出诸器中有此物，与车饰等相杂，知阮氏之说为不诬矣。近见一器，状如覆瓦，长约尺许，宽寸余。两端各有曲柄，柄末铜和下垂《西清古鉴》目为旂铃，其实亦即轼前之和也。銮之制如钟铎，上有钮，腹有舌，与汉以后牛马铎同。孟津所出凡七枚，小者高寸余，大者二寸余，虽大小不同，实皆銮也。

勒者，马口中所衔，所以制马也。今出土者甚多，以铜为之，两节相衔，其末各有一铜环，所以施辔。其制纯素无文，与今欧制无少异。孟津车饰中有勒十五枚，皆作此制，知周制即如此矣。

葆调者，编羽葆之器也，旧藏潍县陈氏。形如今之铜锁，一端有隶书八字，曰“主睪毕少郎作葆调”，盖汉物也。按《汉书·韩延寿传》，“植羽葆”，颜师古注曰，“羽葆，聚翟尾为之，亦今纛之类也”。《后汉书·光武帝纪》李贤《注》曰，“葆车，谓上建羽葆也，合聚五采羽名为葆”是此器乃施于车盖，其孔所以饰羽。名曰葆调，其义未详。或以其合聚五采，有调和之义欤？

斿饰者，施于旌旗之竿头，所以系斿也。余得一器，其体为筩形，长今尺一寸七分，围径四分半，空其中以待冒。两旁有小穿，可以施丁。穿之上层，围以蝉翼纹。顶上平处有旋纹。颈间缀以长方形之铜格，可以旋转，格间又有一小键纵贯之，此盖斿饰也。按《春秋左传》（昭十三年）：“八月辛未，治兵，建而不旆。壬申，复旆之。”杜《注》云：“建立旌旗不曳其旆。旆，斿也。”盖古者旗旌之斿，可系可解。观此器铜键，一端缀于格间，而他端不相属。知斿末亦必有一键，贯于格间，而互相为固。建而不旆者，建立旌旗而解其斿也。复旆者，复系其斿也。从来解经者多以为卷而不垂，误矣。不有此器，乌从正之？

六　古兵

古兵之制，屡有变迁，石器时代以石为之，秦以前用铜，汉以后乃用铁。今传世古兵，多以铜制，皆先秦及汉初物也。是以楚子之赐郑伯金也，盟曰，“无以铸兵”（《左传》僖十八年）。赵襄子之居晋阳也，因董安于公宫之铜柱以为矢（《战国策》赵一）。秦始皇之并兼六国也，收天下之兵，销以为钟鐻金人十二（《史记·秦始皇本纪》）。《考工记》攻金之工六。所谓金者，皆铜也。惟其为铜，故能传久。后世铁兵，易于朽蚀，流传转希。

古铜兵之出土，往往有坼裂纹，戈戟尤甚，其理不可解。意金锡相和之后，加以淬錬，故与他齐不同欤？

又其文字瑰奇，亦异他器。盖即秦书八体之殳书，秦以前已如此矣。

今就古兵之可述者分叙于后。句兵曰戈，曰戟，刺兵曰矛，短兵曰刀，曰剑，曰匕首，凿兵曰斧，射远之兵曰矢，发矢之机曰弩机，盛矢之器曰箙。其他若铠胄之属，近日亦有出土，然皆零饰，难遽定名，姑从略焉。

戈戟 古以车战，利用句兵，主于横击。《晏子春秋·内篇·杂上》言崔杼之劫诸将军大夫也，曰，“戟拘其颈，剑承其心”，又曰，“曲刃钩之，直兵推之”，明言戟为曲刃。自先郑以援为直刃，而《礼图》所画戈戟，悉如矛槊然。盖汉时车战之制久废，所谓戈戟者，名同而制异。郑氏以句孑戟释戈，以三锋戟释戟，皆汉时之制。观于孝堂山石刻画像，戈皆直刃，益信汉制如此，郑氏之误有由来矣。宋黄伯思著《铜戈辨》，以为横而不纵，始订正汉儒之失。清程瑶田作《考工创物小记》，于戈戟之制，更反复证明。于是戈戟之所以异及其安柲之形，横击之法，征之经文实物，而无一不合矣。《考工记》(《冶氏》)曰：“戈广二寸，内倍之，胡三之，援四之……倨句外博。重三锊。戟广寸有半寸，内三之，胡四之，援五之，倨句中矩。与刺，重三锊。”程氏解之曰：“援其刃之正者，衡出以啄人。其本即内也。内衡贯于柲之凿而出之。……援接内处折而下垂者谓之胡。……内末有刃者，……即刺也。”又引《说文》“戈，平头戟也”，“戟，有枝兵也”，谓“《说文》言枝，《考工记》言刺，枝、刺一物也”。是戟与戈形制实相仿，内末无刃者谓之戈，有刃者谓之戟。今传世戈戟最多。其尺寸虽未必与《记》文尽合，而验以程氏之言，实皆确当。盖古兵之同类而异名者，其区别不过毫厘之间。斧、斨、戚、戉之分，亦犹是也。

《考工》所记者为周制，周以前又不同。今所见有商代文字者，率皆有援有内而无胡，援广而内仄，内之末多有追琢之文。此殆商之句兵，为戈戟之初制。其后由援本下垂处引之而为胡，遂由衡形变而为三出。传世一小戈，其胡之长仅如援广，盖初有胡之戈也。又一戟，内末之刃曲而下垂，如鸡颈然，殆即郑《注》所谓鸡鸣、拥颈者也。

胡之近内处多有三穿，或四穿，内之上亦有一穿。此盖以内横入于柲，而缚绳以为固者。今出土戈戟，其内本往往有安秘之迹，木理显然，着于两面，然后知黄伯思考证之精，虽郑氏复生，亦无以难之也。又考古器中有象形戈字，其字多作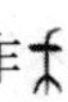，或作。其衡贯于中者即戈，左为援，右为内，内末或作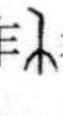者，为缚绳下垂之形。其所从之即弋，弋即秘也。首曲而下有镈或镦，镦之上系以布帛，故亦如内末之有物下垂也。此象形文字之可资考证者也。

《曲礼》曰："进戈者前其镈，进矛戟者前其镦"。《注》曰："锐底曰镈，平底曰镦。"今传世者，平底之镦多于锐底之。近人藏一镦，有文字，新郑出二镦，中有残朽之柲，皆所不经见者。

又有古兵，横刃如援，援末不为内而为銎、上下皆穿，以受柲。验其文字，多为象形古文。盖皆商代之遗物，亦用以横击之句兵也。

矛　矛者，直刺之兵也。三分其长，二为刃，一为骹。刃之脊隆起。脊之两旁微陷，以通空气，取其饮刃而易拔也。骹之中空，所以冒矜，上必有穿，可贯以丁而固之。形制大小不一，大者或长今尺七八寸，殆《释名》《释兵》所谓丈八尺之矟或丈六尺之夷矛也。小者四寸许，或即《字林》所谓矠也（玄应《一切经音义》十一引）。

刀　古之刀必有环。环之上为柄，柄之上为刃。刃皆内向，正如古刀币之形。《金泥石屑》载一拓本，其器出于洞庭湖中。文为一己字，当为商代或周初之物。柄有螭纹，环作方形。此古刀之仅见者。《积古斋钟鼎彝器款识》载元嘉刀，为宋人拓本。其形制虽未详，而铭有“长四尺二寸”之文，则当今尺三尺。其长盖倍于己字刀矣。孝堂山石刻画像所图枭首及宰牲之刀，其形并同，不过大小之差。其环以系布帛，武氏祠石刻画像中所图者，其下多有物下垂，可证也。曹植《宝刀赋》曰，“规员景以定环”，唐时亦有刀环之语，知唐以前之刀，皆莫不有环也。

剑 程瑶田著《桃氏为剑考》，以前承剑身，而后接于茎者为腊，腊之两畔为两从，人所握者为茎，茎为二物币茎以间之者为后。后之言缑也，谓以绳缠之也。对末言之为首，首即镡也。阮元为《古剑镡腊图考》亦仍其说。窃以为腊当在剑身，不当在身与茎之间。程氏既言“腊之言鬣也”，则剑身之隆起者为腊，犹封墓而若斧者谓之马鬣也。《考工记》之所谓腊，即《庄子·说剑篇》之所谓脊也。腊广二寸有半寸者，谓剑身之广，据其本言之也。两从半之者，由脊以至于锷也。剑身之名，《庄子》锋、锷、脊，三者尽之矣。若身与茎之间有物隆起而币于身者，往往不与身等广，不得谓之腊也。剑身之外，其名称古多相混。程氏之解剑首曰，“对末言之曰首”是也。而即以剑鼻之镡当之，似犹未当。按《汉书·匈奴传》：“单于朝，天子赐以玉具剑。”孟康曰：“标、首、镡、卫，尽用玉为之。”颜师古曰：“镡，剑口旁横出者也。卫，剑鼻也。”盖玉具剑者，以玉饰其标、首、镡、卫。标者，刀削末铜也（《汉书·王莽传》宋祁校语引《字林》)。首者，茎端之首也。镡、卫者，身与茎之间之饰，程氏误认为腊者也。旁出于锷本者曰镡，当腊而中隆者曰卫。镡旁出如两耳，又谓之剑珥。卫隆起象鼻形，又谓之剑鼻。卫即《说文》之璏（颜师古注：“卫字本作璏，其音同。”又《王莽传》“即解其璏”注，服虔曰，“璏音卫”)。

《说文》于璏训剑鼻玉，于镡亦训剑鼻。盖镡璏同为一物，而中与侧异名，致相混耳。剑鼻之饰，后世始盛。桃氏初制不如是也。

今所见古铜剑，其长仅当今尺尺余。茎之所容，不过四指，无甚大者。近乃见一铁剑，长几三尺，饰一玉璏。铁已朽蚀，玉亦破裂。是必汉魏以后之制矣。

匕首 《通俗文》曰："匕首，剑属。其头类匕，短而便用。"（《御览》兵部及《文选·邹阳狱中上书》注引）今传世短兵，剑多而匕首少。阮元作《匕图考》，图一匕首之形，身似剑而短，柄上有旁枝。程瑶田《考工创物小记》亦图一匕首，其形略同，而旁枝有二。《考工记·桃氏》注："下制长二尺，重二斤一两三分两之一。此今匕首也。"今所见古剑，有长今尺七八寸者，谓之剑则已短，殆即匕首也。《盐铁论》谓尺八匕首，郑以二尺之剑况匕首，魏文帝《典论》述所作匕首，有长二尺三寸、二尺一寸者。知匕首之制，长短本无定，所以与剑有别者，仅在身之长短耳。阮氏程氏所图，乃匕首之异制，所山旁枝，即剑镡也。

斧 斧属之器，名物甚多。《说文》云："斧，斫也。""斤，斫木斧也。""斨，方銎斧也。""戉，大斧也。""戚，戉也。"今传世之器，其形制凡三种：其一有内如句兵而阔刃，如幼衣斧是也；其一锋刃两面渐厚以至于首，顶上为方銎，身长而刃微侈，如吕大叔斧是也；其一形如幼衣斧，不为内而为銎，銎作椭形，上下相穿，其柯可以横贯，如《考工创物小记》所图斧是也。

第一类必系戚戉之属。程瑶田以幼衣斧器小，不类大斧之戉。段玉裁《说文》（戉部）戚字《注》，据《诗·大雅》"干戈戚扬"《传》，以为戚小于戉。是此器或即戚也。许书戉为形声字，而彝器中作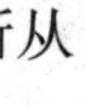（虢季子白盘"赐用戉"），作（立戉尊），则皆象阔刃之形，其所从

之[illegible]或[illegible]，则与戈柲同物。知戚戉之安柲，实与戈戟无异也。又十二支之戌字，甲骨中多作[illegible]，亦象斧形。疑戌、戉本一字，许氏误也。

第二类传世最多，惟吕大叔斧有铭曰“贰车之斧”。然其器非以柯横贯，乃由顶上之銎受柄，用以平凿，非纵凿者，实不得谓之斧也。按《释名·释用器》云：“钎，谨也。版广不可得削，又有节，则用此钎之，所以详谨令平灭斧迹也。”《国语·齐语》：“恶金以铸钽夷斤劚。”韦昭注云：“斤形似钽而小。”是平凿者为斤，纵凿者为斧，凡顶上为銎者皆斤也。程瑶田曰：“今木工有平木之斤，其名与奔声相近。銎受短柄，又于短柄上为凿受柄，如曲矩形。”此类顶上有銎之斤，其受柄当亦犹是也。

第三类尤不多见，是为斧斨之属。斧斨之所以异，由其銎别之。《诗·破斧》传云：“隋銎曰斧。”又《七月》传云：“斨，方銎也。”程氏所得之器为椭銎，乃斧也。余近得一器，长今尺三寸六分，身宽六分，刃宽一寸，由刃渐厚以至于首，则成方顶。径一寸一分，其平面近首处一銎，斜而不直。此銎之下，又有一銎在其侧面，与刃平行。两銎皆方，旁皆有贯丁之小穿，此盖斤与斨两用者也。以刃贯其第一銎，成句于矩之形，其状如锄，用以平凿则为斤。以柄贯其第二銎，其折中矩，用以纵凿则为斨。一器两用，尤为仅见。

明此三类之形制，而斧属之器略可辨别矣。

矢　矢亦刺兵之属也。其干曰稾，其刃曰族，其旁曰羽，其末曰栝。族足入稾中者曰铤。今所见之古矢，惟族与铤尚有流传，族以铜而铤以铁。族之形制不一，有两刃如矛者，有三廉者，长约今尺一寸二分乃至二寸许，其制以族冒铤，以铤入稾。今山土铤附于族者，尚可见。间有铸文字者，率皆晚周古文。

殷虚近出骨族，或考为恒矢之族，礼射及习射所用者。《仪礼·既夕礼》，“猴矢一乘，骨镞短卫”，《尔雅·释器》，“骨族不剪羽谓之志”，皆此类也，殷虚所出，尚有珧族，数量不如骨族之多。

弩机 《说文》（弓部）：“弩，弓有臂者。”《释名·释兵》云：“其柄曰臂，似人臂也。”孝堂山石刻画像有弩挂于壁间。其弓弣有柄，支出于弦后，即所谓臂也，今之弹弩犹作此形，弩机当施于臂末，画像所图二弩，臂末并有规郭形，盖即机也。今传世有文字者，惟左工一器（左工弩机见《梦鄣草堂吉金图续编》）为六国时制，其余所见多汉魏年号。形制之大小工拙，大致相同，不因时代而异制。其分析之名称，则钩弦之处曰牙，牙外曰郭，下曰悬刀。牙与悬刀之间，有一物以制之，则不知其名。郭之前端有一键，不知名之器属之。郭身当悬刀处亦有一键，牙与悬刀属之。从后曳其悬刀，则牙内陷而弦发矣。前端施键之处，郭身微狭，而键则与后键等长。原其意盖以此端陷入臂末，横贯以键，使臂與机成一体也。

臂、牙、郭三者分工，其上往往勒臂工、牙工、郭工（或曰师，或曰匠）之名（沈括不知臂师之称，以为史传无此色目；又误牙为耳，致更难解。盖隶书牙与耳易相混也）。牙有柄，植立机上，宋人谓之望山，其上往往刻尺度。沈括谓为句股度高深之法，其说是也。

弓力之见于机上者，有四石、六石、八石之别。百二十斤为石，八石乃九百六十斤矣。力强则人力不能胜，故借臂之力以张之，借牙之力以发之。《汉书·申屠嘉传》颜师古《注》曰，“今之弩以手张者曰擘张，以足蹋者曰蹶张”，此言张之之法也。华峤《后汉书》曰：“陈愍王宠善射弩。其秘法以天覆地载参连为奇，又有三微三小。三微为经，三小为纬，经纬相将，万胜之方。”（《御览》兵部引）此则言发之之法也。

箙 《诗·小雅·采薇》，“象弭鱼服”，毛《传》云，“鱼服，鱼皮也”。孔《疏》云:“以鱼皮为矢服。”《周礼》司弓矢《注》云:“箙,盛矢器也,以兽皮为之。”《国语·郑语》曰,“檿弧箕服”,韦《注》曰,“箕,木名,服,矢房”,是古之矢箙,以鱼皮兽皮或木为之,未闻有铸铜者。清吴大澂尝得一铜器,长今尺八寸许,宽二寸余。上有口,下有底。一面有虘𤔲土三字,一面有北征[illegible]甾四字。吴谓[illegible]为《周礼》槀人之槀,甾即荀字,定其器为矢箙。

矢箙容矢之数,经无明文。《周礼·司弓矢》注云:“每弓者一箙百矢。”而《荀子·议兵篇》云:“负服矢五十个。”俞樾以为盛矢五十个于服而负之。此“北征箙”之原器不可得见,观其墨本,形制狭小,不似容百矢或五十矢者。或如韦昭(《齐语注》)高诱(《淮南子·氾论训》注)之说,十二矢为束(《诗·鲁颂》毛传以五十矢为束,《周礼·大司寇》注以百矢为束)。一箙之所容,不过一束欤?

卷　二

中国金石学概要（下）

第四章　历代石刻①

商周之世之视器也。与社稷名位共其存亡轻重，故孔子曰，“惟器与名不可以假人”。其勒铭也，自名以称扬其先祖之美，而明著之后世，亦正所以昭示其重视名器之意。其始因文以见器，后乃借器以传文，是故器不必皆有文也。自周室衰微，诸侯强大，名器浸轻，功利是重。于是以文字为夸张之具，而石刻之文兴矣。故石刻之文，完全借石以传文，不似器文之因文以见器也。

刻石之风流衍于秦汉之世，而极盛于后漠。逮及魏晋，屡申刻石之禁，至南朝而不改。隋唐承北朝之余风，事无巨细，多刻石以纪之。自是以后，又复大盛，于是石刻文字，几遍中国矣。

石刻之种类名称，偻指难数。有就形制言之者，有就文体言之者，有概名之曰碑者，错综纠纷，尤难分晰。今论其类别，一曰刻石与碑之别，二曰造像与画像之别，三曰经典诸刻与纪事诸刻之别，四曰一切建筑品附刻之文。其种种细目，即分系于各条之下而叙述之。

① 编者案：日本京都大学水野清一曾为此章作注，载日本《东洋史研究》卷三、四。

一　刻石与碑之别

今人谓文之载于石者皆曰碑，其实不然。刻碑之兴，当住汉季，古只谓之刻石。秦始皇帝之议于海上也，其群臣上议曰："古之帝者……犹刻企石以自为纪。……今皇帝并一海内，……群臣相与诵皇帝功德，刻于金石，以为表经。"故其东行郡县诸刻，皆曰刻石，初未尝谓之碑也。碑之名始于周代，为致用而设，非刻辞之具。《记·祭义》，"君牵牲……既入庙门丽于碑"，谓庙门之碑也。《记·檀弓》，"公室视丰碑"，谓墓所之碑也。庙门之碑用石，以丽牲，以测日景。墓所之碑用木，以引绳下棺（见《仪礼·聘礼》注及《记·檀弓》注）。其形式虽不可考，要之未必如今之所谓碑也。刻文于碑，为汉以后之事，非所论于古刻。然相传古刻，亦有所谓碑者，故古刻之真伪，不可以不辨。

宋以来著录金石之书，言三代时石刻者，于夏，则有岣嵝碑，卢氏摩崖，并传为禹迹。于殷，则有红崖刻石，传为高宗时刻，锦山摩崖，传为箕子书。于周，则有坛山刻石，传为穆王刻，石鼓文，传为史籀书，延陵季子墓字，比干墓字，并传为孔子书。其实岣嵝碑虽见于唐宋人记载，不过传闻之辞。今兹所传，实出明人模刻，明郭昌宗已辨其附会。卢氏摩崖止有一字，清刘师陆释作洛，得见墨本者云，系石纹交午，实非字迹。红崖刻石俗称《诸葛誓苗碑》，清邹汉勋释为殷高宗伐鬼方刻石，莫友芝复辨为三危禹迹。聚讼纷纷，亦无定论。赵之谦疑为苗族古书，代远失考，似为近之。锦山摩崖或释为箕子书，叶昌炽谓为于古无征，半由附会。坛山刻石，宋欧阳修据《穆天子传》及《图经》定为穆王登赞皇时所刻，然赵明诚已疑其非是。延陵季子墓字，宋董逌谓夫子未尝至吴，其书是非不可考。比干墓字为隶书，更非孔子所能作。宋洪适娄机并辨其谬，定为东汉人书。凡此皆文人好奇，穿凿附会，或本无字而言之凿凿，或以讹传讹而强定时代，前人考订，具有定论。然则古刻舍石鼓外，余皆不足信，可断言也。石鼓之形制为特立之碣，乃刻石之一种（说见后），则古刻无所谓碑者，又可断言也。此外则宋时出土之《秦诅楚文》较为可信。顾三石久佚，不知其形制若何，但据宋人所著录，又绝非碑也。吾故曰刻碑之兴，当在汉季，古只谓之刻石也。

刻石之持立者谓之碣，天然者谓之摩崖，今与碑分述于后。

碣 《史记·秦始皇本纪》言刻石颂德者凡七（邹峄山、泰山、琅玡、碣石、会稽各一刻，之罘二刻），其文必先曰立石，后曰刻石，或曰刻所立石。所谓立石者即碣，《说文》（石部），"碣，持立之石"，是也。其形制今犹略可考见。《山左金石志》纪琅玡台刻石之尺寸曰："石高工部营造尺丈五尺，下宽六尺，中宽五尺，上半宽三尺，顶宽二尺三寸，南北厚二尺五寸。"又纪泰山顶上无字石曰："碑之高广厚一如琅玡台，所差不过分寸。"《云麓漫钞》纪国山刻石（天玺元年）之形状曰："土人目曰囤碑，以石圆八出如米廪云。"《国山碑考》亦云："碑高八尺，围一丈，其形微圜而椭，东西二面广，南北狭四之一。"《两浙金石志》纪禹陵窆石（篆书，无年月，阮元定为吴孙皓刻）曰："高六尺，周广四尺，顶上有穿，状如称锤。"综合诸石观之，其形当在方圆之间，上小下大。石鼓（石鼓为秦刻石，余别有说）十石并与此同，不过略小，前人无以名之，以其形类鼓，遂谓之石鼓（国山刻石，据诸家考证，亦有谓其形如鼓者）。董逌且附会其说，谓"武事刻于钲鼓"，不亦妄乎？汉裴岑纪功刻石（永和二年）、上锐下大，孤笥挺立，俗呼石人子（见《金石图说》）。天玺纪功刻石（天玺元年），第一石高三尺五寸，围八尺九寸，其顶宛然钟形截去上甬者。第二石高二尺三寸三分，第三石高二尺六寸二分，其围并较第一石为小，则以石有削去之故（见《两汉金石记》）。俗因呼为三段碑（验其每段前后行之字数相等，知非一石所折，是必三石相累而成，全形当与国山同）。此二石虽与前述诸石形制略殊，亦可断其为碣。至西汉之《赵群臣上寿》刻石（赵二十二年，当汉文帝后六年），熙孝禹刻石（河平三年），东汉之宋伯望刻石（汉安三年），虽未详其形制，殆亦此类。李贤所谓“方者谓之碑，员者谓之碣”（《后汉书·窦宪传》注），是也。此制自孙吴之后，仅一见于高丽好大王陵刻石（甲寅年，当晋义熙十年），据郑文焯所纪，“高约十八尺，向南背北，约宽五尺六寸有奇，东西侧约宽四尺四寸有奇”，此外绝无闻焉。盖自碑盛行以后，而碣之制遂渐废，赵岐所以欲立员石于墓前（见《后汉书》本传）者，亦思矫当时之习俗以复古耳。

摩崖 摩崖者，刻于崖壁者也，故曰天然之石。秦刻石中惟碣石一刻曰刻碣石门，不云立石，疑即摩崖。此后则汉之《鄐君开褒斜道记》（永平六年）、《昆弟六人造冢地记》（建初六年）、杨孟文《石门颂》（建和六年）、李君《通阁道记》（永寿元年）、刘平国《通道作城记》（永寿四年）、李翕《西狭颂》（建宁四年）、李翕《析里桥郙阁颂》（建宁五年）、《杨淮表记》（熹平二年）等，皆摩崖之最著者。其先盖就其地以刻石纪事，省伐山采石之劳，别无深意存焉。其实唐之《纪泰山铭》（开元十四年）、《中兴颂》（大历六年）等，犹之秦封禅颂德诸刻也。人以其简易而速成也，遂相率而为之，甚至刻经造像、诗文题名、德政神道之类，莫不被之崖壁，于是名山胜迹，几于无处无之矣。

碑 碑为庙门墓所所用，既如上述。然则用以刻辞，果始自何时？曰，始于东汉之初，而盛于桓灵之际，观宋以来之所著录者可知矣。汉碑之制，首多有穿，穿之外或有晕者，乃墓碑施鹿卢之遗制。

其初盖因墓所引棺之碑而利用之，以述德纪事于其上，其后相习成风，碑遂为刻辞而设。故最初之碑，有穿有晕。题额刻于穿上晕间，偏左偏右，各因其势，不必皆在正中。碑文则刻于额下，偏于碑右，不皆布满。魏晋以后，穿晕渐废，额必居中，文必布满，皆其明证也。

碑之正面谓之阳，反面谓之阴，左右谓之侧，首谓之额，座谓之趺。质朴者圭首而方趺，华美者螭首而龟趺，式至不一。宋洪适《隶续》之《碑图》，清牛运震《金石图》皆摹全形，使读者恍睹原碑。著录碑版之例，莫善于此矣。其刻辞之通例，则碑额为标题，碑阳为文，碑阴碑侧为题名。其变例，则有两面各刻一文者，有文长碑阳不能容而转刻于碑侧或碑阴者。释氏之碑，其额多为造像，如唐《道因法师碑》(龙朔三年)、《怀仁圣教序》(咸亨三年)，其最著者。亦有非释氏之碑而造像者，如北魏《霍扬碑》(景明五年)、东魏《齐太公吕望表》(武平八年)之类是也。盖北朝佞佛，不问其当否，概以佛像被之也。后人作碑版文字，必求先例，亦已迂矣。

二　造像与画像之别

文字之兴，肇端于图画，六书中之象形，所谓“画成其物，随体诘拙”者，皆占代最初之图画也。其后观象作服，铸鼎像物，而图画一科，始与文字分途，巍然独立。图画有像其片面者，有象其全体者。像片面者谓之平面画，像全体者谓之立体画。钟鼎彝器之图案，如云雷、饕餮等文，商周时之平面画也。牺尊、兕觥之属，商周时之立体画也。后世石刻，所谓画像者皆平面画，所谓造像者皆立体画，此造像與画像之区别也。今分叙之于下。

画像　凡刻于平面者，无论为人物、草木、鸟兽，皆画像也。其最先者，当推《麃孝禹刻石》之朱雀画像，粗具规郭，刻工草率，为西汉石画之仅见者（沂水鲍家山摩崖刻凤皇画像，其题字中有元□等字，前人或释元狩，或释元凤，以为西汉刻石，其实元□等字与三月等字不在一处，决非年号）。至东汉之季，其风最盛，凡祠宇冢墓之间，多有精美之画像，如肥城之孝堂山，嘉祥之武氏祠，济宁之两城山，皆洋洋大观。其他残缺之石，随在多有，颓垣断壁之间，时时发见。《汉石存目》中之《画存》，裒集最为完备。此外碑额碑阴之刻，如《隶续碑图》所录者，亦指不胜屈。神道之阙，不必皆有字，而莫不有画。皆在山东、河南、四川诸省，尤以川省为最多。凡此诸刻之所图，或为古人事迹（如武氏祠画古帝王、孝子、列女、义士等像是），或为墓中人事迹（如李刚、鲁峻、武氏等画像是），或为符瑞（如武氏祠《祥瑞图》及黾池《五瑞图》等是），皆汉画也。魏晋之际，始不多见。近河南新出晋《当利里社碑》残石，其阴之上列刻社老等八人像，所见晋画，惟此而已。北朝喜造佛像，而铭记之碑，往往有平面画像，或为佛之事迹（如北魏正光五年《刘根等造三级砖浮图记》画佛涅槃图，东魏武定元年《清信士合道俗九十人造像记》画释迦降生得道图等，皆是），或为清信士女之像（见于造像碑阴者为多）。隋唐以后，画家辈出，于圣贤、仙佛、鬼神诸像之外，兼刻山水、草木、鸟兽等图，于是绘画之能事始称大备。若依时代而统计之，则东汉之世历史画为多，北朝以后宗教画为多，唐以后自然界之画为多。

造像　汉武帝元狩中遣霍去病讨匈奴。获其金人，帝以为大神，列于甘泉宫，此为佛像入中国之始。东汉末，丹阳人笮融大起浮屠寺，上累金盘，下为重楼，作黄金涂像，衣以锦彩（见《后汉书·陶谦传》），此为中国造像见于记载之始。至存于今者，大抵以北魏为最先（山西大同之云冈有石窟凡十所，其五所为北魏文成帝时所造，见《魏书·释老志》，北魏造像当莫先于此者）。所造之像可分三种，曰石像，曰铜像，曰泥像。

石像多琢于方座之上，或一佛，或数佛，或立，或坐，或有龛，或有背光。其记文则或刻于背，或刻于龛侧，或刻于座上。此外尚有四方如柱者，有高广如碑者。皆以石琢成，而于其各面之上截凿龛造像，下截刻记文及题名，其阴及两侧，成为无数小龛层累排列，各于龛侧题名。此等小龛，不必皆为佛像，有为亡人或造像人主像者，男女分列，或执香花，或执幡幢，状亦不一。其非采石琢成而仅就崖壁上凿龛造像者，谓之石窟像，或曰石室，记文皆在龛之上下左右。今云冈龙门诸造像是也。佛龛之直列者以上中下别之，并列者以左右别之（左右龛又或称箱）。其记文则记其所造之像（释迦弥勒像为多）及求福主事，上及君国，下及眷属。甚至一切众生，莫不该括。或为一人一家所造，或合数十百人所造，工巨者累年而后就。像上多施彩色以饰之。作记者不必皆文士，有极鄙俚者，有上下文辞不相属者，有阙造作人之姓名以待补刻者，有修造旧像更刻记于其后者。其题名称谓之繁，不胜枚举，清王昶尝汇录之，犹不能详尽，然其通称则曰佛弟子、清信士而已。

铜像小者仅二三寸，大者亦不过尺余，其下莫不有座。座或为四足，或空其后一面。题字或镌于座，或镌于背。文字简略，刻工草率。全体多涂以金，亦犹石像之施彩色。

泥像者，埏土而成，又谓之塑像。《魏书·释老志》载真君七年诏曰："自今以后，敢有事胡神及造形象泥人铜人者，门诛。"泥人即塑像也。土木之质，易就湮灭，故北朝造像，铜与石之外，未见有泥塑者。吴县甪直镇保圣寺罗汉像，相传为唐杨惠之所塑（杨，开元时人，与吴道子齐名），传世泥像莫有先于此者。元阿尼哥、刘元，皆以塑像名。其所作品，如北京天庆官等，多已不存矣。唐之善业泥，亦为塑像中之一种。其制一面为佛像，一面为文字。文曰“大唐善业泥压得真如妙色身”十二字，阳文凸起，四周有界格。其质如垮，似搏土而火熟者。北京旃檀寺之旃檀像，则刻木所成，相传为优填王所造，当周穆王八年辛卯。程巨夫《旃檀佛像记》述此像展转流传之历史，言之虽详，殊难征信。然断为元以前之物，似无疑义。惜经清末庚子之役，此像已不知所在矣。

此三种者，石像最多，铜像次之，泥像则千百中不一觏也。

造像之风，自北朝以逮唐之中叶，号称最盛。南朝虽有造像，不逮北朝万一。洛阳之龙门，累累于岩壁间者，皆北魏迄唐之造像也。大河南北，造像之多莫过于此。下至五代宋初，此风未息。浙江之杭县多吴越时造像，山东之临朐嘉祥多北宋时造像。至是以后，不多见矣。王昶尝推其故而论之，谓其时“中原板荡……干戈扰攘，民生其间，荡析离居，迄无宁宇。……愚夫愚妇相率造像以冀佛佑，百余年来浸成风俗”。斯言盖得之矣。

唐时崇奉道教，佛像之外有造老君天尊诸像者。然北朝业已有之，如北齐姜纂所造老君像，其记文悉为释氏之词。盖自寇谦之以天师佐治以后，释道源流，转因分析而杂糅。造像者只知求福，不论其为释为道也。

画像造像不仅为美术品，实为重要之史材。如汉人所图周秦以前之故事，虽未必尽合，而所图当时人之事实，凡宫室、车马、衣冠、礼乐、兵刃之属，无一非汉官旧仪。考古之资，孰有真切于此者。至论其艺术，则源流亦略可考见。汉画凝重版滞，人物皆锐上丰下，衣褶简略。六朝以后始稍由板滞而生动，由简略而繁复。试观晋《当利里社碑》社老等像，与汉画像不同，而近于六朝画像，其变迁之迹可以睹矣。盖其时梵像西来，久已普遍，我国固有之美术与西域美术混合于无形。宋郭若虚《图画见闻志》论曹（仲达）吴（道子）体法云："吴之笔，其势圆转而衣服飘举，曹之笔，其体稠叠而衣服紧窄。故后辈称之曰，'吴带当风，曹衣出水'。"其论虽专为曹吴而发，然六朝以后之体法所以异于汉画者，此数语实已尽之矣。

画家六法，首重气韵，其用笔设色之妙，有非刻画所能传者，故石刻之画不如真迹。六朝以来，名工妙迹，缣素之外往往施于寺壁，今河北河南等省，宋元画壁犹有存者。敦煌所发见之唐以前壁画，多为东西各国劚削转运以去，《石室秘录》及《高昌壁画菁华》所影印者，不过什之一二耳。一九二五年春，陈万里访古于敦煌，又发见西魏大统间壁画，虽已残缺，犹可窥见一斑。洛阳乾沟村新发见古墓，其中灶阙及墓门悉为砖质，以粉为地，而施采画于其上。北京大学所得二砖，皆墓中阙柱。其一，绘一武士，其一，雕白兔捣药形及嫦娥之像，而更以采色饰之。证以墓中之五铢钱及陶仓隶书，当为东汉末季之物，且此类神话，尤为汉画中所习见者。汉画而为真迹，是诚仅见者矣。

三　经典诸刻与纪事诸刻之别

纪事刻石者，纪当时之事实，刻石以表章之也。经典刻石者，古人之论著，借刻石以流传之也。自有刻石以来，几莫非纪事文字。自《熹平石经》以后，始有经典之刻，故传世诸刻，经典少而纪事多也。今依其类而列举之，曰太学石经，曰释道石经，曰医方，曰格言，曰书目，则经典之类也。曰表章事迹诸文，曰文书，曰墓志墓莂，曰谱系，曰地图界至，曰题咏题名，则纪事之类也。

太学石经 后汉熹平中，以五经文字驳异日多，诏诸儒正定之，刻石立于太学，俾后儒晚学有所取正，是为《熹平石经》。其意盖以辗转写录，无从是正，特刊此以为定本，法甚善也。其后踵而行之者，魏则有《正始石经》，唐则有《开成石经》，后蜀则有《广政石经》，北宋则有《嘉祐石经》，南宋则有《高宗御书石经》，清则有《乾隆石经》。

《汉石经》为灵帝熹平四年立（《后汉书·灵帝纪》系于熹平四年春三月，而《水经注》云光和六年。洪适云，“诸儒受诏在熹平，而碑成则光和年也”），蔡邕等所书（《邕传》云“邕乃自书丹于碑，使工镌刻”。《隶释》所录残字，后有堂谿典马日磾姓名，故洪适云“今所存诸经字体各不同，其间必有同时挥毫者”），表里刻之。其字体则《后汉书·儒林传》序以为古文、篆、隶三体书法。郦道元《水经注》（《谷水》）以三字者属之魏。宋供适著《隶释》《隶续》录一字石经，其上有堂谿典马日磾等名，因据郦氏之说以正范书之误，辨之最详。于是一字石经为汉刻，其论始定。其经数则或曰五经（《灵帝纪》《卢植传》《儒林传序》《宦者传》），或曰六经（《蔡邕传》《儒林张驯传》），或曰七经（《隋书·经籍志》）。近王静安著魏石经考，兼考汉之经数，定为《周易》《尚书》《鲁诗》《仪礼》《春秋》五经，《公羊》《论语》二传。除《论语》为专经者所兼习，不置博士外，其余皆立于学官，博士之所教授者也。故先儒所纪有五、六、七经之不同。其石数则《西征记》（《太平御览》文部引）云四十枚，《洛阳记》（《蔡邕传》注引）云四十六枚，《洛阳伽蓝记》云四十八碑。王氏又据表里之字数推计之，以为《洛阳记》所记之数最确。其每碑行数及每行字数，不可得而详。惟据《隶释》所录残字及近出残石计之，每行约七十字至七十三字。其立石之地为太学，在今洛阳城东南三十里洛水南岸之朱圪垱村，即《洛阳伽蓝记》所记之劝学里也。自汉至于北魏，石虽不免残毁，但皆在洛阳，未尝迁徙。至东魏武定四年自洛阳徙于邺都，至河阳，值岸崩，遂没于水，其得至邺者不盈太半（见《隋书·经籍志》，然据《北齐书·文宣帝纪》，天保元年尚存五十二枚）。周大象元年由邺迁洛阳（见《周书·宣帝纪》）。隋开皇六年，又自洛阳运入长安（见《隋书·刘焯传》）。寻营造之司用为柱础。唐贞观初，魏征始收聚之，十不存一（见《隋书·经籍志》）。经此辗转迁徙，而石经之踪迹遂莫可究诘矣。至宋南渡以后，残经遗字，更不多见。洪适搜集拓本。仅存《尚书》（《盘庚》《高宗肜日》《牧誓》《洪范》《多士》《无逸》《君奭》《多方》《立政》《顾命》）五百四十七字，《鲁诗》（《魏风》《唐风》）百七十三字，《仪礼》（《大射仪》《聘礼》《士虞礼》一百一字，《公羊传》（自隐公四年至桓公元年）三百七十五字，《论语》（前四篇、后四篇）九百七十一字，合二千一百六十七字。今载于《隶释》《隶续》者是也。其重刻本宋时有二。一为胡宗愈（顾炎武《金石文字记》，朱彝尊《经义考》并引胡记及宇文绍弈跋。顾以为胡宗愈，朱以为胡元质。按宗愈，哲宗时尝知成都府。宇文绍弈，孝宗时尝守邛州。元质为孝宗光宗时人，虽与绍弈同时，不闻居蜀，当以顾说为是）成都西楼刻本，据宇文绍弈跋云，四千二百七十字有奇，以楷书释之。一为洪适会稽蓬莱阁刻本，据洪自跋云，《尚书》《仪礼》《公羊》《论语》千九百余字（《隶释》所录有《鲁诗》。此覆刻本无之）。今并亡佚，清翁方纲集各家所藏旧拓本，得《尚书》（《盘庚》《洪范》《君奭》）、《诗》（《魏风》《唐风》）、《仪礼》（《大射仪》《聘礼》）、《公羊》（隐四年《传》）、《论语》（《为政》《微子》《尧曰》及篇末识语）合六百七十五字，刻之南昌学宫，然大半出于钱泳藏本。钱工于作伪。此本之《公羊》残字，有出于洪氏所录之外者。疑此本为钱所伪造。

翁氏既据伪本摹刻，则亦非复旧观矣。近洛阳朱圪垱村出残石，零落多不成文，字多者十余字，少者或仅一二字，五经、二传皆有存者。就余所见者，《易》三字，《诗》七十三字，《礼》三十三字，《春秋》百五十八字，《公羊》二字，《论语》三十四字，不知何经者二十七字，都计三百二十七字。此外尚有《石经后记》一石，百五十余字。又碎片二十七字。《后记》中有光禄勋刘宽、五官中郎将堂谿典之名。宽之与于斯役，为自来言石经者所未闻，即《周易》《春秋》二经，宋人亦未之见也。

《魏石经》为齐王芳正始中所立，其字体为古文、篆、隶三体。其经数为《尚书》《春秋》二部。《西征记》《洛阳伽蓝记》《隋书·经籍志》所载皆同（《唐志》有《左传》而无《春秋经》，疑误），表里各刻一部。其石数则《水经注》云四十八枚，《西征记》云三十五枚，《洛阳伽蓝记》云二十五碑。今以《春秋》字数，依每碑三十二行排比之，并篇题在内，应得二十七碑。《尚书》字数虽多于《春秋》，以每碑三十四行计，二十七碑亦足以容之。则《洛阳伽蓝记》所记之数似为近之。其行款则《向书》每碑三十四行，《春秋》三十二行，每行皆二十字，三体得六十字，纵横有界线，每三体作一格。惟《尚书》自《皋陶谟》以前，不作三体直下式，一格之内，上列古文，下并列篆隶二体，作品字式，每行三十七格。每碑约可容二十六行。其书人则北魏江式以为邯郸淳书，胡三省《通鉴注》已辟其谬，况晋卫恒《四体书势》明言“正始中立《三字石经》，转失淳法”（见《晋书·卫恒传》），尤为非淳所书之明证。今细审原石，虽不能定为何人所书（杨守敬据《四体书势》考为卫凯书），然可断言三体非出自一人之手。又古文之书体，品字式者与直下式者不同，古文又不出自一手。此与书《汉石经》者不止蔡邕一人，殆同一例。或亦如《汉石经》之具载书人姓名，亦未可知也。魏立《三字石经》时，《汉石经》固犹在也，所以复立三字者，以《汉石经》皆今文，非古文也。此以古文书于上，虑其难识，复列篆隶二体于其下。古书之有释文，当以此为权舆矣。其变迁残毁之迹与《汉石经》同，但在宋时所存残字，较《汉石经》为尤少。皇祐间，洛阳苏望得故相王文康家搨本，摹刻于石，凡八百十九字，即《隶续》所录之《左传遗字》是也。苏氏此刻，就断剥亡缺之余，而存其完全之字，次第陵躐，不加深考，谓之为《左氏传》，洪氏仍之。清臧琳著《经义杂记》，始从其中分出《尚书》残字。孙星衍《魏三体石经残字考》复以其中《春秋》残字分系诸公。近王静安《魏石经考》又详加分析，辨为《尚书·大诰》《吕刑》《文侯之命》六段，《春秋》宣公襄公经七段，《春秋左氏》桓公传一段（此段二十五字一行直下，石之崩裂作一长行，似无此理，其真伪尚属疑问），并计其字数定为五石，绘图以证明之，而后苏氏摹本之次第陵躐者始复旧观。胡宗愈刻于成都西楼者亦八百十九字，当与苏氏之本同出一源。今二本皆亡，惟存有其字于《隶续》而已。清光绪间，洛阳龙虎滩（在故城中）出一残石，一面存字百有十，一面无字，乃《尚书·君奭》残字。一九二三年一月，洛阳朱圪垱村出一碑，仅存上截，一面存《尚书·无逸》（十七行）《君奭》（并篇题十七行）九百七十八字，一面存《春秋》僖公（二十五行）文公（并篇题七行）八百三十字，其先出之《君奭》残石，即此碑之下方，文相衔接。同时又出一石，一面存《尚书·多士》百三十四字，一书存《春秋》文公百有三字。其后又出残石甚多。据余所见者，《尚书》二百有九字（内有品字式者九十七字），《春秋》百八十二字，其下知属于何经者三十四字。都计前后所出凡得二千五百七十六字，较宋人所见，多出二倍。又《尚书》前数碑之为品字式，尤为自来考石经者所未及知者也。

《唐石经》为文宗开成二年刻成，郑覃等勘定。准后汉故事，勒石于太学。其经数为《易》《书》《诗》《周礼》《仪礼》《礼记》《春秋左传》《公羊传》《穀梁传》九经，益以《孝经》《论语》《尔雅》为十二经。清贾汉复又补刻《孟子》附于其后（卷数石数具详《金石萃编》，此不复赘）。其最后一石，详记诸经字数，并题年月及书石校勘等人名。自立石后，凡历七十年，至天祐中，韩建筑新城，弃之于野。朱梁时，刘鄩守长安，徇幕吏尹玉羽之请，辇之入城，置于故唐尚书省之西隅。宋元祐二年。吕大忠命黎持迁于府学。明嘉靖三十四年地震，倒损。王尧典等按旧文集其缺字，别刻小石，立于其旁，纰缪殊甚。装潢之工，往往以王尧典补字凑合于原文缺泐之处，俾成全文。清顾炎武所校即据此误装之本，故多不合。严可均《唐石经校文》最称精审。历代石经除最近之《清石经》外，当以此为最完矣。

《蜀石经》为孟蜀广政七年其相毋昭裔所肇立。书之者为张德钊、杨钧、张绍文、孙逢吉、孙朋吉、周德贞诸人。其经数为《周易》《尚书》《毛诗》《周礼》《仪礼》《礼记》《春秋左传》《论语》《孝经》《尔雅》十经。宋田况补刻《春秋公羊》《穀梁》二传，至皇祐元年毕工。历代石经皆无注，惟孟蜀有之，故其石凡千数，历百有七年而成。宣和中，席贡补刻《孟子》。乾道中，晁公武又刻《古文尚书》。公武并校诸经之异同，著《石经考异》刻于石，张㚟又校注文之异同，著《石经注文考异》四十卷。今石经原石，相传久佚，而刘喜海《读竹汀日记札记》云："闻乾隆四十年，制军福康安修成都城，什邡令任思任得《孟蜀石经》数十片于土中，字尚完好，当时据为己有，未肯留置学宫。任令贵州人，罢官后原石辇归黔中。"（见李慈铭《越缦堂日记》甲集）则《孟蜀石经》原石固在人间，或成都城下尚有遗留，亦未可知也。其拓本流传，经前人著录及为余见闻所及者，则有《毛诗》（卷一后半及卷二）、《周礼》（卷九、卷十及《考工记》）、《左传》（卷十五、卷十六及昭公二年）、《公羊》（桓公七年至十五年）、《穀梁》（成公元年至二年，襄公十八年至十九年，二十六年至二十七年）诸经残字。此外湮没不彰者，恐尚不止此也。

《北宋石经》为仁宗时立，肇始于庆历元年（《玉海》云，“至和二年三月，王洙言国子监刊立石经至今一十五年”），告成于嘉祐六年（李焘《续通鉴长编》云，“嘉祐六年三月，以篆国子监石经成，赐草泽章友直银百两，绢百疋”）。书之者为赵克继、杨南仲、章友直、邵必、张次立、胡恢诸人。其字体为二体，一行篆书，一行真书，与《魏石经》之每字三体作一格者不同。其经数史无明文。按宋王应麟玉海曰：“《石经》七十五卷，杨南仲书。《周易》十，《诗》二十，《书》十三，《春秋》十二，《礼记》二十，皆具真篆二体。”又曰：“仁宗命国子监取《易》《诗》《书》《周礼》《礼记》《春秋》《孝经》为篆隶二体，刻石两楹。”周密《癸辛杂识》曰：“汴学即昔时太学旧址。九经石板，堆积如山，一行篆字，一行真字。”元李师圣《修复汴学石经记》曰：“汴梁旧有六经、《论语》、《孝经》石本，其残缺漫剥者，盖不啻十之五六。今参政公也先帖木儿一见而病之，慨然以完复为己任，不数月复还旧观。奈何《孟子》七篇犹阙遗焉，亟欲增置而期会拘迫，有司请为后图。”王前举五经卷数，后列七经之目。周言其都数为九经而未举其目。李言六经之外有《论语》《孝经》，而阙《孟子》，欲增置而未果。综合诸说观之，《北宋石经》实为九经。其目则《易》《诗》《书》《周礼》《礼记》《春秋》《论语》《孝经》《孟子》。清叶名澧《北宋汴学二体石经跋》谓宋以《孟子》升经，并《论语》《孝经》为“三小经”，合之六经而为九。并谓宣和中席贡刊《孟子》以补《蜀石经》之缺，殆因汴学而踵行之。其说是也。李师圣所谓阙遗而欲增置者，谓原石阙遗，增置以补之也。清吴玉搢于吴门薄自昆家得见《孟子》，丁晏于淮安书肆得墨本一束，亦有《孟子》，皆其明证，不得以史无明文而疑之。九经原石在元时犹存汴学（明于弈正《天下金石志》载《金石经碑》云："在顺天府旧燕城南金国子学。碑刻《春秋》《礼记》，今磨灭不完。"金未闻有刻石经事，《志》不言其书体，不知即北宋《二体石经》否？清孙承泽《春明梦余录》云："九经石刻旧在汴梁。金人移置于燕，今不复存。"亦不知何据。丁艮善疑金人但移《礼记》《春秋》等石，余者仍留汴学，后或移于他所。然想象之辞亦无佐证）。虽颇残毁，亦曾修复，不知何时亡佚。汪祚谓其亡当在元末。陈颀则见其石磨灭破碎，罕有完者，斋庑石础俱断碑，隐然文字在上。朱彝尊则谓沉于黄河淤泥之下，毕沅则谓修学时用作瓴甋。盖自李师圣修复之后，又渐颓圮。其损毁迁徙之迹，久已不可究诘矣。其残石之仅存者，有《周易》《尚书》，在开封（见《寰宇访碑录》，行数字数未详）;《周礼》卷一及卷五中数石在陈留;《礼记·檀弓》六十行在开封;《礼记·中庸》五十行在开封东岳庙;《孝经》十一行在开封图书馆。其拓本之见著录者，则吴门薄氏旧藏之四大册，有《尚书》《周礼》《礼记》《孟子》，今不知尚存否。山阳丁氏所得者最多，有《易》《诗》《书》《周礼》《礼记》《春秋》《孟子》七经。凡三千一百二十有八行、三万三百余字（细目见丁晏《北宋汴学二体石经记》）。今归贵池刘世珩家。《吉石盦丛书》三四集所收新旧拓本，有《周礼》《礼记》《孝经》，凡五百五十余行。

《南宋石经》为高宗御书，绍兴十三年九月左仆射秦桧请镌石以颁四方。其经数为《周易》《尚书》《毛诗》《春秋左传》《论语》《孟子》。其字体为楷书，惟《论语》《孟子》作行楷。其《礼记·学记》《经解》《中庸》《儒行》《大学》五篇，本不在太学石经之数，淳熙四年建光尧石经之阁，奉安石经，从知府赵磻老之请，搜访摹勒以补《礼经》之阙。合诸经计之，为石凡二百。至元初，杨琏真伽谋运致诸石，造塔于行宫故址，赖杭州推官申屠致远力争而止。元末，肃政廉访使除炎改学为西湖书院，碑阁俱废。明洪武十二年，移仁和学于书院。宣德元年，吴讷属知府卢玉润收集，得全碑残碑百片，置殿后及两庑。天顺三年，改建县学于城隅之贡院，诸石悉徙以从。正德十三年，宋廷佐又命置于杭州府学。清阮元辑《两浙金石志》时，尚存八十六石（《周易》二,《尚书》七,《毛诗》十,《中庸》一,《春秋左传》四十八,《论语》七,《孟子》十一），今又亡九石矣（《尚书》一,《春秋左传》八）。其完全拓本旧惟星子白鹿书院有之，即宋朱熹表请颁发者。近年书院毁于火，此本亦付劫灰矣。

《清石经》为乾隆五年蒋衡手书以进，贮于懋勤殿中，至五十六年始命刻石立于太学。其经数为《周易》《尚书》《毛诗》《周礼》《仪礼》《礼记》《春秋左传》《春秋公羊传》《春秋穀梁传》《论语》《孝经》《尔雅》《孟子》十三经。其石数则《易》六石,《书》八石,《诗》并《序》十三石,《周礼》十五石,《仪礼》十七石,《礼记》二十八石,《左传》六十石,《公羊》十二石,《穀梁》十一石,《论语》五石,《孝经》一石,《尔雅》三石,《孟子》十石，合乾隆五十六年《上谕》，乾隆六十年和珅《表》一石，共一百九十石。东西庑各半，以西庑起，以东庑终。在西庑者南行，在东庑者北行。其字体为真书，碑首题“乾隆御定石经之碑”八字，为篆书。每碑两面刻，面六列，列三十五行，行十字。今犹完好，存清故国子监。

其不立于太学之经，唐则有《石台孝经》，为唐玄宗御注御兽，天宝四载立，今尚在长安。宋则有《绍兴府学孝经》，熙宁五年立，杜春生《越中金石记》考为谢景初所书，今在绍兴。《宋高宗御书真草二体孝经》，绍兴十四年立，后有秦桧跋，今在遂宁（临安原刻已佚）。尚有二本，一在南海，一在阳新，亦皆高宗书。明则有《国子监孝经》为万历间蔡毅中所立，今在北京历史博物馆。其节录经文者，有唐李阳冰篆书《易谦卦》二本，一在当涂，一在芜湖。宋司马光书《易·家人》《艮》《损》《益》四卦，《礼·中庸》《乐记》二篇及《左传》晏子语，今皆在杭县（《家人卦》于绍兴十九年，复刻于融县）。张栻书《论语·问政篇》，淳熙十一年刻，今在桂林。朱熹书《易·系辞》，今在常德。

其校正石经文字而附经以行者，则有唐张参《五经文字》、唐玄度《九经字样》，附于《唐石经》之后，今犹并在长安。宋晁公武之《石经考异》，张㚇之《石经注文考异》，亦皆校正《蜀石经》之文字者，惜皆与石经俱亡矣。

其他书籍之刻石者，当以魏文帝《典论》为最先，明帝以其为先帝不朽之格言，故刊于庙门之外及太学，今已与《正始石经》并亡。唐颜真卿书颜元孙《干禄字书》，宋高宗书《礼部韵略》，并毁于吴兴墨妙亭。宋刘球《隶韵》、薛尚功《历代钟鼎彝器款识》，其初皆为石本，今有锓版，而石刻久亡矣。石本之存于今者，有《韩诗外传》残石，藏滋阳牛氏，阮元定为唐刻。重摹本《干禄字书》在潼南。宋叶梦得摹皇象书章草《急就篇》，宋克补六百十六字，明正统间杨政刻于松江。宋释梦英《说文偏旁字原》（咸平二年），刘敞《先秦古物记》（嘉祐八年），并在长安。此外石本书籍之流传者盖鲜矣。

释道石经　中国之有佛经，相传始于汉明帝时摄摩腾所译之《四十二章经》。近人梁启超辨其妄，以为中国译经之第一人当推安世高（见《改造》三卷十二号梁著《佛教之初输入》）。若然，在后汉之末，始有译本。厥后历魏晋以来，译者踵相接，至隋唐之际，佛经蔚然大备矣。其刻石也，则始于元魏（清叶昌炽《语石》以为高齐宇文周时始有刻经，并辨正孙赵二氏《访碑录》之误，然赵《录》有北魏永安二年《史同百余人造像造经记》，吴式芬《攈古录》有东魏武定二年《金刚经》，则元魏之时固有刻经矣），盛于高齐，迄金元以后此风渐息。

其刻石之种类可分三种：一曰摩崖，二曰碑、三曰幢。

摩崖刻经以齐周为盛，以山东、河北、山西、河南为最多。如泰安之泰山、徂徕山，邹县之尖山、小铁山、葛山、冈山，磁县之鼓山，辽县之屋骒嶝，安阳之宝山，皆其最著者也。字大者尺余，小者亦径寸。深山穷谷，艰于椎拓，故完全之本至不易致。

经碑如《太学石经》之例，琢石为碑，分行分列刻之。此类当以房山为大观。隋大业中静琬刻经一藏，仅成《大涅槃》而卒，其徒导公、仪公、暹公、法公，相继为之，藏于石室。辽圣宗、兴宗、道宗，又皆赐钱续造。列置洞中，以石窗锢闭，熔铁灌枢，自窗棂窥之，历历可睹。今惟雷音一洞辟而可入，通行拓本皆自此出。此外若山东、河南，所在皆有，然残缺者多，不若房山之完全。

经幢之制如柱而有八棱，上有盖，下有座，大者寻丈，小者径尺，多刻《陀罗尼经》。以唐时为最盛。清叶昌炽搜辑唐以来拓本极多，颜其居曰五百经幢馆，故所著《语石》论经幢者颇详。

此三种之外，尚有刻于他碑之阴或侧者，有刻于造像者，有刻于浮图者，有刻于楹柱者，种类甚多。其石皆不为刻经而设，是为附刻之经。

凡此各种佛经，或为一人一家所造，或合群力以为之，皆历时久远，所费不资，观于《方法师镂石班经记》（齐乾明元年），《晋昌公唐邕写经记》（齐武平三年），《匡喆刻经颂》（周大象元年）等，可知矣。其所刻之本，或字句互异，或译本不同，或且为释藏所未收者，若遍拓之以校勘藏本，其功诚不在敦煌经卷下也。

道经刻石，始于唐之中叶（以景龙二年《龙兴观道德经》为最先），隋以前无有也。且所刻之经数，亦远不逮佛经之多。以今所流传者计之，仅黄帝《阴符经》、老子《道德经》《常清净经》《消炎护命经》《生天得道经》《北方真武经》《九幽拔罪心印妙经》《升玄经》《日用妙经》《洞玄经》等，数种而已。《阴符经》有二本，皆宋刻（一乾德四年郭忠恕三体书，一乾德六年袁正己书，并在长安）。《道德经》有八本、唐刻五（易县龙兴观二本，一景龙二年，一景福二年。易县开元二十六年玄宗御注本。邢台开元二十七年玄宗御注本。丹徒广明元年焦山本）。宋刻一（高宗御书，原有二幢，今存其一，无年月，在杭县），元刻二（一至元二十八年，古文本，一无年月说经台本，并在盩厔）。《常清净经》有三本，后梁一（贞明二年，在淄川），宋一（太平与国五年，在长安），元一（宪宗七年，在三原）。《消灾护命经》一本。《生天得道经》一本（并宋太平兴国五年，在长安，与《常清净经》同在一石）。《北方真武经》一本（宋元符二年，在登封）。《九幽拔罪心印妙经》一本（宋崇宁元年，在耀县）。《升玄经》一本（元宪宗七年，在三原）。《日用妙经》一本（元至正十二年，在盩厔）。《洞玄经》一本（年月缺，在长安）。此外若《黄庭经》《灵飞经》等及赵孟所书一切道经，多为帖本，出自后大摹刻。叶昌炽云，“释经之精者皆大字而碑为多，道经之精者皆小楷而帖为多”，信然。

医方　医方刻石，与刻经造像以求福者不同，然亦有借作功德者，如北齐《都邑师道兴治疾方》（武平六年）。与造像记同刻一石，亦犹造桥凿井多刻佛像，以普度众生之事业，托之佛法之慈悲也。唐孙思邈著《千金方》，以人命至重，贵于千金，故以千金名其方。然《道兴碑》实在孙书以前，已有“千金秘方”之语，知孙书之名，实取当时成语耳。耀县有三石（无年月及标题）。相传为孙思邈《千金方》。有见于《道兴碑》者，存字缺文皆同，不知何人所刻。桂林刘仙严有宋吕渭所刊《养气方》（宣和四年）。《攈古录》于金末录《针灸方》残刻（无年月），不著其地，亦不知其果为金刻否。似此之类，其未见著录者，恐尚不少也。

格言 录古人之嘉言，以昭箴戒者，谓之格言。上述节录经文诸刻，如唐李阳冰、宋司马光、张栻等所书者，皆为此类。此外尚有宋李宗篆书《韩愈五箴》（嘉祐八年），在长安。朱协极书《中庸格言》（绍定五年），在松江。张安国书《汉疏广戒子弟语》二本，一在吴县（淳祐元年），一在当涂（淳祐六年陈垲重刻）。张安国书唐《卢坦对杜黄裳语》二本，一在衡阳（无年月），一在吴县（庆元二年）。又有元陈坚辑《太上感应篇注释》（至正十二年），则完全为劝善之书矣。

书目 书目之有刻石，殆始于床以后。若房山之辽《云居寺续秘藏石经塔记》（天庆八年），后列每次办经目录，每十卷为一帙，以《千字文》编号，虽为藏经目录之大观，然为所刻之经编目，非徒录其目者，是犹《唐石经》之后载十二经之目及其卷数字数也。其专刻书目者，如太原之《宋太宗书库记》（宋大中祥符四年）。杭县之《西湖书院重整书目记》（元泰定元年），诸城之《密州重修庙学碑》（至正十年），皆列其目于碑之阴。其他如隆平之《程珪刱建书楼记》（大德八年），涿县之《涿州儒学藏书记》（至正十年）。琼山之《乾宁儒学置书记》（至正十一年），皆为记藏书之碑，不知其阴有无书目。凡此皆防藏书之散失，勒石以传之永久者也。

表章事迹诸文纪事之刻，文体实繁，记颂铭赞，无非为表章事迹而作。秦始皇东巡诸刻及汉以来山川祠庙诸刻，皆封禅嗣祀之文也。汉《裴岑纪功刻石》（永和二年）、唐《中兴颂》（大历六年）等，皆纪功之文也。汉《王稚子阙》(元兴元年)、《娄寿碑》(熹平三年)等，以及后世德政神道诸碑，皆述德之文也。《汉高朕修周公礼殿记》(初平五年)、《鄐君开褒斜道记》(永平六年)、《辛李二君造笮桥记》(延熹七年)，以及后世兴学建寺造像造塔诸记，皆纪述工作之文也。自有石刻以来，此类表章事迹之作，实居什之八九，试检著录金石之目，可以知其概略矣。

文书 公牍文字，历代不同，皆各有其程式。秦二世于始皇刻石之后，具刻《元年诏书》，此为文书刻石之始。其后如汉安帝《赐豫州刺史冯焕诏》(元初六年)、《孔庙置百石卒史碑》(永兴元年)、《史晨祠孔庙奏铭》(建宁二年)、《闻熹长韩仁铭》(熹平四年)、《樊毅复华下民租田口算碑》(光和二年)、《无极山碑》(光和四年)等，所载文书，或为天子下郡国，或为三公上天子，或为郡国上三公，或为郡国下属官，种种形式，犹可考见汉制之一班。唐宋时所刻，种类尤繁。天子之文书，曰诏，曰敕。如唐太宗《赠比干太师诏》(贞观十九年)，太宗、高宗赠泰师，孔宣公两诏(武德九年及乾封元年)，中宗《赐卢正道勅》(景龙元年)，太宗《赐少林寺田勅》(开元十一年)，玄宗《赐张九龄勅》(天宝元年)，武后《还少林寺神王狮子勅》(天宝十四载)，宋真宗加文宣王封号诏(大中祥符元年)，徽宗《赐辟雍诏》(崇宁元年)，高宗《籍田诏》(绍兴十六年)，真宗《赐陈尧咨疏龙首渠勅》(大中祥符七年)，《赐天庆观勅》(大中祥符八年)等，皆是也。其中如辟雍等诏，以及唐玄宗之《今长新诫》，宋太宗之《戒石铭》，殆为颁示天下之通敕、故所在县邑多有之。其自中书以下下行之文书，曰牒，曰劄子，曰帖，曰公据。如唐《奉先寺牒》(开元十年)、《会善寺戒坛牒》(大历二年)、宋《永兴军牒》(景祐元年)、《永兴军劄子》(景祐二年)、《方山昭化寺帖》(崇宁二年)、《戒香寺公据》(绍圣四年）等，皆是也。盖牒与劄子皆给自中书门下，或尚书省，或礼部，帖给自常平茶盐诸司，公据则给自所在官司也。金之牒较宋为多。凡寺院纳钱，即可给牒赐额。其制始于大定初，故大定一朝，此类之牒独多。元之诏敕，凡史臣代言者曰诏，以国语训敕者曰圣旨，诸王太子谓之令旨，后妃公主谓之懿旨，如《玉清宫摹刻圣旨碑》（太祖十八年）、《草堂寺阔端太子令旨碑》（太宗七年）、《太清宫公主皇后懿旨碑》（太宗皇后称制四年）、《皇太后懿旨碑》（至顺二年）等，是也。其文多为语体，或蒙古文与汉文并列。其称制诏者，如《加封孔子》等制诏皆为通敕，天下郡邑多有之。公据又或称，如《磻溪谷长春观公据》（太宗十年）及《给碧洞子地土执照》（太宗十一年）等，是也。明清以来，此类石刻亦复不少，惜尚无搜采及之者。

墓志、墓莂　冢墓之文，有墓志，有墓莂。墓志记年月姓名及生平事迹，系之以铭，故又谓之墓志铭。其文亦所以表章事迹，与神道碑相类。然其石藏之圹中，以防陵谷之变迁，与神道碑立于墓前，与人以共见者，用意微有不同。其制始于东汉，《隶释》载《张宾公妻穿中文》（建初二年），即圹中之刻。清光绪末，峄县所出之《临为父作封记》（延熹六年），亦出自圹中，为后世墓志之权舆。同时孟津又出汉砖百余，皆志罪人之姓名、籍贯、刑罚及其年月，为丛葬罪人之志。其年号自永平至熹平凡历百余年。知志墓之风实始于东汉之初，历魏、晋、宋、齐、梁、陈皆有行之者。然其时立石有禁，故砖多石少。北朝魏齐之际，此风最盛。隋唐以后，遂著为典礼矣。晋石曩惟刘韬一石（无年月）见于著录（尚有太康三年房宣墓题字，实据刘韬题字伪造者）。近年洛阳新出者，有冯恭石椁题字（太康三年）、荀岳墓题字（元康五年）、荀岳石之两侧为其夫人刘氏墓题字（永安元年）、魏雏柩题字（元康八年）、张朗碑（永康元年），石尠墓题字、石定墓题字（并永嘉二年）。郑舒妻刘氏墓题字（无年月）。中惟张朗魏雏两刻为碑式，后系以铭，其余皆纪姓名、官阶、籍里及妻子之名氏，与后世谀墓之文不同。其名称或曰碑（张朗），或曰墓（荀岳、刘韬），或曰柩（魏雏），亦无墓志铭之称。其以墓志或墓志铭称者，实始于南北朝，南朝以《刘怀民墓志铭》（大明八年）为最先，北朝以《韩显宗墓志》（太和二十三年）为最先。南朝志石，曩之见于著录者，如宋《宗悫母刘夫人墓志》（大明二年）、《谢涛墓志》（大明七年）、《刘袭墓志》（秦始六年）、《张济女推儿墓志》（元徽元年），齐《海陵王墓志》（年月缺）、梁《萧敷夫妇两墓志》（并普通元年），今皆不存。所存者，惟近出之宋《刘怀民墓志》、齐《吕超静墓志》、梁《程虔墓志》（吕程两志年号并缺，近人考吕志为齐永明十一年，程志为梁太清三年）三石而已。北朝志石多于南朝，而近年所出更倍蓰于前人之所著录，其中尤以北魏元氏为多。盖洛阳之芒山，自古为丘墓之墟，而北魏陵寝多在其间，王侯贵族胥祔葬于此。嗜利之徒，私自发掘，时有所获。此事本无足奇，而求之过深者，往往疑为出自伪造，是诚武断之甚矣。隋墓志上承六朝，下开唐宋，其形制文体，渐成定式。唐墓志流传独多，式亦最备。宋墓志之数，不逮唐之十一，元又不逮宋之半。于此可以知风俗之奢俭矣。墓志之式，其初本无定例。有圭首似碑者，如晋之张朗、刘韬，北魏之韩显宗、李谋等石是。有为方版，而阴或侧并刻字者，如晋之荀岳、石尠，北魏之刁遵、李璧等石是。其有盖之制。殆始于北魏。最初不尽有题字，自延昌以后乃有之。北朝之志，有盖者不过十之一二，至隋而盛行，竟居十之七八。凡志铭之前无标题，而以“君讳某”起者，皆当有盖，故一失其盖，即无从知其姓氏矣。志文有书而未刻者，或为朱书，或为墨迹。此类墓志，大抵皆砖质也。释氏之葬多建塔，故又谓之塔铭。北朝尚少，仅北魏孙辽一刻，称浮图铭（孙辽别有一墓志，伪），且不为僧徒而为居士。魏惠猛法师（无年月）直称墓志，齐法懃禅师（太宁二年）无标题，隋惠云法师（开皇十四年）称墓。可见隋以前之僧，志墓者实不多见，至唐而其风最盛。标题亦不一，有称焚身塔者，亦有不称塔而曰方坟、石室、龛茔者，则又为变例矣。

墓莂者，买墓地之券，置之圹中者也。其券不皆为真券，如吴《浩宗墓券》（黄武四年）、晋《杨绍墓莂》（太康五年）、《朱曼妻薛墓券》（咸康四年）、宋《王佛女墓券》（元嘉九年）、唐《乔进臣墓牒》（元和九年）、南汉《马二十四娘墓券》（大宝五年）、宋《朱近墓券》（绍兴元年），明《宋秀买墓地合同》（隆庆二年）、《李孟春买坟地券》（年月泐）等。其四至及证人皆虚无缥缈之词，为村巫之陋俗。其真券纪实者，仅有汉《武孟子男靡婴墓券）（建初六年）、《潘延寿墓莂》（建宁元年）、《王君卿买地券》（建宁二年）、《孙成墓券》（建宁四年）、北魏《张神洛墓券》（正始四年）五种。惟唐《刘玄简墓券》（大中中）前所纪四至为实界，后所纪四至则为青龙白虎之属，是纪实而兼沿习俗者。此类墓券，或为石，或为砖。惟王君卿孙成用铅，靡婴用玉，永建四年券用铁，皆为希见之品。此外尚有载于墓志之后者，所见惟唐《徐府君刘夫人合祔铭》（大和九年）一石，亦为纪实之真券。

谱系 中国在宗法社会时代，氏族门阀，辨之极严，故《隋书·经籍志》列谱系于史部，郑樵《通志》列氏族于二十略。其见于石刻者，若唐《郭敬之家庙碑》（广德二年）。其阴列敬之男九人、孙十五人、曾孙三人，并详其官位。乐安孙氏石刻（元和四年）且列一家男妇老幼。宋元以来，刻石尤多。宋《石氏世表》（康定二年）、元《莱芜邹氏宗派图》（延祐二年）、《王氏世系图》（至正七年）等，皆于其本系宗支叙述详备。元时寺院之碑，往往于碑阴刻宗派图。古圣贤之谱系亦有刻石者，如绍兴孔庙之宣圣世系图，邹县孟庙之《邹国公续世系图记》，吴县至德庙之《泰伯世系图》，是也。此外尚有纪祖父生卒年月者，如汉《三老讳字忌日记》（建武中），则为祠祀而设，非谱系之属也。

地图、界至 叶昌炽据唐《吴兴图经》为颜真卿所书，刻于石柱，以为唐时图经皆为刻石。是则地图之刻石，由来旧矣。今所存者，惟刘豫阜昌七年之《禹迹图》《华夷图》（当金天会十五年）两种。毕沅谓“所载山川，多与古合，是为宋以前相传之旧”。又有宋吕大防《长安志图》，佚而复出，且仅存残石数十片。吴县有《平江图》（无年月）、《地理图》（淳祐七年，与《天文图》《帝王绍运图》同刻），桂林有《修桂州城图》（无年月），皆为南宋时刻。金元时所刻者则有《绛山图》（大定十六年）、《尼山图记》（明昌六年）、《重修中岳庙图》（承安五年）、《崇国北寺地产图》（至元二十一年）、《扬州路学田图》（后至元五年）、《平昌寺地图记》（至正十五年）等，皆石之见存者。其石佚而仅存拓本者，惟《攈古录》载唐《洛京朝市之图》（元后至元三年）一刻。凡此之类，或图九州，或图郡邑，或图田地，其范围之广隘虽不同，而皆有资考证者也。

界至者，记疆界之四至也。《元和郡县图志》又称为八到。其俗自汉已然。上述之墓志，莫不有东西南北之界，但或言比，或言邸，或言极，或言至，为不同耳。汉《宋伯望刻石》所纪，皆经界之事。隋《始建县界碑》（大业四年）、宋《常熟县经界记》（嘉熙二年）、元《曲阜县历代地理沿革志》（至正十年），乃纪一县之界。唐《丰乐寺大界相碑》（永泰二年）、宋《保安院大界相碑》（景祐五年），即识寺院之界至者，释家谓之界相。若宋《栖岩寺四至记》（咸平二年）、金《鸿庆寺常住地土四至碑》（大定二十八年）、元《月华山林泉寺四至碑》（大德三年）等，则又不称界相而称四至。其以山为界者，则有唐《龙瑞宫山界至记》（无年月，贺知章撰）、宋《仰天山勅赐山场四至记》（元符三年）、金《灵岩山场界至图记》（天德三年）、元《张志贤修行记》后刻《本山四至》（至元九年）等。盖此类界至之碑，以山场寺院为最多也。

题咏题名 凡著名词宇及山水佳处，多有古人之题咏题名。或志景仰，或纪游踪。唐宋之后，作者尤夥。姓名事迹，往往可补志乘之阙，若整理而汇录之，皆治吏者考证之资也。

北魏郑道昭《登云峰山论经书诗》（永平四年）、《观海岛诗》、《登太基山诗》、《咏飞仙室诗》（并无年月）四种，为诗篇刻石之始。昔盛昱藏一残石，为《登百峰山诗》，碑侧有题名一行，只存官号而缺人名，亦为魏刻。北魏刻石只此，余无闻焉。唐宋以后，诗人辈出，名作如林，故见于石刻者，亦往往蔚为大观。如唐之《美原神泉诗》（垂拱四年）、《夏日游石淙诗》（久视元年），宋之《兴庆池禊宴诗》（庆历二年）、《石林亭唱和诗》（嘉祐七年）等，皆一时唱和之作。其单篇零叶见于碑阴或崖壁者，更指不胜屈。宋以后词始盛行，诗篇之外间有刻词，但见于著录者仅十余种耳。

题名始于东汉。孝堂山石室有邵善君题名，曰“平原湿阴邵善君，以永建四年四月廿四日来过此堂，叩头谢贤明”，《韩敕造孔庙礼器碑阴》有项伯修题名，曰“熹平三年，左冯翊池阳项伯修来”，皆为亲履其地自题姓名者。孝山堂石室题名，据孙《录》所载，自汉至于唐初，凡十余则。题名汇于一处而又最早者，当莫过于此矣。唐时题名之风，较北朝为盛，宋元时尤多。今南北诸省，山巅水涯，随处皆是，尤以桂林诸山为最。方志及金石目录诸书所著录者，实不足以尽之。此类游客题名之外，尚有二种，亦皆有资考证者。一为官吏之题名，如《御史台精舍题名》（唐开元十一年）、《郎官石柱题名》（唐大中十二年)、《楚州官属题名》(唐自大和讫会昌)等，是也。一为科举题名，如绍兴县(宋大中祥符讫咸淳凡三碑)、滁县(宋绍兴十八年)、黔阳县(宋宝祐二年)、长安县(自齐阜昌讫金兴定)。大兴县(自元讫清)之《进士题名》，吴县(宋自绍兴至宝祐)、历城县(凡二碑，一元至正十年，一二十二年)之《乡试题名》等，皆是也。至若秦琅玡台刻石，唐《纪泰山铭》等之从臣题名，以及汉以后立碑造像之出钱人题名，则又为一例矣。

四　一切建筑品附刻之文

附刻云者，谓其石不为刻文而设，因营造建筑之石材而附刻文字也。今分类述之，一曰桥，二曰井，三曰阙，四曰柱，五曰浮图，六曰食堂、神位，七曰墓门、黄肠，八曰石人、石兽，九曰器物。

桥　《水经注》(《谷水》)载洛阳建春门《石桥右柱铭》，汉阳嘉四年刻，为汉时桥刻之见著录者。此外若《蜀郡属国辛李二君造笮桥记》(延熹七年)、《李翕析里桥郙阁颂》(建宁三年)，虽为造桥而作，皆非附刻之文。东魏《于子建造义桥石像碑》(武定七年)、隋《宋文彪等造澧水石桥碑》(开皇十六年)等，亦皆笮桥、析里桥之属。附刻之文，惟宋以后尚有流传。有刻于柱者，如《吴县西竺寺桥柱题字》(宋宝元元年)是也。有刻于阑者，如《徐水县徐河桥石阑题名画像》(金明昌中)是也。其余桥名之额，更指不胜屈。江苏浙江等省，多有宋元年号之刻，明清更无论矣。造桥之事，古人以为功德，与刻经造像之意同，故于子建等即于碑上造像。是虽为利人，仍是为己求福也。

井　井阑之有刻字，以梁天监十五年一刻为最先，其文曰“梁天监十五年太岁丙申，皇帝愍商旅之渴乏，乃诏茅山道士□□永若作亭及井十五口”，为武帝下诏所作者。江宁有《涌金井阑题字》，题至德元年，缪荃孙定为陈之至德，亦为南朝物。北朝未见井阑题字而有造井碑，新出魏《廉天长造义井记》（武定八年）即其一也。唐之井阑题字，仅溧阳零陵寺元和六年一刻及宛平开成四年一刻。宋元以后见于著录者，无虑数十种，大抵皆在苏浙两省境内。凿井之意，亦与造桥同，故题字往往称为义井，观于梁刻之文，可知其为施舍而设矣。

阙　阙有二种，一为神庙之阙，一为墓道之阙。庙阙有四，皆为汉刻，嵩山泰室（元初五年）、少室（年月泐）、开母庙（延光二年）、华岳庙（永和元年）是也。此外多为墓阙，亦以汉刻为多。魏有二刻，晋有三刻，梁有十余刻。自是以后，绝无闻矣。汉时墓前多树丰碑，其树阙者实居少数。今所出后汉诸墓阙，惟武氏二阙（建和元年）、南武阳三阙（一元和三年，一章和元年，一无年月）在山东，其余皆在四川，可见一时风向，各地亦有不同也。其形制则《金石图说》《金石苑》所纪最详。大抵皆累石为之，左右二阙对峙，如汉王稚子（《金石录》云“元兴元年”）、高颐（颐有碑，为建安十四年）、沈君（无年月）等及萧梁陵墓诸阙皆然。冯焕（焕有碑，为永宁二年）、杨宗（无年月）等之仅存一阙者，或亡其一耳。其题字多在正面平正之处。若高颐阙则并檐瑞亦有之，每端一字，如瓦常然，所题之字典上面同（《隶续》录王稚子阙，六字亦在檐端）。梁阙，凡西阙之字皆左行或反书。其题字之外，凡有空处皆刻画像，虽梁阙亦然，世人专重文字。故拓工往往遗画像而不拓。明清时，达官显宦及孝子节妇之获旌表者，多树牌坊。亦即汉以来石阙之遗制，但仅有题字而无画像耳。

柱　后汉初平五年益川太守《高朕修周公礼殿记》，刻于木柱之上，其文载在《隶释》，此为楹柱上附刻文字之始。唐宋时建筑寺观，施舍石柱，往往刻字于其上。所刻成为佛经佛号，或为施主姓名，如华阴华岳庙（唐大中乾符间）、正宗开元寺（武周时）、晋城青莲寺（北宋时）、登封嵩阳宫（北宋时）、肥城孝堂山石室（唐大中、宋崇宁间）、济宁普照寺（北宋时）等，皆石柱题字也。亦有铸铁为之者，如凤仪铁柱庙（唐南诏建极十三年）、桐柏淮源庙（左柱为宋庆历二年，右为三年），是也（唐时官署属吏题名，有刻于柱者，名虽同而实非楹柱）。其柱础上刻字者，则有元氏开化寺（无年月，沈涛《常山贞石志》考为北周时刻）、海宁广福寺（宋天圣三年）、嘉定菩提寺（宋治平四年、建炎二年）、吴县宝林寺（宋淳熙十五年）诸刻，亦皆建筑时所附刻者也。一九二五年夏，安阳出一方石，中凿一孔，题曰"赵建武四年造泰武殿前猨戏绞柱石孔"，为猨戏植柱所用之础，尤为仅见，今藏北京大学。其他宫室石材之有题字者，如石栏题字，吴县玄妙观（南宋时）、济源济渎庙（金时），各有一刻。螭首题字，益都太虚宫（元延祐元年）有一刻，此外盖不多见矣。

浮图　浮图，即塔也，为释氏之建筑品，造之以祈福，与刻经造像同，故自北朝始有之。但传世石刻如晖福寺（魏太和十二年），凝禅寺（魏元象二年）等，皆为造塔之碑，非附刻之文。其附刻于塔者，惟登封会善寺（魏神龟三年）刻于石盖，吴县治平寺王以成造（隋大业七年，已佚），刻于塔盘。陵县王回山造（唐天宝六载）刻于塔座。其隋仁寿间舍利塔诸刻，如青州胜福寺、岐山凤泉寺、邓州兴国寺等。或为方版，或为圆石，殆皆塔下之盘，或舍利石函之盖山。

食堂神位　古之墓所，有建筑石堂中设神主，以为岁时享祀之所者。今所传此等刻石，多为汉刻，且多有图像。永元七年、延平元年、永建五年、建康元年，各有一刻，并署食堂或石堂二字。尚有《三老讳字忌日记》一石（忌日皆在建武中）、戴氏父母忌日记二石（忌日皆在永初中），虽不言立堂，亦皆祠墓中物。至神位题字传者绝少，宋人著录，仅有《四皓神座》及《神祚机》，出汉惠帝陵旁，已佚。近洛阳出二石，一曰“魏故符节仆射陈郡鲍揖之神座”，一曰“魏故处士陈郡鲍寄之神座”，并隶书，考为曹魏时刻。此外见于前人著录者，惟祝其卿《上谷府卿坟坛》二石（并居摄二年），其制为龛，字在陷内。赵明诚云：“坟坛者，古未有土木像，故为坛以祀之”，则亦神主之属也。《隶续》录《魏文昭皇后识坐板函》，定为魏文帝甄皇后神座前之物，亦此类也。

墓门、黄肠　古之厚葬者，饰终之典，不厌其奢。今所传三代鼎彝重器，往往出自冢中。汉以后葬礼，多有埋幽之文，以识其墓处，即墓志墓箭等是也。而圹中之建筑物，亦有附刻文字者，所见惟墓门及黄肠。

墓门刻字者少而画像者多，传世一石，中刻一鹿，左有题字三行，曰“汉廿八将佐命功苗东藩琴亭国李夫人灵第之门”，灵第即墓也。宝应射阳故城之《孔子见老子画像》一石（有题字三榜，曰孔子，曰老子，曰弟子）。一面亦刻画像三层，上层为朱雀，中层为兽首衔环，下层为执刀盾之武士。高仅三尺余。汪中称为石门画像，最为允当，盖有兽首衔环之一面，乃正面也。近河南山东等省所出甚夥，画像之工拙不等，中皆有兽首衔环之形，是皆墓门之石也。

《汉书·霍光传》：“光薨，赐……梓宫便房黄肠题凑各一具。”苏林曰：“以柏木黄心致累棺外，故曰黄肠。木头皆内向，故曰题凑。”如淳引《汉仪注》曰：“天子陵中明中高丈二尺四寸，周二丈，内梓宫，次楩椁柏黄肠题凑。”是所谓黄肠题凑者，以柏木黄心者为之，累置棺椁之外，头皆内向也。一九〇六年，南海发见南粤王冢，中有大木数十章，皆长丈余，方尺余，每章刻“甫一”“甫二”，以至“甫几十”等字。王静安谓即漠之黄肠，其说是也。其刻甫一、甫二等字者，纪其骈列之次第也。“甫”疑“专”之省。专，布也。东汉之黄肠，多以石为之，从前金石家未有著录者，端方著《陶斋藏石记》，始录永建二石，阳嘉二石，皆纪广长厚之尺寸及第几之数。尚有熹平元年一石（未见著录），中有“更黄肠掾王条主”等字，其纪尺寸及次第与他石同，知此类之石皆黄肠也。一九二三年夏，洛阳某村发见此类之石无虑数百方，多为永建年号。其广长厚之尺寸，度以建初尺，一如其所纪者。此类之建筑，费工多而历时久，数量又若是之多，颇疑为汉帝之陵墓。此纪永建年号，当为顺帝之宪陵。《陶斋藏石记》所录者，亦为顺帝年号，或亦自此村出土者也。王静安以为此种墓石，古代已有出土者，据《水经注·济水篇》浚仪渠石门之铭，有“建宁四年十一月黄肠（今诸本皆作场）石”等字，谓“郦氏所见石门，实后世发汉建宁旧墓石为之”。观郦氏所纪，有“主吏姓名磨灭不可复识”之语，则其所题之字，当如熹平元年一石之例，又可知矣。

石人石兽　石人石兽之见于《水经注》等书者不胜枚举，大抵皆宫室或冢墓前之物。凡其所纪，今多不存。后之所出，盖寥寥焉。

曲阜二石人在鲁恭王墓前：一，介而执殳，高六尺八寸，胸前刻“府门之卒”四字；一，冕而拱手立，高七尺一寸，胸前刻文二行，曰“汉故乐安太守麃君亭长”，并篆书。阮元著《山左金石志》时，移置于矍相圃中。登封嵩丘庙前有一石人，顶上刻一马字。黄易据字体审为汉刻，见所著《嵩洛访碑日记》。掖县大基山石人，题“甲申年造，乙酉年成”，吴式芬《攈古录》考为北齐天统元年郑述祖造。石人题字之纪年者，仅此一刻。尚有铸铁为之者。嵩丘庙铁人，一题治平元年，一题熙宁二年。晋祠铁人三，二题绍圣年，一题政和年。汾阴铁人，题大中祥符四年。皆宋物。杭县岳飞墓前有四铁人，题秦桧、王氏、万俟卨、张俊四人姓名，则不知何时所铸矣。

古之石兽，有施于宫阙者，有施于丘墓者。宫阙前多作狮子，如武氏石阙所纪“孙宗作狮子”是也。丘墓间多为羊虎之属，如《隶续》所载种氏石虎刻字及《金石录》所载州辅宗资二墓天禄、辟邪字，皆是也。今所传世者，有刘汉石狮子题字，隶书一行，曰“洛阳中东门外刘汉所作狮子一双”，为东汉时刻。汲令王君石狮子题字，正书二行，曰“永宁元年六月汲令王君所立”，为西晋时刻。赵县署前石狮子题字（大德七年）、荣阳镇宅石狮子题字（大德十年）。元氏仁德乡石狮子题字（延祐二年）、元氏神嵓乡石狮子题字（泰定二年）、河内李宣风等置石狮子题名（至正十二年），并为元时所造。近安徽出石羊六，小者四，刻大吉等字，大者二，刻道家言，无年月，亦丘墓中物也。其以铁铸者，则正定有二狮子，一题至元廿七年，一题至治元年，亦皆元时物也。

器物　石器之有题字者，有幡竿石，有石灯台，有石香炉，有石盆。幡竿石为寺院中植幡竿所用，唐有一刻（开元三年，虞乡石佛寺），宋有四刻（一嘉祐三年，汶上宝相寺；一崇宁三年，泰安王母祠；一宣和二年，泗水三殿庙；一绍兴三十年，海盐法喜寺）。石灯台略如经幢，所以燃灯，故谓之灯台，唐有天宝十一载二刻（一在洛阳，一在元氏），宋有大中祥符元年二刻（并在诸城）。石香炉为祠庙中焚香之具，唐刻不多见，五代有二刻（一晋天福六年，密县超化寺；一天福八年，益都玉皇庙）。宋时最多，不能备举。石盆以正定雪浪盆为最著（宋绍圣元年苏轼铭），掖县天齐庙、三官庙各有一刻（一绍圣二年，一宣和三年），绵阳亦有一刻（宣和三年）。有所谓醮盆者。乃道流设醮所用，唐宋以来，流传甚多。此外器物，则有山东古物保存所之石硙（晋太康九年），四川某县之水硙（宋太平兴国三年），费县蒙山之石瓮（金贞祐元年），皆所仅见行。若宋以后研铭之属之存于今者，则指不胜屈矣。

第五章　金石以外诸品

上二章分述铜器与石刻，即古人所谓金石学之范围。此章于金石材料之外，兼述非金石诸品。其中有为古人所不及见者，有为著录金石诸书所未收者，即第一章所云广义的金石学之范围也。其目则一曰甲骨，二曰竹木，三曰玉，四曰匋（附明器、瓦、专）。

一　甲骨

甲骨者，龟甲与兽骨也。其刻辞则殷商贞卜之辞也。曷为知为殷商，以出土地为殷虚，而刻辞中多纪殷帝之名也。曷为知为贞卜之辞，以甲骨皆有契灼之痕，而其辞义有贞、卜等字也。此为近今学术界一大发见，其价值且在商彝周鼎之上。顾世之人有以为速朽之质，不应历三千年而不坏，因而疑其伪者。是由于未明实物之情况，及其发见之始末也。今特为详述之，以释世人之疑。

一、出土之时地及首先发见之人，皆可得而考也。一八九九年（清光绪二十五年），王懿荣得若干枚于估人之手，珍秘不以示人。明年，王卒，遗物归刘鹗，又明年，《铁云藏龟》编印问世，所选者千余枚。世之知有甲骨刻辞，自此书始。其地为安阳县西北五里之小屯，当洹水之南，或据《史记·项羽本纪》定其地为殷虚，是也。出甲骨之地周围仅四十余亩，种麦及棉。乡人海于刈棉后发掘，穴深者二丈许，掘后复填之。所出甲骨之外，有齿牙、骨、角、珧、贝等材，或其制成之器物。意其地为昔之府藏，史官之所典守，而今沦为丘墟也。

二、实物之情况及其用途，可由目验而得也。龟甲皆用腹甲，无用上甲者。兽骨则为胫与肩膊，皆剖而用之，故亦如龟甲之有表里。其卜法，先凿穴于甲骨之里而不使穿，或不凿而钻，或钻而复凿。凿穴为椭圆，钻穴为正圆，此即《诗·大雅·绵》"爰契我龟"之"契"也。既契，乃于其契处灼之，则兆见于表。其兆一从一横如卜字，《说文》，（卜部）"卜，一曰象龟兆之从横"，是也。或疑卜用兽骨，古籍无征，《殷虚书契考释》中已引《宋史·西夏传》及徐霆之《黑鞑事略》以证之。然《论衡·卜筮篇》已有"猪肩羊膊可以得兆"之语，则骨卜亦非必无之事。且商代信鬼，一日数卜。龟甲不足，辅之以兽骨，亦属事理之常。今验之实物，凡以龟甲卜者，皆属祭祀，其他事则用兽骨。如胫骨皆为田猎之事，肩膊多为征伐等事。知用甲用骨。亦各有其事之宜也。

三、数量之多，刻画之精，体例之不紊，作伪者有所不能也。世之作伪者，或为名，或为利，不惜以穷年累月之功，造成一器，刻成一石，冀以遂其欲。然大抵劳力少而获报多，而后其伪始值得一作。今之甲骨则不然，最初之发见也，当地人呼之为龙骨，云以之敷刀创，止血有奇效（见《地学杂志》第二年十七号武龙章《安阳洹上之特产及发见物》）。初不过以药品视之，后知其有文字而收之，每枚亦仅售一二钱。王懿荣之所得不过数千枚，其后数乃至数万。其他散见各收藏家者，尚不计其数。若果为作伪，吾不知其用心何居，更何从得如许之败甲朽骨以镌刻之而又掩埋之也。此不能伪者一也。镌刻之事，质坚则易工，若已腐朽松脆，则无从求其工矣。今所见刻辞有字小如黍，画细如发者、刀痕深入，字口光泽，其为未腐朽松脆以前之所刻，可断言也。试观近年伪品，取原有无字甲骨，集字模刻者，刀痕粗浅，字口不齐，其明证也。此不能伪者二也。甲骨所载既为贞卜之辞，则当时记载，自必有其体例，不容紊乱。今观其刻辞，每枚或容数篇，每篇多不过十余言，而体例谨严，斠若画一。如（甲）商人之名用十干，而卜祀之日必各依其祖考之名。（乙）人名之书法多为二字合文，如金文中祖辛（作祖辛敦）、妣戊之例。（丙）凡称所祭之祖曰王宾，所祭之妣曰爽。（丁）年月日具载者，必先日次月次年，如曰，"癸未……在四月，佳王二祀"（《殷虚书契》卷三第二十七页），与商器之戊辰彝、艅尊、庚申父丁角之例同。（戊）凡有"[illegible]"之辞必为癸日，王静安释为旬字，以每旬之末日卜来旬之事也。（已）凡数篇同在一胫骨者，则先刻之辞必自下始，以日排比、如积薪之后来居上。例虽不止此，而即此数端，已可概见。此不能伪者三也。

在此二十余年中，经多数学者之研究，已略能通其读。其于学术上有绝大之贡献者，约有二端：一曰文字；二曰史迹。

曩之言古文者，多取材于钟鼎彝器。然什之七八皆为周器，而殷之文字实居少数。《殷文存》所录者，虽不下七百余器，而器率数文，都计之亦不足当周文之什一，况所录者又不尽殷器也。自甲骨出，而殷之文字几与周相埒。虽其间繁简省变，不无异同，而参互比证，犹能寻其原委。且有宋以来审释欵识诸家之所不能识备，至是或能正其读，或能晓其义。如丁子（兄癸卣、艅尊、史颂鼎）、已子（伯硕父鼎）、乙子（戠敦）之子字，向皆读为子而其说遂支离难解。今得六十甲子之表（《书契》卷三第二至十四等页），始知为辰巳之巳，而子丑之子，别作[illegible]或[illegible]也。盂鼎"粤若[illegible]乙酉"之[illegible]，宰椃角"佳王廿祀[illegible]

又五”之[illegible]，向无确释。今甲骨刻辞昱日字多作[illegible][illegible]等形，知[illegible]、[illegible]皆昱矣。己酉方彝、兄癸卣、戊辰彝之[illegible]日，向或释世昌二字。今知其为祭名（从劦，从口，疑即协字），与肜日同例。凡此之类，不胜枚举，皆见于《殷虚书契考释》。若循是以精研之，恐他日之所得，正未有艾也。

孔子言夏殷之礼，已有文献不足之叹，遑论今日。今之所谓殷代史迹者，惟《尚书》中七篇及《史记》之《殷本纪》《三代世表》。舍此以外，其材盖鲜矣。甲骨所纪虽不皆史事，而由此可以考见殷代之制度典礼者，正复不少。今据其可确定者言之。（甲）地理。《殷虚书契考释序》云：“商之迁都，前八后五。盘庚以前，具见《书序》，而小辛以降，众说多违。垣水故墟旧称亶甲。今证之卜辞，则是徙于武乙，去于帝乙。又史称盘庚以后，商改称殷。而遍搜卜辞，既不见殷字，又屡言入商。田游所至，曰往曰出、商独言入。可知文丁帝乙之世，虽居河北，国尚号商。”又凡纪田游者多书地名，虽不能定为后世何地，而稽其时日，往往自一二日至五六日。因此知各地与殷虚之距离，大抵不甚相远，或皆在大河南北数百里之内。此都邑及其他地理之可考者也。（乙）世系。商之君数世数，见于《史记·殷本纪》《三代世表》及《汉书·古今人表》者，或同或异。王静安就甲骨中所见者，详为考订，著《殷卜辞中所见先公先王考》及《续考》，因祀礼中之特祭其所自出之先王者以得其世次，知诸书所纪，以《殷本纪》为近。又由是以知商之继统法，以弟及为主，而以子继辅之，无弟然后传子。其传子者，亦多传弟之子，而罕传兄之子。兄弟之未立而殂者，其祀之也与已立者同（见《殷卜辞中所见先公先王考》）。此世系之可考者也。（丙）祀礼。商之祀礼，与周大异。其祭名可知者，曰宗，曰禘，曰烝，曰肜日，曰肜月，曰[illegible]日，曰[illegible]，曰祭，曰[illegible]，曰[illegible]，曰[illegible]，曰[illegible]，曰꩜，曰酒，曰羹，曰品，曰衣。或为专祭，或为合祭。其祭日及牢鬯之数，一皆以卜定之。此祭祀之礼之可考者也。（丁）卜事。祭祀之事，既用卜矣。其余如征伐、田渔及祈年、祈风雨诸事，几无不用卜，此殷人尚鬼之说之有征也。由此数端观之，或史多违牾，赖此以得确说者有之，或史有缺略，赖此而有所创获者有之。王静安取其材以作《殷周制度论》，认为古代政治与文物，殷周之间实为一大关键，是诚历史上之重要发明也。

以有殷一代太卜之所掌，史官之所纪，湮没三千年而复显于今日，吾侪得于断烂残缺之余，征其文献于万一，宁非人世之奇遇，宇内之环宝乎？故论其价值，应超越乎一切金石学材料之上，其董理研求之责，今后吾侪当共任之也。

二　竹木

古之简册，概用竹木，凡书于简册之文，皆竹木之文也。史籍所纪发见古简册之事凡三：一曰晋之汲郡；二曰齐之襄阳；三曰宋之陕右。汲郡之所出者，凡七十五篇，今仅存《穆天子传》。襄阳之所出者，仅得十余简。据王僧虔云，是科斗书《考工记》，今已不存。陕右之所出者，多东汉时文书，朽败不可铨次，独永初二年《讨羌檄》完好，宋人曾摹刻于法帖中。迄清光绪末年，瑞典人赫定（Sven Hedin）于我国新疆罗布淖尔北之古城，盗掘简册甚夥。嗣英国派匈牙利人斯坦因（Aurel Stein）于西陲，劫去尤多。其地则一为甘肃敦煌西北之长城；二为新疆罗布淖尔北之古城；三为新疆和阗东北之尼雅城、马咱托拉、拔拉滑史德三地。其时代则自西汉迄于前凉，出敦煌者皆两汉物，出罗布淖尔者为魏末至前凉，出和阗旁三地者无年代可考。其种类则什之八九为官私文书，余为小学、术数、方技等遗籍，大抵皆屯戍士卒所用之遗物也。

最初为之考释者，有德人亨利（Karl Himly）、孔拉第（August Conrady（赫定所得者），法人沙畹（Chavannes）（斯坦因所得者）。嗣经王静安等从斯坦因假得影片，重为考订，成《流沙坠简》一书，吾国始有传本。至其考释中之所发明，有裨于学术者，约而举之，有三事焉：一曰历史之确证；二曰简牍之形制；三曰文字之真迹。

一、斯坦因之盗劫此简也，多得自烽墩遗址。其所纪敦煌迤北之烽墩，多至五十余处，东西绵亘数百里。斯坦因以为即汉之长城，王氏引法显《佛国记》《沙州图经》，以申其说，而汉之长城遗址，遂赖以确定。沙畹据《史记·大宛列传》，以为太初二年前之玉门关，尚在敦煌之东，王氏以酒泉郡之玉门县当之，而考得其西徙之年，必在太初四年李广利克大宛之后。于是玉门关前后之方位始得确说。德人亨利孔拉第均以罗布淖尔北之古城为楼兰之墟，王氏证其地在前凉之世实名海头，亦即《汉书·西域传》《魏略·西戎传》之居卢仓，《水经注》之龙城，而绝非古楼兰，并以为海头一地，自魏晋暨前凉，为西域之重地。于是罗布淖尔之古地名，赖以订正。此关于地理者也。西域长史一官，两汉皆有之。魏晋之际，不闻设否。王氏据西域长史移文中有“从上邽至天水”语（卷二簿书类二十八），定为魏晋间物。因此知黄初以来，西域长史已与戊己校尉同置，而其治所则又不在柳中而在海头也。士卒之廪食，汉时人日六升（见《汉书·匈奴传》），由此以推，各简廪给之数，即可约略知驻守各烽墩之人数。晋初属西域长史诸国，惟鄯善、焉耆、龟兹、疏勒、于阗五国，而所受晋朝之位号，皆曰守侍中大都尉奉晋大侯（《补遗》）。此关于官制者也。由任城国亢父缣一简（卷二器物类五十五），而知汉时缣之修广重量及其价值。由《补遗》十七至二十诸简，知西域等地度关津者亦必赍过所，其过所给自敦煌太守。由器物类、杂事类及《补遗》二十五至二十七诸简，知汉魏迄前凉器用服章之名物。由神爵二年一简（卷二杂事类六），而知买一布袍亦有居间之人，其报酬之物为酒二斗。与当时买地之中费无异。此关于社会状况者也。

二、简之质木多而竹少，长短宽窄不等。寻常之简，两面皆平。惟《急就篇》一简（卷一）最为完整，长营造尺一尺一寸强，背平而面有觚棱，作三角形，中隆而旁杀，上端斜削处有穿，古之有所谓觚也。封于简之上者曰检（卷二簿书类二十四、卷三《简牒遗文》二十六），无检者曰露布（卷二簿书类二十三），表识器物者曰楬（卷二器物类三及五）。以检封者其上多刻线三道（卷二器物类五十六、杂事类四十五、卷三《简牍遗文》二十六），所以约绳而封泥钤印也。钤印处之末，所以容封泥也。王静安著《简牍检署考》，多取材于此。

三、往者吾侪得睹魏晋以前之文字，大抵不外乎金石刻，今此简为西汉至前凉人之手迹，其最古者且在汉武帝之世。其书或为隶书，或为章草，或近小篆，或同今隶。由纪年诸简参互证之，可以见文字之源流，又可补宋以来娄、刘、顾、翟诸书之所未备，洵为得未曾有之奇迹也。

同时所发见者，简册之外尚有纸帛之书，惟多无年号可稽。中有帛书二（卷三《简牍遗文》三十六、三十七），《流沙坠简》据鱼泽侯字，定为西汉之末。此为帛书之最古者。纸书则大率为魏晋以后物。可见两汉之际，官私文书多用简牍，至魏晋以后，纸帛始与简牍并行，其致书人名有简与纸互见者，可证也。至若敦煌千佛洞石室中所出之图籍，则皆为纸帛，无用简牍者。纸帛之代简椟，其时代可由此考见也。

其竹木镌刻之文字，最古者为南粤王墓中之黄肠木，上刻甫一、甫二等字，为西汉之刻。此外仅有四种，其二在福建闽侯之太湖村古树上，为《天祐造庵作水池记》（天祐二年），《□敬翁竹桥题名》（淳祐九年）乃唐末及南宋时刻。其二在广东曲江之南华寺，为《李知微造罗汉像记》（庆历七年）、《张文邦舍尊者像记》（无年月）。乃北床时刻。前者已见著录，后者则近年所发见也。舍此以外，不闻更有他刻矣。

三　玉

玉为石之类，故《说文》训玉曰，“石之美，有五德”。我国自有史以来，即知以玉为宝。朝聘以玉，祭祀以玉，服御以玉，甚至含殓亦以玉。窃疑古人之所以贵玉者，为石器时代之遗风。圭璋璧琮之属，必石器之遗制。逮铜器既兴，石器渐废而不用，于是遂成为将礼之具，浸假而以玉代之，物贵而礼愈崇矣。不然，玉多产自西方，非中原所有，圭璋璧琮之器，又不足以致用，奚必以难得之材，制为无用之具乎？

玉器之见于《诗》《书》及《礼经》者，名物孔多，而征之实物，往往不能确定。宋吕氏《考古图》、元朱氏《古玉图》诸书，搜罗不广，考证亦疏。龙大渊《古玉图谱》，尤不足信。清吴大澂作《古玉图考》，始根据经文，详为考订。然舛误之处，仍所不免。尝怪吉金礼器，自宋人辟其榛莽，迄于今日，所发明者已不少。而古玉之学，研求之者较少，著作亦寥若晨星，此何故欤？无他，铜器有文字，往往自载其器名，俾考证家有所凭借，而古玉则多无文字，徒以其花纹色泽供人之赏玩，治礼者亦仅知根据礼图，罕有征及实物者，此古玉名物所以不能得其确说也。今即前人所已证明者略述如次。

圭 《说文》(土部)。“圭，瑞玉也，上圜下方”。《白虎通义》(《珪质》)，“圭者上兑”。《庄子》李《注》，“锐上方下曰珪”(《释文》引)。《隶续·碑图》所载柳敏碑阴六玉之圭及武氏祠《祥瑞图》之玄圭，正作锐上方下之形，与班李之说合，而与许说异。吴氏《图考》录圭十有四，中惟谷圭作上锐形，其琬圭则作圜首形，琰圭作斻首形。其余如镇圭、大圭、青圭等皆作方首，吴氏谓即《考工记·玉人》所谓“杼上终葵首”也。若然，则所谓圭者，不必皆上圜或上锐之形，各随其名而异制。汉画所图，特圭之一种耳。

璋 璋为圭之半体，故古人皆以半圭训璋。吴氏《图考》录边璋、牙璋各一。边璋之形制尺寸，合于《考工记·玉人》之文，似无疑义。所谓牙璋者，其旁出之牙，乃在侵削之一面。依沈括之说，牙璋为判合之器，当于合处为牙，牝牡相合则成圭。以之发兵，如后世之铜符。是其牙应在剡出之一面，方合事理。吴氏所录，恐尚非牙璋也。

璧、瑗、环 《尔雅》(《释器》)：“肉倍好谓之璧，好倍肉谓之瑗，肉好若一谓之环。”三者之形制相仿，而所以异者，在肉好之区别。《周礼》大宗伯有谷璧蒲璧之文，《礼图》所绘乃作禾稼及蒲草之形。今传世者不见有此制，而有谷实及编蒲二形。吴氏以谷实形者为谷璧，编蒲形者为蒲璧，可以订正旧图之失。《说文》(玉部)解瑗曰，“人君上除陛以相引”，段注“未闻”，爰(𠬪部)援(手部)二字亦皆训引。近人著《释爰》一篇，谓“瑗为大孔璧，可容两手。人君上除陛，防倾跌失容，故君持瑗，臣亦执瑗以牵引之。古瑗、援、爰为一字”。其说是也。吴氏《图考》录二器，孔大边窄，可以援手，知许君“相引”之说为不诬，但不必为人君耳。环之制，在璧与瑗之间，吴氏所录有五器。三者之名，依《尔雅》所释，皆无疑义。其中惟璧有种种瑑饰，余多朴素无文。

琮 《考工记》（玉人）说诸琮形状，并不言有好。而聂崇义《三礼图集注》引崔灵恩《三礼义宗》、潘徽《江都集礼》，皆云有好。聂氏从阮谌郑玄等说，以为八角而无好，故所图如菱花镜形；驵琮且有鼻有组，其形尤肖。乃《隶续·碑图》所抚汉碑阴六玉之琮，或五角，或八角，或十角，皆莫不有好，与崔潘所说合。《说文》（玉部）解琮曰，“似车釭”，徐锴曰。“象车釭者，谓其状外八角而中圆也”。《白虎通义》（《文质》）曰，“圆中，牙身，方外为琮”（据孙治让《札迻》订）。《释名》（《释车》“釭，空也，其中空也。”夫中圆而空，非好而何？吴氏《图考》录琮三十有一，其制并如许说，今俗犹称此类之玉为头，可为许说之证。汉碑只图其口，非正体也。吴氏言琮外刻琢棱如锯齿，刻画深处，可以系组，即玉人驵琮之制，与先后郑注皆合。人以为其形虽四方，而刻文每面分而为二，皆左右并列，舆八方之说亦合。考证精详，足为先儒解此纠纷。然亦赖有许书与实物，足以互证之也。

璜 璜之于璧，犹璋之于圭。自来解经者佥以为半璧曰璜，未见有异说。今传世古玉，有适当璧之半者，有较半璧略朐者，吴氏概定为璜。夫适当璧之半者，合二器则成璧。其略短者非合三器或四器不可。然就其形而合之，其角度又往往不相值。不知所定名称，究属允当否？又其所谓珩者，形制舆璜相仿，第两端皆作钝角为异。珩之与璜，是否以此区别，亦尚宜审定者也。

玦 杜预《左传》（闵二）注云。“玦如环而缺不连”。杨倞《荀子》（《大略》）注，韦昭《国语》（《晋语》）注亦皆云“玦如环而缺”。今传世古玉，形制之类此者极尠，《图考》中收一器，形制与诸说合，一面刻双龙，一面刻朱雀，吴氏定名为玦，是也。

刀剑饰 古有玉具剑，《汉书·匈奴传》注引孟康之说曰：“标、首、镡、卫，尽用玉为之。”前于第三章说古兵时曾辨其名物。标者，剑鞘之末，首者，剑茎之端，镡、卫者，身与茎之间之饰。今传世者标首少，而镡、卫多。镡与卫本即一物，不过中与侧异名。卫本音璏，《说文》(玉部)所谓剑鼻玉是也。吴氏《图考》录璏五，中隆起者即剑鼻，两旁谓之镡，亦谓之剑珥，总名通谓之璏。中有孔，上下通，所以贯剑茎也。至《诗·小雅》(《瞻彼洛矣》)“鞞琫有珌”，《大雅》(《公刘》)“鞞琫容刀”，则指刀饰。鞞，刀鞘也。琫，上饰。珌，下饰。容刀之珌，犹玉具创之标也。吴氏《图考》所录琫珌二物，恐犹未当，实不敢从其说。

带饰 古之鞶带，男子以革，女子以丝。革带之钩多以铜制，已于第三章服御器中略言之矣。亦间有用玉者，其制与铜钩同，惟多有花纹而无文字。尚有《考古图》等称为璏者，吴氏定为革带之佩，谓玉中有方孔，所以贯带系组于其下，故上下皆微卷向内，与组带相连属。其说是也。《礼记·玉藻》曰，革带博二寸。此玉之方孔，亦约当二寸，谓为贯革带之用，似无疑义。惟即谓为《诗·小雅》(《大东》)“鞙鞙佩璲”之璲，则犹未敢遽信也。又吴氏《图考》所录琫之第一器，疑亦此物，惟方孔，上下无卷而向内之边为异耳。或前为革带之佩，而此为彩带之佩欤?

含玉 古者含敛以玉，故《说文》(玉部)琀训送死口中玉。今传世有玉蝉，往往无孔不能佩，说者谓即送死口中之玉，其说近是。吴氏《图考》所录琥之第二器，实非虎形，盖送死之玉豚也。近年芒洛间所出甚夥，有玉有石，俗谓之夹猪，以其用于腋下，故名。但近年发见乐浪郡墓，玉豚之位置多在手旁，疑殓时握之手中者。吴氏以为《周礼》“山国用虎节”之节，失之远矣。

古玉多无文字，惟汉之刚卯有之，《汉书·王莽传》注引服虔晋灼说其形制及铭文甚详。吴氏《图考》所录有四，文辞与晋说前一铭略同，且多减笔假借之字，几不可识。端方所藏玉刀及汉日晷，汉武孟子男靡婴墓券，皆为古玉文字之仅见者也。

四　匋附明器瓦专

古者，昆吾作匋，舜陶于河滨，虞阏父为周陶正。陶之为用，其来远矣。辛亥革命后，在河南、甘肃发见石器、陶器、骨器，考古学家定为新石器时代之物。以人类进化之程序言之，陶器之兴，固当在铜器之前也。铜器最盛时代，莫若商周，而《考工记》言甗、盆、甑、鬲、庾、簋、豆诸器，犹掌于陶人旊人之职，是铜器虽贵，固不若陶器之利之能溥遍也。（下阙）

第六章　前人著录金石之书籍及其考证之得失

（缺）

结　论

第七章　今后研究之方法（缺）

第八章 材料处置之方法（缺）[①]

① 编者案：此讲义是作者在北京大学史学系授课时所编，初印于一九二四年。今据一九三一年修订本。原缺第一章，以一九二四年讲义补入；原缺第五章下半，据遗稿补入，但亦不全。第二、六、七、八等四章遗稿缺。

卷 三

铜 器

中国之铜器时代[①]

中国古代之用金属品作器，始于何时？创于何人？此问题现在无能解答也。求之于古史，则《尚书·尧典》有“金作赎刑”之文，《禹贡》扬州、荆州有“金三品”之贡，梁州有“璆铁银镂”之贡。求之于传记，则《春秋左氏传》（宣三）有王孙满对楚子之言，详述禹铸九鼎之经过；《史记·封禅书》且有黄帝采首山铜铸鼎之事。《史记》之说荒诞无稽，姑置不论。据《尚书》之说，则舜禹之时已知用金，则发明冶铸之人当更在其前。依《左传》记王孙满之言，则禹之时贡金九牧，铸鼎象物，匪特能以铜铸器，抑且刻镂物象，艺术至精矣。况九鼎之为物，在春秋战国之时，为列强所觊觎，尤言之凿凿，不类向壁虚造之辞。故昔之言中国文化史者，多主冶金之术起于虞夏之世。

然余于此窃不能无疑焉，兹述其理由如下。

一、《尧典》《禹贡》是否为虞、夏时之书，不可不辨也。此问题前人颇有疑之者，而近人如梁启超、顾颉刚等疑之尤力（其说见梁著《中国历史研究法》再版一七五页，顾著《古史辨》二〇二、二〇三、二〇五等页）。其所疑，皆有其相当之理由与相当之证据，今就其说而

① 编者案：此文是一九二七年三月二十七日作者在日本东京帝国大学讲演词，载日本《民族》三卷五号、《考古学论业》第一册（一九二八年）。又载北京大学《研究所国学门月刊》一卷六号（一九二七年九月）。

申辩之于下：

（甲）闰之名，不知起于何时。甲骨刻辞、彝器欵识中皆不见有此字，而所见有“十三月”。见于甲骨者凡四（《殷虚书契》卷一第四五页、卷二第二五页、卷三第二二页、卷四第七页）。见于彝器者凡六（薛尚功《历代钟鼎彝器款识》著录之南宫中鼎、牧敦、文姬匜，陈介祺藏遣尊，潘祖荫藏遣卣，阮元藏敔尊）。可见古人置闰必于岁终，无闰之名，而以十三月纪之（惟薛书所录之公缄鼎作“十又亖月”，殊不可解）。且此诸器中，大半可确定为周器，是周初犹以十三月为闰也。舜之时安得有此字？

（乙）《禹贡》只言九州，而《尧典》乃有“十有二州”之文，尤为不合。

（丙）当禹之时，水土初平，即使有分置九州之事，而于土田贡赋等之调查厘定，又岂能若是之详且尽耶？

（丁）璆铁银镂皆金属，郑玄注云：“黄金之美者谓之镠。镂，钢铁，可以刻镂也。”（《史记集解》引）古人先知湅铜，后知湅铁，已为确定之事实，故当时有美金（铜）、恶金（铁）之分。《齐语》曰：“美金以铸戈、戟，试诸狗、马；恶金以铸鉏、夷、斤、欘，试诸土壤。”《孟子》亦曰：“以铁耕乎。”周之时尚只以铁为农具，安得禹之时已先有钢铁？

《虞夏书》在二十八篇中，其著作之时代虽犹不敢肯定，而谓其作于虞夏，则似可大胆加以否定也。今欲依据此文以断定虞夏为铜器时代，恐不足以成定谳也。

二、春秋以后所传禹铸九鼎之事不可不辨也。周之九鼎虽不能断其必无，而必谓铸自大禹，由夏传殷，由殷传周，则未可尽信。古之有天下者往往饰为神秘之说，谓为受命于天，天命不可得而睹，于是假器物以实之；器之重者莫若鼎，于是以天命寄之于鼎；鼎而无流传之源渊，又不足以彰天命授受之迹，于是托之于有大功德于民之禹以昭其郑重。此王孙满之说之由来也。司马迁于《周本纪》中记此事，直以“应设以辞”四字概括之，盖有故也。故吾谓周之九鼎与秦以后之传国玺，同为帝王欺世之具，不特帝王以之欺臣民，臣民亦且辗转相欺而不自悟，虽以楚庄王一世之雄，竟不免堕于王孙满之术中，则其他更无论矣。至于战国之世，秦兴师临周而求九鼎，颜率说齐救周而以鼎许齐；其后齐将求鼎，颜率问何涂之从而致之，且曰：“昔周之伐殷得九鼎，凡一鼎而九万人挽之，九九八十一万人，士卒师徒器械被具所以备者称此。”（《战国策》卷一）其形容鼎之大且重，诚足令人惊骇。在今日视之，其为策士之夸词，殆无疑义。然齐王卒又堕此术中而中止致鼎，可见此神秘之重器，其魔力实足以颠倒列国之君臣也。如此大且重之器，其来由既已荒昧无稽，有如上述，而其结果又复迷离惝恍，不明著落，岂不更奇？司马迁于《周本纪》《秦本纪》中谓其入于秦，而《封禅书》又云，“或曰，宋太丘社亡而鼎没于泗水彭城下”，《始皇本纪》又记使千人没泗水求鼎之事。始皇二十八年上距周亡之岁不过三十余年耳，鼎苟入秦，即不必求之于泗水。是没于泗水之传说，不过了此一重公案，亦未必实有其事也。来踪去迹，既皆无据，则鼎之有无，即成问题；有无既不可必，则禹铸之说之全无根据也明矣。吾侪苟依此传说以下断案，是又受欺于春秋以后之人矣。

吾人之所疑，前一事为书籍之时代问题，书籍苟出自后世所追记，必非当时社会之真实状况，犹之汉画像中所图之三代故事，皆为汉代衣冠也；后一事则为有作用的编造之故事。故事而出于编造，编造而又出于有作用，则其为史料之价值可知。故此二事皆不足以证明冶金术之起于虞夏。

然则起于何时，果有积极之证据乎？曰，是不得不征之于铜器之本身。铜器而果能证明其时代乎？曰，幸有文字及事实在。然宋以来之为金石文字之学者，每多好高骛远之谈，如董逌（《钱谱》十卷已佚，罗泌《路史》多采其说）、洪遵（《泉志》十五卷）之于钱币，多溯源于太古，薛尚功之于钟鼎彝器，亦著录自夏代。荒邈无征，不可凭信。今举其信而有征者，要当自商始。前人之于铜器，往往以人名之用干支者，或文句简略，而其文近于图像者，辄定为商器。此种标准，不尽可凭，盖周初之器同于此例者正多，不必皆商器也。今后能有大规模之发掘，此问题固不难解决。但在今日而欲就传世诸器考订其正确之时代，至少应依下列之方法定之。

一、同时文字可以互证也。河南安阳之小屯，古称殷虚，为武乙以后、帝乙以前之故都。其地于公元一八九九年（清光绪二十五年）发见刻文字之龟甲兽骨，中纪祭祀之礼，多殷商先公先王之名号，其为商代文字，殆无疑义。传世之铜器，有异于周代之文而同于甲骨之文者，如乙酉父丁彝、己酉戌命彝、兄癸卣（以上三器见宋薛尚功《钟鼎彝器款识》）、戊辰彝、艅尊、庚申父辛角、般甗（以上四器见清吴式芬《攈古录金文》，但般甗作王宜人甗）等器皆是。今举其相同之点如下：

（甲）商人之纪年月日，必先书日，次书月，再次书年；而书月必曰“在某月”，书年必曰“维王几祀”。《周书·洛诰》之文尚沿此习。乙酉父丁彝首书乙酉，末书惟王六祀；己酉戌命彝首书己酉，末书在九月，惟王十祀；兄癸卣首书丁巳，末书在九月，惟王九祀；戊辰彝首书戊辰，后书在十月，惟王廿祀；艅尊首书丁巳，后书惟王十祀又五；庚申父辛角首书庚申，后书在六月，惟王廿祀昱又五。

（乙）商人祀其祖妣，必用其祖若妣之名之日；其妣皆曰爽；其祭名或曰遘。乙酉父丁彝用乙酉日遘于武乙；戊辰彝用戊辰日遘于妣戊，武乙奭。

（丙）商人祭祀之名有曰砉日，曰肜日者。己酉戍命彝、兄癸卣、戊辰彝皆曰砉日；乙酉父丁彝、艅尊皆曰肜日。

（丁）甲骨文恒见征人方之事，而般甗曰“王徂人方”；艅尊曰“惟王来征人方”。由此观之，此诸器者，皆可证明其必为商器也。

二、出土之地之足以证明也。宋吕大临著《考古图》，于器之出处之可知者必详纪之，如亶甲觚曰，“得于邺郡亶甲城”；足迹罍曰，“在洹水之滨亶甲墓旁得之”，而上述之兄癸卣（《考古图》作兄癸彝）亦得于邺。凡其所记之地，皆今出甲骨之小屯（宋人误以邺为相，认为河亶甲所居，即以今之小屯为河亶甲城；《彰德府志》因袭其误。）此又可证明其必商器者也。

以上所举诸器，其形制及图案虽与周器无甚区别，而文字及事实，已足以证明其为商器而无疑。故吾人所见之铜器，当以商为最早，且当商之末季；此以前殆无征也。据此则吾人可信商之末季已完全入于铜器时代。但此为积极的证据，若由消极的证据观之，不能谓铜器时代即始于是时。何则？吾人所见商末之器，其制作之艺术极精，如《考古图》所录亶甲墓旁所出之足迹罍，虽周代重器亦无以过之。此种工艺、岂一朝一夕之功所克臻此。况古代文明之进步，其速率盖远不如今日。以吾人之推测，至少亦当经四五百年之演进，始能有此精致之艺术。然则始入铜器时代之时，至迟亦当在商初，虽其时或为石器铜器交替之时，但不得不谓之铜器时代。故言中国之铜器时代，必数商周二代，其时期约历千五百年（公元前一七五〇年至二六〇年顷）。秦汉以后，铜器渐微，而铁器代兴矣。

戈戟之研究

《考工记》:“冶氏为戈:广二寸,内倍之,胡三之,援四之,倨句外博重三锊。戟:广寸有半寸,内三之,胡四之,援五之,倨句中矩与刺重三锊。”郑玄注云:“戈,今句孑戟也,或谓之鸡鸣,或谓之拥颈。内,谓胡以内接柲者也,长四寸;胡六寸;援八寸。郑司农云:‘援,直刃也。胡,其孑。’戟,今三锋戟也。内长四寸半;胡长六寸;援长七寸半。三锋者,胡直中矩,言正方也。郑司农云:“刺,谓援也。”玄谓刺者,著柲直前如镈者也,戟胡横贯之。胡中矩,则援之外句磬折与?”郑氏以勾孑戟释戈,以三锋戟释戟。句孑戟、三锋戟以及鸡鸣、拥颈之属皆汉制,汉虽有戈戟之名,已变其形制。东汉画像中所图兵器,直刃如矛而旁有歧枝者,殆即郑氏所谓勾孑戟欤?故聂崇义《三礼图集注》所图戈戟之形,与《郑注》差合而与《记》文迥异也。宋黄伯思《东观余论》(卷上)有《铜戈辨》一篇,辨戈为击兵,可句可啄,而非用以刺,是以衡而弗从。并辩明援胡内之名曰:“两旁有刃横置而末锐若剑锋者,所谓援也。援之下如磬折、稍刓而渐直、若牛颈之垂胡者,所谓胡也。胡之旁有可接柲之迹者,所谓内也。”自此以后,记文与实物得以互相印证,始悟郑说之失。然经学家笃守郑说,对黄氏此文犹不甚重视。自清程瑶田著《考工创物小记》,

以古器物研究《记》文，取黄氏之说反复引申，可谓毫无剩义。又据所见之戈之内未有刃者，定名为戟，谓冶氏言戈戟皆有援有胡有内，所不同者戟有刺而戈无之，此内末之刃即所谓刺也。此说一出，而冶氏之文乃可通，而郑氏之说遂完全推翻矣。

程氏考证虽多凭实物，而于造柲之法则出于想象。故于戈戟全体之形制，大致虽不误，而尚多未尽之处。今幸实物出土日多，有可以为程氏作佐证者，有可以订正程氏者，为申述之如下。

程氏读内如“出内朕命”之内，谓其著柲处不用直戴而用横内，故内以此得名。造柲之法，于柲端为凿，而以薄铜一片之内横内于其凿中，则援横出于柲前，内末横出于柲后，而胡贴柲以下垂。程氏之所以为此说者：（一）以戈戟为句兵，又谓之击兵。《考工记》庐人职分兵为句兵刺兵两种。刺兵为直伤，其刃当直。句兵为横击，其刃当横。故取黄伯思之说以纠正二郑直刃之失。（二）兵器著柲者，如斧，如矛等，皆有銎可以受柲。此独为薄铜一片，不可以冒柲。故知其著柲之法，当于木柲上为凿而以内入之。（三）以胡之贴柲处有阑，阑之外复有广一二分之薄铜，上当内而下垂，如胡之修而加长。故知木柲容内之凿之下，应刻一线以陷此广一二分之薄铜。（四）以胡上有三孔，内上有一孔。故知著柲之后，应就孔中贯物并其柲缚之。程氏之说，稽之经文，考之实物，殆无一不合。然未得实证，犹不足以折服郑氏之信徒。今得之矣，虽郑氏复生，亦百口不能自为辩护矣。洛阳近出一残戈，其援与胡皆已折而其内独完。胡之上一孔折存其半，内之上无孔。朽余之柲尚附著于内上，木理杂铜锈中亦化绿色。内广三厘米，当周尺之一寸三分，木柲之广亦如之，前接于阑而后及于内之半。其木理与胡平行，植之则援与胡皆横矣。此可为程氏作佐证者也。

作柲之事，掌于庐人。程氏虽有《庐法无弹无蜎说》，而于《造戈柲记》中未取庐人之文参证，故所造之柲犹未尽合。按《记》文："庐人为庐器：戈柲六尺有六寸，殳长寻有四尺，车戟常，酋矛常有四尺，夷矛三寻。凡兵：句兵欲无弹，刺兵欲无蜎。是故句兵椑，刺兵抟。"郑注云："句兵，戈戟属。刺兵，矛属。郑司农云：'弹，谓掉也。蜎，谓挠也。'玄谓蜎亦掉也，谓若井中虫蜎之蜎。齐人谓柯斧柄为椑，则椑，隋（同椭）圜也。抟，圜也。"若然，则戈戟之柲宜为椭圆。而程氏所造者为正圆，故知其未参照庐人之文也。以余所知，戈戟之柲虽为椭圆，而前后（援为前，内为后。下仿此）有丰杀之别。当后者丰，当前者杀。换言之，则椭圆者扁圆，戈戟之柲，前当较后为尤扁也。何以知其两面有丰杀？以其镈镦知之也。《曲礼》曰："进戈者前其镈，后其刃。进矛戟者前其镦。"《注》曰："锐底曰镈，平底曰镦。"今出土锐底平底之铜管，凡属其口椭圆者，一面必较圆，一面必较扁。镈镦者，所以施于戈戟之下，冒于木柲者也。以是知木柲虽为椭圆，而两面有丰杀之别也。何以知当后者丰，当前者杀？以戈戟之两翼知之也。有一种之戈，援与内之本，两面各有一树叶形之铜片，起于贴柲之阑，而卷向于后。中隔一内，如两翼然。若入内于柲，则两翼回抱柲上。测其两翼之距离，仅能容椭圆之柲。若以一面较圆、一面较扁之镈镦拟之，则其本亦仅能容较扁之一面，以是知木柲之椭圆，当前者必杀也。此参证《记》文与实物可以确定者也。至于木柲两端之形，及其缠缚之制，程氏所图，略而不详。然求之于象形文字，未始不能得其真也。彝器中之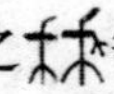等形，皆象形戈字。其柲之上端无不曲而向后者。甲骨刻辞中从戈之字多作，犹存曲首之形。是知柲之上端不与援齐，必高出于援而向后折也。柲之下端镈有或镦，既由《曲礼》征之矣。镈镦之著柲，当缚绳或施丁以固之。戈字之下作如巾字者，谓以革或绳缚镦之柲末，而以其余系垂之于左右也。巾为佩巾，亦下垂之象也（凡巾皆象下垂，非谓戈之字从巾也）。内之末或有巾者，戈戟之著于柲，亦以革或绳缠缚之，其余系亦由内之孔下垂如镈镦也。此可由象形文字得其形制者也。此皆可以订正程氏者也。

今试造一柲，长周尺六尺有六寸。周尺有二种：一以十寸为尺，一以八寸为尺，此用十寸尺计之。所以知为当用十寸尺者，以周尺八寸谓之咫，八尺谓之寻，倍寻谓之常。庐人职于殳，于车戟，于酋矛，于夷矛，皆以寻或常计之。寻有四尺者，十寸尺之丈二尺也。则所谓尺者，皆指十寸尺言之也。余据《隋书·律历志》之文，以刘歆铜斛定周尺，每尺当〇·二三一米。则六尺六寸者，当一·五二四六米矣。戈为六尺六寸，戟亦当为六尺六寸。庐人所谓车戟者，为戟之一种，为建于车上之长兵，故长丈有六尺。若普通之戟，当与戈等长。《晏子春秋》(《杂上》)，"戟钩其颈，剑承其心"，其非丈六尺之长兵可知。是言戈即可以包戟，故知戈戟皆长六尺有六寸也。以六尺六寸之柲椭圆之，广如戈内之广，曲其上端以向后。其椭圆之度前后有丰杀，扁其前而圆其后。又于曲首之下为凿以容内，于凿之前面刻一线以容阑外之薄铜。柲凿之外刻斜线四道，交互于其前后，以陷缠缚之绳，如简牍封缄之式，而柲成矣。其装置之法，则以戈或戟之内横入于柲中，内末露出于柲后者约二分之一，然后以绳缠之，由下而上，最后乃由上端之第一孔以及于内上之孔，垂其余系于内末，或更以布帛系之。盖古之兵器，往往系于布帛，汉画像中，刀环之下有物下垂，其证也。此种风习，至今犹存。证以彝器中之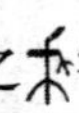字而益信矣。柲之下端，以镈或镦冒之。之近口处两面皆有孔，柲之末当亦凿一孔洞穿之，以绳贯而缚之，垂其余系于左右，更以布帛系之，而戈戟成矣。

庐人职又曰："毄（毄，擊，古今字）兵同强，举围欲细，细则校。刺兵同强，举围欲重，重欲傅人，傅人则密。是故侵之。"郑玄注云，“举，谓手所操”。盖镈镦之上，手所操者曰举。毂兵之举围欲细，刺兵之举围欲重。重即大也，体大则量重矣。句兵向后挽之，力在前，故举围不必重。刺兵向前推之，力在后，故举围欲重也。然所谓细者，非谓特小其操手之处也，因戈戟之柲之围已细无可细矣。特以刺兵之举围须加大加重，对举成文，故言欲细也。柲首向后及柲体之椭圆而杀其前，亦有故欤？曰，有之。戈戟横安，援长而内短，柲又著于内上，则其重心恒偏于前，用之之时，必有转掉之弊。曲其首以向后，则其重不偏，即《记》文所谓“无弹”也。柲体椭圆而杀其前者，于重心亦不无关系。且两面等圆，则往往有误后为前之弊。今使前杀而后丰，则执之者只凭触觉，即可知锋刃之所向矣。此皆证之于事实及理论而无不可通者也。虽然，以程氏之精细，尚有未尽之处，以余之谫陋，何敢妄议前贤。兹篇之所述，徒以资料所出者更多，可以补充程氏之说。焉知他日所出之资料不足以订正此说耶？是所望于世之博洽君子也。

编者案：此文原载《燕京学报》五期（一九二九年六月），又载日本《考古论丛》第二册（一九三〇年）。

又案遗稿此文有跋云：“此与程瑶田最初所拟戟图，完全符合。后程氏以所见实物无此形制，乃舍其初说，而以内末有刃者为戟。余曩著《戈戟之研究》，从程氏后说而引申之。近郭沫若先生著《说戟》，根据《考工记》与刺之文驳程氏后说，而取其前说，以为著刺于戈柲之端者为戟，柲朽而刺与戈离而为二，致考古者不得见全戟之形。其说既合于事理，又求之与刺之文而可通，可谓读书得其间矣，余读其文而证之以余所得一戈一矛而益信。盖戈矛皆洛阳同时同地所出，戈之援胡内长于常戈约四之一，而其广仅当常戈三之一，内末且有刃，其矛之长倍于常矛，而广杀之。余初以为戈矛同时所作，故其制相同。今证以郭氏之说，是殆失去其柲之戟也。”

汉延寿宫铜镫跋

右延寿宫铜镫，铭三十五字，为汉成帝元延四年正月造。按是年所造之器，见于著录者：一、临虞宫镫，诸城刘喜海藏（见《长安获古编》）。二、万岁宫镫，三、临虞宫镫，并潍县陈介祺藏。合此而四矣。第一器亦正月造，第二、第三器不纪月。其造器工人之姓名：第一器为张博（刘释传）；第二器常宣；第三器马宽。此为张谭，而主者、省者之官号、人名，则四器尽同；惟第二器令史上无守字。守者，非真拜也，犹今之署理也。意三器曰守令史者，皆正月同时所造，而第二器则略后。盖其时赛已真除令史矣。赛于元廷二年守左丞（见元延钫），至四年正月左迁守令史，正月后乃真除令史，张谭即造绥和雁足镫之人，后此器一年作。越五年（建平三年）而为掾（见孝成鼎），此可于汉诸器中推寻得之者也。前三器，高皆二尺。此高尺六寸，当今尺一尺一寸七分。第一器重十六斤四两，第二、第三器并重二十斤，此重十八斤。此为考证西汉权度最真确之资也。延寿宫在长安，见于《汉宫阁名》，《艺文类聚》六十二、《初学记》二十四、《太平御览》百七十三，《玉海》百五十六并引之（《类聚》《御览》所引作《汉宫阙名》）。

北魏虎符跋[①]

皇帝与博陵太守铜虎符第二（背缝）

<table><tr><td>博陵太守
博陵太守</td><td>｝（胸前）</td><td>铜虎符左
铜虎符右</td><td>｝（腹下）</td></tr></table>

皇帝与上党太守铜虎符第三

皇帝与辽西太守铜虎符第四（？）

皇帝与阳曲护军铜虎符第三

皇帝与吐京护军铜虎符第三

皇帝与离石护军铜虎符第一

皇帝与离石护军铜虎符第二

皇帝与离石护军铜虎符第四

右虎符八，左右完具，长今尺三寸二分，出山西大同县城东北百余里之贵人村。文字形制，与晋以前虎符不同，而与宋高平太守、凉酒泉太守二符近似。凡为太守符三：曰博陵，曰上党，曰辽西；护军

① 编者案：此文原载北京《社会日报》《生》《春红副刊》第八七号（一九二六年三月一日）。又载《考古通讯》一九五六年第四期。

符五：曰离石，曰吐京，曰阳曲。其中离石有三符，故都数凡八。护军有符，为前此所末闻也。凡虎符之制，皆右者进内，左者颁发在外，故自制成颁发之后，皆分置二地。发兵时一会合之，旋又分离矣。今此八符，左右皆完，而郡县异地者，亦同在一处，是为制成而未颁发者可知。既未颁发，则存贮之地为当时之都城，又可知矣。古之都于大同附近者惟北魏。未迁都洛时曾都平城，其地在今大同之东，闻至今故址犹存，是此符当为北魏时物。惟其制作之年，或尚在都平城以前。盖十六国之时，称帝者比比昔是，故虎符之上，必冠以国号。此符不著国号，而曰皇帝，与他符不同。按道武帝拓跋珪于皇始元年（三九六年）七月称帝，越二年至天兴元年（三九八年）六月，始定国号，七月，迁都平城，为自来罕有之制。此符之作，当在称帝之后，建号之前。其后既有国号，或一律改铸，而此符遂废欤？吐京之名，亦始于北魏。惟据《魏书·地形志》云，汾州吐京郡，真君九年置。吐京县，世租名岭西，太和二十一年改。似作符之时，不应已有吐京县（护军皆属县）。但《魏书·地志》最称芜杂，未必即可征信。据《水经注·河水篇》云，吐京郡治故城，即土军县之故城也，胡汉译言音为讹变矣。然则，吐京，即汉之土军县。

卷　四

度量衡制度

历代度量衡之制[①]

一　研究历史应先知历代度量衡之差异率

度量衡为测验一切物品之标准。欲知物之长短，不得不资于度；欲知物之多少，不得不资于量；欲知物之轻重，不得不资于权衡。历史所纪物之长短多少轻重，自各依其时代度量衡之制，与今日之制无与也。吾侪读史者遇此等记载，若以今制准之，无有不疑窦丛生，百无一是者。但史家于此等形容之词，每多夸大，转滋吾人疑虑者，亦往往有之。孟子所谓“尽信书，则不如无书”，正谓此也。今吾试就人而言，举其写实之记载而又极平凡之例。古人称人曰丈夫，今未见长一丈之人也。《汉书·食货志》（上）言。“食，人月一石半”，则人日食五升，今未见日食五升之人也。《左传》（定八），“颜高之弓六钧”三十斤为钧，六钧则百八十斤，今未见能挽百八十斤之弓者也。岂今人之体格、食量、膂力不如古人耶？非也，盖度量衡今与古异制也。吾侪既研究历史，不可不知历代度量衡之制度。对其差异率有相当之认识，而后事实乃不至混淆。

① 编者案：此文是在北京大学史学系的专题讲稿。

二　度量衡之产生

度量衡之产生，说者皆谓由于律。其实律之长度空径，非度不能成立。律度量衡四者，盖同时产生者。故《虞书》称“同律度量衡”；《汉书 · 律历志》分《备数》《和声》《审度》《嘉量》《衡权》为五篇，除《备数》外，其余四篇，即律度量衡也。其述律曰：“声者，宫、商、角、徵、羽也。五声之本，生于黄钟之律，九寸为宫，或损或益，以定商角徵羽。”其述度曰：“度者，分、寸、尺、丈、引也，所以度长短也。本起黄钟之长，以子谷秬黍中者，一黍之广度之，九十分黄钟之长。一为一分，十分为寸，十寸为尺，十尺为丈，十丈为引。”其述量曰：“量者，龠、合、升、斗、斛也，所以量多少也。本起于黄钟之龠，用度数审其容，以子谷秬黍中者千有二百实其龠，以井水准其槩。合龠为合，十合为升，十升为斗，十斗为斛。”其述衡曰：“衡权者：衡，平也；权，重也。权者，铢、两、斤、钧、石也，所以称物平施，知轻重也。本起于黄钟之重，一龠容千二百黍，重十二铢，两之为两，二十四铢为两，十六两为斤。三十斤为钧，四钧为石。”是律、度、量、衡四者皆生于秬黍。因黍生度，因度生律，因律与黍而生量与衡，此产生先后之程序也。宋司马光亦曾据此以驳范镇由律生尺之说矣。

三　度量衡之所以差异

人类之活动皆前进者，故古今一切之事物，皆有其演进之定律。度量衡既为测验一切物品之标准，当然不能违此定律。然则今度长于古度，今量大于古量，今之权衡重于古之权衡，乃当然之事实而无可致疑者也。然历史之时期甚长，自有明确记载以来至于今日，其差异之率吾人虽可知之，而其逐渐演变，某一时期至某种程度，其中之经历，盖难言之矣。又况古人制器，其方法与工具，往往不如后世之精密。甚有一时期之所造，而差异至若干类者。如日本奈良正仓院所藏之唐尺，皆中国唐代输入彼国者，材质艺术大致相同，而六尺之中，长短约为四类，以最长与最短较，竟相差至四分寸之一（二分五厘）。可知古人对此极应精密之用具，而制造乃如此之不精密也。吾人求之于文献既如彼之渺茫，求之于实物又如此之粗疏，则将何所适从欤？无已，则惟有取文献与实物互相参证，求得其概念而已。

其所以差异之故，一为因袭之差，一为改创之差。因袭之差小，而改创之差大。

度量衡之于人类生活，息息相关，几于无时无地无事无人不与之发生关系。制定标准器者虽有专官，而民间所用则依颁定之标准器而仿制之。经多数人之仿制，遂不能必其一无差异。故古之为政者，于每岁仲春仲秋之月日夜分，则同度量，钧衡石，角斗甬，正权概（见《礼记·月令》）。一岁而再行之，所以防其相差太甚也。商鞅为秦变法，平斗桶权衡丈尺（见《史记·商君传》），秦始皇帝灭六国，一法度衡石丈尺（见《史记·秦始皇本纪》），皆谓齐其不齐者也。夫度量衡有待于同一，则不同不一者是其常矣。此因袭之差也。

古今典章制度之改革者众矣。然苟非有大破坏，则改革之中，尚寓因袭之意。纵有差异，亦甚微细。如秦灭六国，焚书坑儒，改封建为郡县，其改革不可谓不大也，而当时之度量衡，亦只以其固有之制同一其他之不齐者，有如上述。故自周至于西晋，其制无甚变更也。自晋永嘉之乱，天下骚然，文物荡尽，中原分裂，人各为政，江东则更始建设，莫所遵循。干戈扰攘，不得宁息者，几历三百年。斯时之度量衡，不为因袭而为改创，故与西晋以前异其系统。隋唐而后至于今日，又皆因袭此系统而略加改变者矣。此改创之差也。知此而后可与言历代度量衡之制。今分三节叙述如下。

四 序历代度制

《独断》云：“夏以十寸为尺，殷以九寸为尺，周以八寸为尺。”夏商二代，在孔子时已言文献无征，吾人今日所可考者，最早当自周始。《隋书·律历志》据徐广、徐爰、王隐等《晋书》所纪荀勖作晋前尺之事云：“武帝泰始九年，中书监荀勖校太乐八音不和，始知为后汉至魏尺长于古四分有余。勖乃部著作刘恭，依《周礼》制尺，所谓古尺也。依古尺更铸铜律吕，以调音韵。以尺量古器，与本铭尺寸无差。又汲郡盗发魏襄王冢，得古周时玉律及钟磬，与新律声韵暗同。”因此定周尺及王莽时刘歆铜斛尺、后汉建武铜尺、荀勖晋前尺四种并同。然此为李淳风一家之说，未可据以为信。近洛阳出一古尺，相传与羼羌钟等同出。羼羌钟出于洛阳周王城故址之东北隅，为春秋时器。假定此尺出土之地而可信者，则为春秋时之尺矣。其长短与余所定之刘歆铜斛尺正同，则李淳风之说可得一证矣。蔡邕所谓“周以八寸为尺”者，乃八寸尺与十寸尺并用，非谓周尺当汉尺八寸也。八寸尺自有其专名，所谓八寸曰咫，八尺曰寻，倍寻曰常，是也。先秦故书之言及尺寸者，如不举专名，无从知其为八寸尺或十寸尺。其有二种名词错举者，如《考工记》云，“庐人为庐器：殳长寻有四尺，车戟常，酋矛常有四尺，夷矛三寻”；《左传》（僖九）云，“天威不违颜咫尺”；《国语》（《鲁语》）云，“楛矢石砮，其长尺有咫”。皆以八寸尺与十寸尺合计者，是二尺并用之证也。王莽及光武时皆与之同制。（其后沿用差误，增长至三分余，至魏而相差至四分七厘，《隋志》所谓“至于后汉，尺度稍长；魏代杜夔，亦制律吕，以之候气，灰悉不飞”是也。至晋泰始间，荀勖以古器七品校正之，始复与周汉之制相合。至晋氏南迁，重定晋后尺，增至六分二厘。北朝则魏前尺增至二寸七厘，中尺二寸一分一厘，后尺二寸八分一厘。至东魏竟增至三寸余，为当时最高之纪录。《隋志》云:“魏及周齐，贪布帛长度，故用土尺。”盖庸调皆征绢布，其时连年战争，徭役繁兴，欲多取之于民，乃增长其尺度也。北周市尺与魏后尺同。隋氏统一，又因其制以作官尺；唐亦因之。是为魏后尺之系统，为改创之新尺。于此有一问题，即旧籍所纪调钟律，测晷景，合汤药及冠冕之制，皆晋前尺之系统也。若以新尺计之，则多违牾矣。故周、隋、唐皆以新尺为大尺，当旧尺一尺二寸。调律、测景、合药等皆用小尺，内外官司悉用大者。所谓小尺者亦非晋前尺，而略当于晋后尺，即《隋志》十五种尺之第十二种，所谓宋氏尺、钱乐之浑天仪尺、后周铁尺、开皇初调钟律尺及平陈后调钟律水尺也。宋代尺度，昔有三司布帛尺，未见原物。今有巨鹿故城木尺，为徽宗大观间之物，凡三尺：其二同一尺度，较今尺长二分半；其一当今尺九寸六分强。二者相差七分有奇。按程大昌《演繁露》云:“官尺者，与浙尺同，仅比淮尺十八。而京尺者，又多淮尺十二。公私随事致用，元无定则。余尝怪之，盖见唐制而知其来久矣。金部定度，以北方秬黍中者为则，凡横度及百黍即为一尺。此尺既定，而尺加二寸，别名大尺。唐帛每四丈为一匹，用大尺准之，盖秬尺四十八尺也。今官帛亦以四丈为匹，而官帛乃今官尺四十八尺，准以淮尺，正其四丈也。国朝事多本唐，岂今之省尺即唐秬尺为定耶？”然则宋之淮尺当于唐之大尺，宋之官尺，亦即省尺或三司布帛尺，当于唐之秬尺。惟其长度皆略有增进，是殆经五代以来因袭之差，非改创之差也。巨鹿尺之大者近于今尺，或即程氏所谓淮尺。其小者一端有缺口，或木工所用之尺欤？自宋至于今日，大抵无甚差异。明官尺与宋淮尺略同，清工部营造尺又与明官尺略同。此历代尺度之大较也。

五　序历代量制

《考工记》（㮚氏）云："㮚氏为量：鬴深尺，内方尺而圆其外，其实一鬴；其臀一寸，其实一豆；其耳三寸，其实一升。"郑玄据《左传》（昭三）"齐有四量，豆、区、釜、钟；四升为豆，各自其四，以登于釜"之文解之曰，"四升曰豆（即斗），四豆曰区，四区曰鬴，鬴六斗四升"。依郑氏之解，仍少二升八十一分升之二十二。自来解此经者，亦皆不得正确之解答。然苟如郑说，与汉量相差亦甚微矣。刘歆为王莽作铜斛，盖依据此经以仿作者，其制详载于《汉志》。惟不载五量之铭，致其算法及容积无从推测之。刘徽注《九章算术》，荀勖定乐律，皆于晋武库中亲见此器，形制与《汉志》吻合，五量皆有铭。今故宫博物院藏有此器。其所记之尺度与余所定之货布尺（即刘歆铜斛尺）全同。刘半农曾详加校量，嘉量一斗当今营造尺库平制一升又十分升之九三七六二四。是今之制四倍于莽量而有余矣。魏时尺度增进四分七厘，而其时之大司农斛积一千四百四十一寸十分之三（见刘徽《九章算术商功注》）。《隋志》以徽术计之，莽斛当魏斛九斗七升四合有奇。则魏量之增进率较之尺度尚略少也。六朝之际，当为最紊乱之时期，而史志语焉不详。《隋志》仅言："梁陈依古；齐以古升五升为一斗；后周斛积玉尺（当晋前尺一一五八）一千一百八十五分七厘三毫九秒；开皇以古斗三升为一升。大业初，依复古斗。"而唐孔颖达《左传正义》（定八）云："魏齐斗称于古二而为一，周隋斗称于古三而为一。”《唐六典》亦言“三斗为大一斗”。是周隋唐之量，已二倍于古矣。《隋志》所谓大业初依后古斗者，乃小斗与大斗并行，顾炎武所谓“大史大常大医用古”耳。此改创之差也。其后增进之率，史志不载，无由考核。《日知录》云：“宋大于唐，元又大于宋。”然则五倍于古者，盖宋元间之所增进也。此历代量之大较也。

六　序历代衡制

考定度量衡之制，以权衡为最难，以权本身之重，历年久远，不免差减故也。故宫之刘歆铜斛，虽为考古度量者唯一之资料，独不能依此以定权衡，盖器之本铭，无纪重之文也。《汉志》纪此器之形制，有“其重二钧”一语，刘半农据之以权此器，考得莽之一斤当今库平十分斤之三·七九七九三七五，为六两又十分两之〇·七六七〇，假定《汉志》之文而苟不误者，则今制一倍半于莽权而有余矣（一九二九年，定西出王莽时权衡一具，为天平式之器。其八十一字之铭与嘉量同。惜出土时亡其半，仅存直干一、钩一、权四。其四权大小不一，形如环，与《汉志》所谓“圜而环之令之肉倍好者”完全符合。其器存于甘肃省立民众教育馆。后忽以被窃闻，仅余一大权，此诚学术界一大损失也）。《隋志》云：“梁陈依古称。齐以古称一斤八两为一斤。周玉称四两当古称四两半。开皇以古称三斤为一斤，大业中，依复古称。”其所纪六朝间之制，亦如量之记载，不可得而详也。《唐六典》言“三两为大两”，是唐因隋之制也。孔颖达言“魏齐二而为一，周隋三而为一”者，恐即举其成数，非必有精确之计算也。所谓“三而为一”者，安知非嘉量二斤又十分之六三三等于今一斤之比耶？然则权衡之制，自六朝间之改创，其后未有增进也。盖取于民间者为菽米布帛，与权衡无关，故自唐迄今未改也。此历代权衡之大较也。

七　总序度量衡增进率之比例

度量衡三者，皆以六朝之际为改创时期，其余皆因袭之差也。改创之后，度与衡之增进尚少，而量则于无形之中，又增进五分之二。故三者之比例，以今制与改创以前之制相较，量则古一斗当今一升又十分之九三七，其增进率为最甚。其次则为衡，古一斤当今十分斤之三八。又其次为度，古一尺当今七寸二分。然则前举之例不难解答矣。

所谓丈夫者，据《说文》夫字注云："丈夫也。从大，一以象簪也。周制以八寸为尺，十尺为丈；人长八尺，故曰丈夫。"《考工记·总序》亦言人长八尺。是八尺为常人之长度也。以七尺二寸乘之，则当今尺五尺七寸有奇，与今之人无以异也。所谓日食五升者，乃汉时所计民食之数，宜若有盈而无绌。诸葛亮日食三四升，司马懿料其不能久，言其贪少也。以今量一九三七乘古五升，则得一升弱，与今之人亦无以异也。所谓挽弓百八十斤者，乃当时之力士，故士皆取其弓而传观之。以今权三八乘之，则得六十八斤强，与今之力士亦无以异也。今之读史者，眩于数字之多，每有今不如古之感想。明乎此而后不为所惑。吾故曰：研究历史，不可不知历代度量衡之制也。

《隋书·律历志》十五等尺[①]

唐李淳风撰《隋书·律历志》，以晋前尺校诸代尺，列为一十五等。其第一等为周尺；《汉志》王莽时刘歆铜斛尺；后汉建武铜尺；晋泰始十年荀勖律尺——为晋前尺；祖冲之所传铜尺。其余十四等皆依此为标准，以相参校，说其异同。此第一等之五种尺中，祖冲之之所传，即荀勖之所造，其实祇有四种。苟于此四种中得其一，则十五等之尺，皆可以确定矣。宋皇祐中（一〇四九年至一〇五四年），高若讷曾依《隋志》仿造之，其所根据之实物，乃以汉王莽时大泉、错刀、货布、货泉四物之首足、肉好、长广、分寸皆合正史者（一、大泉五十，重十二铢，径一寸二分；二、错刀，环如大泉，身形如刀，长二寸；三、货布，重二十五铢，长二寸五分，广一寸，首长八分有奇，广八分，足股长八分，间广二分，围好径二分半；四、货泉，重五铢，径一寸），互相参校，定为汉钱尺——为刘歆铜斛尺。更以汉钱尺定诸代尺，上之，藏于太常寺。今所传宋王复斋拓本之晋前尺（见阮元《积古斋钟鼎彝器款识》及王复斋《钟鼎款识》），据王国维所考定，即若讷所造十五等尺之一也。

① 编者案：此文初名《隋书律历志十五等尺模型说明书》，一九二七年由北京大学研究所国学门铅印成册，一九三二年修订重印，始改今名。

余尝读《西清古鉴》(卷三十四)。载有汉嘉量，五量备于一器：上为斛，下为斗，左耳为升，右耳为合、龠。按《汉书·律历志》曰：

量者，龠、合、升、斗、斛也；所以量多少也。本起于黄钟之龠，用度数审其容，以子谷秬黍中者千有二百实其龠，以井水准其概。合龠为合，十合为升，十升为斗，十斗为斛，而五量嘉矣。其法用铜，方尺而圜其外，旁有庣焉。其上为斛，下为斗，左耳为升，右耳为合、龠。其状似爵，以縻爵禄，上三下二，参天两地，圜而函方，左一右二，阴阳之象也。其图象规，其重二钧，备气物之数，合万有一千五百二十。声中黄钟，始于黄钟而反复焉，君制器之象也。

班固之作《律历志》，自言取刘歆主义。颜师古谓《备数》《和声》《审度》《嘉量》《衡权》五篇皆歆之辞。然则此篇之文，正言歆为莽所作之制度也。故以此器证《汉志》，殆无一不合。惟五量之铭，《汉志》不载，兹录于下：

律嘉量斛：

方尺而圜其外，庣旁九厘五豪，冥（同幂，刘徽《九章算术方田注》“凡广从相乘谓之幂”，《西清古鉴》误释作宽，下同）百六十二寸，深尺，积千六百廿寸，容十斗。

律嘉量斗：

方尺而圜其外，庣旁九厘五豪，冥百六十二寸，深寸，积百六十二寸，容十升。

律嘉量升：

方二寸而圜其外，庣旁一厘九豪，冥六百卅（《西清古鉴》误释作卅）八分，深二寸五分，积万六千二百分，容十合。

律嘉量合：

方寸而圜其外，庣旁九豪，冥百六十二分，深寸，积千六百廿分，容二籥。

律嘉量籥：

方寸而圜其外，庣旁九豪，冥百六十二分，深五分，积八百一十分，容如黄钟。又有铭辞八十一字，曰：

黄帝初祖，德帀于虞；虞帝始祖，德帀于新。（此王莽自述其世系之所出也。《汉书·王莽传》云："居摄三年十一月甲子，改元为初始元年。戊辰，下书曰，'予以不德，托于皇初祖考黄帝之后，皇始祖考虞帝之苗裔'。"是莽以黄帝为初祖，虞帝为始祖也。帀，周也。遍也。新为莽有天下之号。）岁在大梁，龙集戊辰（岁，岁星也。龙，苍龙，即太岁也。初始元年，太岁在戊辰。大梁，其星次也），戊辰直定（居摄三年十一月甲辰朔，廿一日甲子，改元初始。戊辰乃廿五日也。定，建除之次也。《戊辰诏书》曰："以戊辰直定，御王冠，即真天子位。"颜师古注曰："于建除之次，其日当定。"周寿昌《汉书注校补》云："定，即建除家所谓定日也。《淮南子·天文训》云，'寅为建，卯为除，辰为满，巳为平，主生；午为定，未为执，主陷；申为破，主衡；酉为危，主杓；戌为成，主少德；亥为收，主大德；子为开，主太岁；丑为闭，主太阴'。"今日者书以随月日为转移，十二干无定属，大要以除、危、定、执为吉；建、满、平、收为次；成、开亦吉；破、闭则凶。是知其法自汉已然），天命有民（《戊辰诏书》曰，"神明诏告，属予以天下兆民也"），据土德，受正号即真（莽自谓以土继火，据土德，色尚黄。正号，谓定号曰新也。即真，谓由摄位而即真天子位也），改正建丑，长寿隆崇（丑，十二月。谓以初始元年十二月癸酉朔为始建国元年正月朔也。按居摄三年十一月廿一日改元初始，是年仅得十有一月）。同律度量衡，稽当前人（同律度量衡，用《虞书》《尧典》之文。律，候气之管也。度，所以度长短也。量，所以量多少也。衡，所以称物知轻重也。同，齐也。稽，考也。当，合也。谓齐一律度量衡，考合于前人也。《汉书·律历志》言："征天下通知钟律者百余人，使羲和刘歆典领条奏。"《王莽传》云："莽策群司曰，'太白司艾，西岳国师典致时阳。白炜象平，考量以铨'。"国师者，刘歆也。故新嘉量世传为刘歆铜斛）。龙在己巳，岁次实沈（始建国元年太岁在己巳，岁星次于实沈也）。初班天下，万国永遵，子＝孙＝，亨传亿年（此言以是年班度量衡于天下也。亨即享，古本一字）。

按此斛铭三十三字，见于《隋书·律历志》。晋刘徽注《九章算术》亦屡言晋武库中有汉时王莽作铜斛，据其所言之形制，亦同《汉志》。《方田篇》引斛铭，《商功篇》引斛铭、斗铭，并言升、合、龠皆有文字，其后又有赞文。所引斛斗铭字句，与此小有异同，要当以此为正。所谓赞文者，即此八十一字之铭，《隋书·律历志》载，后魏景明中，并州人王显达献古铜权，上铭八十一字（《隋志》夺戊辰二字，误新为辛）。与此正同。

窃以为形制既与《汉志》相合，铭文又与《九章算术注》及《隋志》相合，其器或非响壁虚造之伪器。是晋刘徽及苻秦时释道安（见《高僧传》卷五《道安传》）所见二器之外，天壤间尚有此一器巍然独存，岂非学术界之瑰宝？顾虽见著录，而物之存亡，莫可究诘，则亦喟然兴叹，徒劳梦想而已。不得已乃效高若讷之所为，以货布四枚制一尺，择其首足长广之比例合度者用之，以度王莽时诸货币，其尺寸乃无一不合。然私心犹以为未足，仍欲得《西清古鉴》之汉嘉量一证之，盖此器若出，不特尺度可知，而王莽时之衡量皆可以确定。耿耿此心，固未尝一日忘之也。一九二四年冬，清室善后委员会成立，开始点查故宫物品。余亦与点查之役，以此事白诸委员会，请其特别注意。是年十二月三十一日，此器果见于坤宁宫（为清帝行婚礼之所）。余闻之喜而不寐。越二日，怀货布尺以往，见其器一如《西清古鉴》

所图，而文字为铜锈所掩，不如端方所藏残器之清晰（《陶斋吉金录》卷四新莽残量，仅存残铜一片，而八十一字之铭完好无缺，闻系清末时孟津所出）。因以货布尺置斛中，而尺与口平，乃知“深尺”之文之可据；又以此尺度其他各部，悉与铭合。于是此器之为刘歆铜斛，确然可信；而此货布尺之为刘歆铜斛尺，亦确然可信矣。

今以此尺为本，以校其余十四等之尺，并以米准之，列表如下：

一　周尺；

《汉志》王莽时刘歆铜斛尺；

后汉建武铜尺；

晋泰始十年荀勖律尺——为晋前尺；

祖冲之所传铜尺。

比米　〇・二三一

二　晋田父玉尺；

梁法尺。

比晋前尺一・〇〇七

比米　〇・二三二六一

三　梁表尺；

比晋前尺一・〇二二一

比米　〇・二三六一

四　汉官尺；

晋时始平掘地得古铜尺。

比晋前尺一・〇三〇七

比米　〇・二三八〇九

五　魏尺——杜夔所用调律；

比晋前尺一・〇四七

比米　〇・二四一八五

六　晋后尺——晋氏江东所用；

比晋前尺一·〇六二

比米　〇·二四五三二

七　后魏前尺；

比晋前尺一·二〇七

比米　〇·二七八八一

八　中尺；

比晋前尺一·二一一

比米　〇·二七九七四

九　后尺；

后周市尺；

开皇宫尺。

比晋前尺一·二八一

比米　〇·二九五九一

十　东后魏尺。

比晋前尺一·三〇〇八

比米　〇·三〇〇四八

十一　蔡邕铜籥尺；

后周玉尺。

比晋前尺一·一五八

比米　〇·二六七四九

十二　宋氏尺；

钱乐之浑天仪尺；

后周铁尺；

开皇初调钟律尺；

平陈后调钟律水尺。

比晋前尺一·〇六四

比米　〇·二四五七八

十三　开皇十年万宝常所造律吕水尺。

比晋前尺一·一八六

比米　〇·二七三九六

十四　杂尺；

赵刘曜浑天仪土圭尺。

比晋前尺一·〇五

比米　〇·二四二五五

十五　梁朝俗间尺。

比晋前尺一·〇七一

比米　〇·二四七四

按《隋志》，“十、东后魏（武英殿本作东魏）尺，实比晋前尺一尺五寸八毫”。以今营造尺校之，尚长八分有奇。虽北朝以调绢之故，逐渐增长（本王国维说）、亦不应骤增至二寸以上，而此后又复减短。揆之事理，皆有未合。故余疑《隋志》当有误字。然取校各本，其文悉同。嗣检《宋史·律历志》中高若讷之所定，其文曰，“十、东魏后尺（疑后魏二字误倒），比晋前尺为一尺三寸八毫”。乃知隋志之五字，实三字之误（王应麟《玉海》、马端临《文献通考》并已作五，知《隋志》之误，自南宋时已然，若讷所见尚不误也），以校后魏后尺，仅增一分九厘八毫，似较近理，故依《宋史》为之改正。

李淳风之定此十五等尺，剖析厘毫，比校精审，苟非依据实物，必不能若此之详尽。今吾人所以知自周迄隋之尺度者，亦惟刘歆铜斛是赖。使无此实物，虽有钱币可准，亦终不敢自信。然则此刘歆铜斛者，在考古学上，其价值为何如耶？他日更当就衡量以校古今之差异。余敢断言，其增进之率，必校尺度为更多也。

新嘉量考释①

新嘉量发见之后，余既据以作《隋书律历志十五等尺》，并刊印小册子行世，复搜集资料，草成此文，欲就正于王静安而未果。一九二七年夏，静安谢世，其遗稿中有《新莽嘉量跋》一篇。所辑资料，大致相同，盖讲学清华研究院时之讲稿也。后刻入《观堂集林》增订本第十九卷，因据以修正此文。一九三六年夏，励乃骥作《新嘉量五量铭释》，载之北京大学《国学季刊》五卷二号。励君精算术，于庣旁之义，反复阐明，亦刘歆之功臣也，遂再据以修正之。盖自一九二六年各草成后，至此三易稿矣。顷故宫博物院发行年刊，以此器为故宫重宝，关系于学术者至巨，爰检旧稿附入，愿与海内外学人共商榷之。励君别有算稿，列表详尽，为便于省览计，商得励君同意，以此表附列于后。

一　总铭

考释具见《隋书律历志十五等尺》，今省。

二　斛铭

律嘉量斛，

《周礼·考工记》(《㮚氏》)："嘉量既成，以观四国。"《汉书·律

① 编者案：此文载《北平故宫博物院年刊》创刊号（一九三六年七月）。

历志》："四曰嘉量。"又曰："量者，龠、合、升、斗、斛也，所以量多少也。本起于黄钟之龠。用度数，审其容，以子谷秬黍中者千有二百实其龠，以井水准其概。合龠为合，十合为升，十升为斗，十斗为斛，而五量嘉矣。"颜师古曰："嘉，善也。"王莽自比周公，一切典章制度皆取法于周，故用《周礼》之文而称曰嘉量。《尔雅·释诂》："律，法也。"马融于《尚书·尧典》"同律度量衡"注曰："律，法也。"是王莽之所谓律嘉量，亦犹秦诏之言法度量也。或云度量衡皆出于律，故王莽于度量衡上皆冠以律字，亦通。

方尺而圜其外，

此亦《考工记》之文，《汉志》同。自来释之者多不得其解，甚有谓其器内方外圜者，其误孰甚。励君解之曰："古时以矩勾为枢，环其股端以为圜，故不言方而圜之大小不能定。言方者，假设以定圜也。"又引《周髀算经·商高》"圜出于方，方出于矩，矩出于九九八十一，是为积矩"之说以证之，其说是也。

庣旁九氂五豪，

《汉志》旁有庣焉《注》引郑氏曰："庣音条桑之条。庣，过也。"师古曰："庣，不满之处也。"《说文》（斗部）作斛云："斛旁有斛。"段玉裁云，"斛旁者，谓方一尺而又宽九氂五豪也。不宽九氂五豪，则不容十斗。"《隋志》曰："祖冲之以圜率考之，此斛当径一尺四寸三分六厘一毫九秒二忽，庣旁一分九毫有奇。刘歆庣旁少一厘四毫有奇，歆术数不精之所致也。"氂字，斛铭从丰，斗铭从丰，升铭从干，即《说文》（犛部）从犛省从毛之之氂。解曰，"犛牛尾也"。《汉志》"不失豪氂"《注》引孟康曰："豪，兔豪也。十豪为氂。"

冥百六十二寸，

冥与鼏、幎（幂）、幕同，又作幭、幂、羃。《周礼·秋官·冥氏》，先郑读如《冥氏春秋》之冥，后郑谓冥方之冥。段玉裁云：冥方，即算法之方幂。按刘徽《九章算术》方田注，“凡广从相乘谓之幂”。是所谓冥者，即今面积之谓也。其正字当作冥，亦即《说文》训“幽也”之冥，惟从大，不从六。《西清古鉴》《两汉金石记》释宽，并误。

深尺，

亦《考工记·㮚氏》之文。

积千六百廿寸，

积，谓体积也，以深尺乘冥百六十二寸所得之数也。

容十斗。

上言体积，此言容实也。

三　斗铭

律嘉量斗，

方尺而圜其外，

庣旁九氂五豪，

冥百六十二寸，

深寸，

积百六十二寸，

容十升。

此器在斛底，即《汉志》所谓“其上为斛，其下为斗”也，故圜径及庣冥皆同于斛，惟深度当斛十之一耳。

四　升铭

律嘉量升，

此器附著于斛之左，即《汉志》所谓“左耳为升”也。

方二寸而圜其外，

庣旁一氂五豪，

励君谓方与庞之数皆当斗斛五之一，其说是也。

冥六百卌八分，

励君谓五之一自乘得廿五，以廿五除斗斛之冥数得六百卌八方分，是也。《西清古鉴》《两汉金石记》并误卌为廿。

深二寸五分，

积万六千二百分，

容十合。

五　合铭

律嘉量合，

方寸而圜其外，

庣旁九豪，

励君谓方与庣皆当斗斛十之一，所以不言九豪五丝者，以其微而略之也。

冥百六十二分，

深寸，

积千六百廿分，

容二籥。

《说文》(龠部)："龠，乐之竹管，三孔，以和众声也。"又(竹部)："籥，书僮竹笘也。"此以书僮竹笘之籥为乐之竹管之龠。

六　龠铭

律嘉量籥，

合龠皆附著于斛之右，上为合，下为龠，即《汉志》所谓"右耳为合龠"也。

方寸而圜其外，

庣旁九豪，

冥百六十二分，

深五分，

积八百一十分，

当合之半也。

容如黄钟。

《汉志》："黄帝使泠纶，自大夏之西，昆仑之阴，取竹之解谷生，其窍厚均者，断两节间而吹之，以为黄钟之宫。制十二筩，以听凤之鸣，其雄鸣为六，雌鸣亦六，比黄钟之官，而皆可以生之，是为律本。"黄钟之龠之所容，量之所由起也。

此器载在《西清古鉴》卷三十四，凡一器而龠、合、升、斗、斛五量咸备。每种皆有刻辞，说明其尺寸及容积之数，每句一行。又有铭辞八十一字，凡二十行，述其制作之事，盖王莽时之物也。翁方纲著《两汉金石记》，录其全文于第四卷中，并云："愚按王莽铜量未知存否，今所见摹本篆文五段（实有六段）如此，依而录之。"翁氏不言出处，初不知与《西清古鉴》所录者是一是二。徐森玉藏一拓本，其剥蚀处多与此本同，有赵秉冲印记及翁方纲题字。翁谓据此录入《两汉金石记》中，是翁所据之本，即赵之所摹。赵在乾隆时，尝参与编录内府铜器，今故宫博物院及古物陈列所诸器之函座，多有道之题字或释文。阮元著《积古斋钟鼎彝器款识》，所据赵之摹本六十余器，大半见于《西清古鉴》《西清续鉴》甲乙编、《宁寿鉴古》四书，则徐氏所藏之本，亦即《西清古鉴》之物，可断言也。翁所以不言出处者，以说有异同，或与官书相抵牾，惧因此获谴也。阮氏之书，只言摹本而不言曾见著录，亦此意也。此器不知其所自来，经比二书著录以后，亦绝无道及之者。此器之若存若亡，二百余年于兹矣。一九二四年冬，清室善后委员会点查故宫物品，得之于坤宁宫，虽已奂掩尘封，而物犹无恙，此不独古物之幸，抑亦学术界之幸也。

《汉书·律历志》曰："至元始中，王莽秉政，征天下通知钟律者百余人，使羲和刘歆等典领条奏，言之最详。故删其伪辞，取正义著于篇：一曰《备数》，二曰《和声》、三曰《审度》，四曰《嘉量》，五曰《权衡》。"颜师古曰："班氏自云作《志》取刘歆之义，自此以下，讫于'用竹为引者事之宜也'，则其辞焉。"是《备数》至《权衡》五篇，皆歆之辞，所言皆王莽之制也。其《嘉量篇》所述五量之制，乃与此器若合符节。所谓"上三下二，参天两地"者，言五分其器之高，设两耳于上三下二之间也（或说五器中，仰而上者三，俯而向下者二，亦通）。所谓左一右二者，言升与合龠之左右分列也。惟五量之铭及八十一字之铭，《汉志》皆不载，而有三篇散见于他书。晋刘徽注《九章算术》，屡言晋武库中有汉时王莽所作铜斛。其《方田注》引《斛铭》一篇，《商功注》引《斛铭》及斛底《斗铭》各一篇（王氏引《九章算术注》，祗引《商功》而遗《方田》）。并云："合龠皆有文字，升居斛旁，合龠在斛耳上，后有《赞文》，与今《律历志》同。亦魏晋所常用。"唐李淳风撰《隋书·律历志》，于《嘉量篇》中引《汉志》，而续以"其《斛铭》曰"云云；于《衡权篇》中记后魏景明中并州人王显达献古铜权一枚，上铭八十一字，其铭曰云云（今本《隋志》夺戊辰二字，并误新为辛，又因避讳而改民为人）；亦即刘徽所谓《赞文》也。惟升合龠之铭未见著录，赖此器知之。然玩刘氏《商功注》之语及李氏《嘉量篇》所引，似《汉志》旧有铭辞而今佚之者，是不能无疑也。王静安《跋》以《商功》之注归之李淳风，云："按此条虽无'淳风按'三字，然实李注。云'后有《赞文》与今《律历志》同'者，谓此量后铭与淳风所撰《隋书·律历志》中《莽权铭》同也。

云‘今祖疏王莽铜斛文字尺寸分数’者，祖，盖谓祖冲之。《隋志》载祖冲之以密率考此量，其证也。云‘不尽得升合龠之文’者，谓祖冲之仅录斛斗二铭及后铭不录升、合、龠三铭也。”王氏既解今《律历志》为淳风自撰之《隋志》，则余所疑《汉志》有佚文，似可以涣然冰释。然《商功》此注之下，仍有“淳风按”云云，则以上又不似淳风语（淳风既于《隋志》之《权铭》称铭，不应于此独称赞文）。且晋武库之铜斛，祖冲之实不及见。据《晋书·五行志》：“惠帝元康五年（二九五年）闰月庚寅（是年闰十月，丁亥朔，四日为庚寅），武库火。累代异宝王莽头、孔子屐、汉高祖断白蛇剑及二百八（疑余字之误）万器械，一时荡尽。”虽未明言王莽铜斛，而刘徽屡言斛在武库，此后亦即失传，是必在二百余万器械之列，从可知矣。祖冲之生于宋文帝元嘉六年（四二九年）。卒于齐东昏侯永元二年（五〇〇年），距武库之灾已百有余年，无缘见其器，录其文也。祖氏以密率考此量，亦第依据旧文耳。是则此注之文，仍属疑问也。

铭辞中既有“初班天下，万国永遵”之语，则刘歆当日所造，必不止一器。颜师古《汉书注》引郑氏曰：“今尚方有王莽铜斛，制尽与此同。”郑氏不知何时人，晋灼《集注》云：“北海人，不知其名。”据洪颐煊《读书丛录》所考，殆为魏以后人。此魏晋尚方之铜斛也。刘徽于武库中见汉时王莽所作铜斛，此晋武库之铜斛也。《晋志》《隋志》记荀勖所造晋前尺铭，言泰始十年中书考古器七品，五曰铜斛，次于古钱及建武铜尺之前，当即刘歆铜斛。古钱亦指莽时钱币。此晋荀勖所见之铜斛也。《高僧传》卷五《释道安传》云：“有人持一铜斛于市卖之，其形正圆，下向为斗，横梁昂者为升，低者为合；梁一头为龠。龠同黄钟，容半合，边有篆铭。坚（苻坚）以问安，安云：‘此王莽自言出自舜皇，龙戊辰（夺集字），改正即真，以同律量，布之四方，欲小大器钧，合天下取平焉。'”据其所纪之形，乃上斛下斗，左右升、合、龠。惟其辞不甚详，以耳之上下为横梁之低昂，又误以升合属之一头，致疑其为别一形制。安之说解，亦即八十一字之铭辞也。此苻秦时道安所见之铜斛也。郑氏、刘徽、荀勖等所见者，或同属一器。而释道安见于长安市上者，当别为一器也。自是以后，不闻更有实物。唐李淳风著《隋书·律历志》，校诸代尺度一十五等，其第一等中有刘歆铜斛尺，而冠以《汉志》二字，是非根据实物可知。其《嘉量篇》中所录之《斛铭》，或依据《汉志》旧文，或录自《九章算术注》，未可知也。宋司马光答范镇书云：“汉斛者，乃刘歆为王莽为之，就使其真器尚存，亦不足法。”是唐宋以来，久不知有此实物矣。今人或有疑此器为出自宋人仿造者，不知宋人未睹实物，何从仿造？为此说者，不知其亦有根据否也。一九〇一年（清光绪二十七年），山西河东某县出一残器，有八十一字之铭，后归端方（见《陶斋吉金录》）。其残形与此器正合，尤可证刘歆当时所造不止一器也。

附　新嘉量表

新嘉量通高，周制一尺一寸三分有奇（清制八寸二分，公制〇·二六米）。通阔，周制二尺二寸九分有奇（清制一尺六寸六分，公制〇·五二九米）。其重，周制九百六十两即二钧（清制三百六十三两，公制一四六九五·五克）。今依公制列五量各度如下：

量别/度量		斛	斗	升	合	龠
函边方长	周制	一·0000尺	一·0000尺	二·0000寸	一·0000寸	一·0000寸
	清制		0·七二九0尺	一·四五八0寸	0·七二九0寸	0·七二九0寸
	公制	0·二三一0米	0·二三一0米	四·六二00厘米	二·三一00厘米	二·三一00厘米
庣长	周制	0·00九五尺	0·00九五尺	0·00一九寸	0·000九寸	0·000九寸
	清制	0·00六九尺	0·00六九尺	0·00一三寸	0·00一三寸	0·00一三寸
	公制	0·00二一九米	0·00二一九米	0·00四三八九厘米	0·00二0七厘米	0·00二0七厘米

圈径直长	周制	一·四三六一九尺	一·四三六一九尺	二·八七一三八六寸	一·四三六一九寸	一·四三六一九寸
	清制	一·0四七0八尺	一·0四七0八尺	二·0九四一六寸	一·0四七0八寸	一·0四七0八寸
	公制	0·三三一七六米	0·三三一七六米	六·六三五二一一六厘米	三·三一七六厘米	三·三一七六厘米
冥（面积）	周制	一六二·000方寸	一六二·000方寸	六四八·000方分	一六二·000方分	一六二·000方分
	清制	八六·一0一方寸	八六·一0一方寸	三五四·四0方分	八六·一00方分	八六·一00方分
	公制	八六四·四四八方厘米	八六四·四四八方厘米	三四·五七七九方厘米	八·六四四四方厘米	八·六四四四方厘米
深（即高）	周制	一·0000尺	一·0000寸	二五·000分	一0·000分	五·000分
	清制	0·七二九0尺	0·七二九0寸	一八·二00分	七·二九0分	三·六四0分
	公制	0·二三一0米	二·三一00厘米	五·七七五厘米	二·三一00厘米	一·一五五厘米
积（体积）	周制	一六二0·000立方寸	一六二·000立方寸	一六二00·00立方分	一六二0·00立方分	八一0·00立方分
	清制	六二七·六七六立方寸	六二·七六七九立方寸	六二七六·七六立方分	六二七·六七六立方分	三一三·八三立方分
	公制	一九九六八·七五三立方厘米	一九九六·八七五三立方厘米	一九九·六八七五立方厘米	一九·九六八八立方厘米	九·九八四三七立方厘米
容量	进位量	一0斗	一0升	一0合	二龠	一龠
	龠量	二000	二00	二0	二	一

按刘复校量莽量莽权，得一尺之值，为二三·〇八八七厘米。一升之值，为二〇〇·六三四立方公分。一斤之值，为二四四·九二五克。又实测得斛容量为二〇一八七·六六立方公分。其容量与上表稍有出入者，实量与计算，有相当误差也。

湿仓平斛跋①

右斛铭四字，阳文，曰“湿仓平斛”，为太谷赵氏藏器，向未著录。陈万里游晋，始获见之，摄影拓铭，以一本见赠。形与故宫博物院所藏新嘉量相似。新量为龠、合、升、斗、斛五量，此仅斛耳。旁有两耳，可以两手挈之。底有三足。文字在底下，字体在篆隶之间，平字反文。斛字，斗旁泐左半。湿从水，从累，即湿字。古从㬎之字，如显、隰等字，汉碑多省作显、隰，或误从累，作显、隰。《说文》（水部）：“湿水出东郡东武阳入海。从水，湿声。桑钦云：出平原高唐。”徐铉音：他合切。《汉书・地理志》：“东郡东武阳，禹治漯水，东北至千乘入海。”又平原郡高唐，桑钦言漯水所出。又有漯阴县，亦属平原郡。其字并从累，作漯。《续汉书・郡国志》于东郡东武阳及平原郡平原下，皆曰湿水出。又平原郡亦有湿阴县，其字并从濕，作湿，与《说文》合。《汉书・功臣表》：湿阴侯昆邪，《霍去病传》则误作漯。知濕为本字，湿为省字，漯为误字。此作湿，正从濕省耳。《水经注・河水篇》：“浮水故渎，又东北入东武阳县，东入河，又有漯水出焉，戴延之谓之武水也。”又曰：“今漯水上承河水，于武阳县东南，西北迳武阳新城东。水自城东北迳武阳县故城南。”此器之湿，盖即此

① 编者案：此文载《文物》一九六三年十一期。

水也。湿仓者，湿水之上之仓也。按《水经注》:“河水又东北径委粟津，大河之北，即东武阳县也。”又曰:“河水于范县东北流为仓亭津，《魏土地记》曰：津在武阳县东北七十里。”东武阳既为湿水所自出，而委粟仓亭二津又皆在其境内，是则东武阳之有湿仓，虽史志无明文，或亦有可能性也。仓亭津之名又安知不因湿仓而得名耶？以今地望准之，当在山东阳谷莘县之间矣。《汉书·地理志》：河东郡有溼仓。溼为古燥湿之溼字，今假。设此器果为山西河东道境内出土者，则前之假设，皆不足凭，而此湿仓可断定为河东之溼仓矣。因东汉建宁五年李翕《析里桥郙阁颂》刻石，已以湿为溼矣。故古器出土之地，关于考证者甚巨，仍当询诸赵氏，一决此疑。并拟亲就此器，准其容量，以与新嘉量一校之也。

卷　五

石　　刻

石鼓为秦刻石考[①]

一九二九年春，西湖博览会以征集北平历史文化物品见属。余以古刻石之制，与后世之碑截然不同。石鼓为吾国石刻中之最古者，为刻石，为碣，而自唐宋以来多称之曰石鼓，名之不正也久矣，因就原物摄影十帧，寄陈会中，以表章刻石或碣之形制。翌年，余南旋，朋好中多索取影片，苦无以应之。会故宫印刷所正试验凹版之印刷，主其事者怂恿以影片制版，因一律缩成原形约十五分之四。又以石为圆形，有阴阳向背，虑文字之不能清晰也，更以最近之拓本附于其后，俾后之览者，知今日存字之确数也。阅半年功成，并以旧作《石鼓为秦刻石考》编于简端。时一九三一年十月，马衡识于北平寓庐之凡将斋。

石鼓在隋以前，未见著录。出土之时，当在唐初[②]。其名初不甚著，自韦应物韩愈作《石鼓歌》以表章之，而后始大显于世。其地为天兴县（今凤翔）南二十里许，郑余庆迁于凤翔府（今凤翔）夫子庙。经五代之乱，又复失散，宋司马池复辇置府学之门庑下。大观中，自凤翔迁于东京（今开封）辟雍，后入保和殿。金人破宋，辇归燕京（今

① 编者案：此文初载北京大学《国学季刊》一卷一期（一九二三年一月），一九三一年凡将斋又增订影印行世。

② 《元和郡县图志》卷二云："《石鼓文》在县（天兴县）南二十里许。……贞观中，吏部侍郎苏勖纪其事。"

北京），今在故国子监。其字体为籀文，其文体为诗，其数凡十。司马池移置时亡其一，皇祐四年向传师求得之。入汴以后，以金填其文，示不复拓；入燕以后，又剔去其金。经此数厄，文字之残损者更多；十鼓虽具，而第八鼓已无字矣。

其刻石之时代，唐以来人所考订者，恒多异词：有以为周宣王时者，唐张怀瓘、窦泉、韩愈也；有以为周文王之鼓，至宣王时刻诗者，唐韦应物也；有以为周成王时者，宋董逌、程大昌也；有以为秦者，宋郑樵也；有以为宇文周者，金马定国也。（尚有考为汉刻者，如清武亿据《古文苑》释文“赶赶六马”之文，以为汉制天子驾六。其实第四鼓文作“趁趁□马”，赶乃趁之误，“马”上一字今阙；虽薛尚功所释“趁趁六马”亦有六字，然天一阁宋拓本所存残画与“六”字，决不相类。又有认为元魏世祖时刻者，如清俞正燮据李彪《表》有“礼田岐阳先皇之义”语，以为太平真君七年西征盖吴时物。此等标新立异之说，尤不足取。）众说虽极纠纷，而要之不过三说：一、宗周，二、秦，三、后周。三说之中，以主第一说者为多，尤以宣王之说为最盛；清高宗又从而表扬之，其说乃定于一尊而无复异议。其次则第三说差有势力，清万斯同庄述祖等尤力主之；逮乾隆末年以后，其说始渐息。至第二说，则郑樵之外惟巩丰一人，余无闻焉。今就此三说以絜其短长，评其得失。

主后周之说者，以西魏文帝大统十一年尝西狩岐阳，见于《后周书·文帝纪》，遂以此鼓所纪狩猎之事当之。又以宇文泰患文章浮靡，命苏绰作《大诰》，多用《尚书》成语，当时文人悉效其体，遂疑鼓文出苏绰辈之手。然文体字体之流变，随时随地而转移；依托放古之事，其术纵工，其迹终不可掩。试以魏《三体石经》之所谓古文、篆文者较周金文秦刻石，其异同之点不难立辨。汉魏去古未远，仿效犹且失真，而谓后此三百年之宇文泰能之乎？藉曰能之，何见存西魏北周时刻石，又无一放古之作如此鼓者乎？（俞正燮既主元魏世祖时物，姚大荣复以崔浩实之，其失与此同。）其所举之证据，多属远不相涉之事实，昔贤如朱彝尊王昶辈已有驳正之者，兹不再辩。

主宗周之说者三：一、文工作鼓，宣王刻诗；二、成王；三、宣王。谓韦应物以为文王之鼓，宣王刻诗者，其说惟见于欧阳修《集古录》；今本《韦苏州集》中《石鼓歌》，无周文王之语，而宋葛立方《韵语阳秋》引韦诗，则作"周文大猎兮岐之阳"，与欧阳之说同。然玩其全章之义，实指宣王，疑二公皆为板本所误，韦氏盖无是说。谓为成王者，以宣王搜于岐阳，于经史无征，而成王之搜于岐阳，则见于《左氏传》（昭四年），因以此鼓属之成王。其后虽较后周为近理，而文字实不似周初。谓为宣王者，以其字类小篆而较繁复、类宗周彝器之文而较整齐，因目之为籀文；又以籀文为宣王太史籀所作，遂以此鼓属之宣王，而定为史籀书。其所持理由，所引证据，皆较正当，故持是说者亦占优胜。然余窃疑者，籀文是否为书体之名？"史籀"是否为人名？近人王静安著《史籀篇叙录》，以为"《史籀》十五篇，古之字书，后人取句首'史籀'二字以名其篇，非著书者之名；其书独行于秦，非宗周时之书"。若然，则此类于《史籀篇》之鼓文，其以为宣王时作者，不宜根本推翻乎？

主秦之说者，以其文有合乎秦器之文，遂以为周室东迁后，秦有岐西时所作。此说自郑樵发之。樵著《石鼓文考》三卷，当必考之甚详，惜未之见。据《宝刻丛编》载其《石鼓音序》有云："此十篇皆是秦篆，以也为殹，见于秦斤；以丞为丞，见于秦权。"又云："其文有曰嗣王，有曰天子；天子可谓帝，亦可谓王，故知此则惠文之后、始皇之前所作。”巩丰则以为献公之前、襄公之后所作[①]。持此说者，仅据器物遗文以立言，不能旁征博引，出入传记，宜此不为世所重。盖先儒考证之学，往往笃信载籍而忽于实物，其结果，宁信附会肊说之《三礼图》，而于山川所出鼎彝，反以为不足据。真伪莫辨，结习然也。清乾、嘉以后，考证之学突过前人，载籍之外虽亦颇资实验，而此鼓已经帝王审定，又孰敢从而非议之？近人震钧始疑其不类周文，从郑之说定为秦文公东猎时所作；并重订次序，更为集注。近人亦有取郑说者，其论与震钧略同。

窃以为三说之中，以主秦者为最允当。请就郑氏之说而申辨之。

一、文字之流变可得而推寻也。古今文字之不同，有渐变，无改造。近人康有为谓“古无籀、篆、隶之名，但谓之文”是也。世之论文字之源流者，咸以为由古而籀，由籀而篆，由篆而隶，皆有创作改造之者；其说大谬。盖文字之兴，孳乳浸多，随时随地而变，无主名，无形迹，于此而欲强为限断，定其名称，无是理也。《说文》之正文九千三百余，皆当世所流行者，只谓之文，只谓之字；其有标出古文、籀文者，谓《古文经》《史籀篇》中有此异体，非即指为书体也；《叙》所谓“今叙篆文合以古籀”者，皆指正文九千余而言也。[②]《史籀篇》者，字书之祖。或谓“其书取当世用字编纂章句，以便习诵”，盖古字书之通例也。逮秦并兼天下，李斯等复剌取其字以作《仓颉》等篇，[③]乃整理旧文，有所去取，改编字书，非谓于《史籀篇》外又改造字体也。王静安以为“其书秦人作之以教学童者。其后秦人作字书，乃独取其文字，用其体例，亦《史篇》独行于秦之一证”。其说是也。今以

① 巩丰，字仲至，宋孝宗时人，尝从吕祖谦游，时代略后于郑樵。其说见杨慎《丹铅录》中。

② 此旨自段玉裁发之，而王静安引申之；说见段氏《说文注》及王氏《汉代古文考》。

③ 李斯作《仓颉篇》，赵高作《爰历篇》，胡毋敬作《博学篇》。

秦刻遗文，校《说文》之所谓籀文，多有合者。知其《史籀篇》之遗字，为《仓颉》等篇所未收，而犹存于秦刻者也。然则文字之类小篆而较繁复，似宗周彝器之文而较整齐者，为未同一以前之秦文，亦即《史籀篇》之文，可断言也。

二、秦刻遗文可得而互证也。郑氏所举者，曰秦斤，曰秦权，皆始皇二世诏书之文，犹不足以证石鼓。余之所举者，自秦霸西戎时起至二世元年止，凡得十二种：一曰盄和钟，二曰秦公敦，皆为缪公时作；[①] 三曰重泉量，为孝公十八年作；[②] 四曰《诅楚文》，为惠文王时作；[③] 五曰吕不韦戈，为始皇五年作；[④] 六曰新郪虎符，为始皇二十二年灭魏后所作；[⑤] 七曰阳陵虎符；为始皇称帝后所作；[⑥] 八曰权量等诏书，为始皇二十六年及二世元年所作；[⑦] 九曰峄山刻石，十曰泰山刻石，十一曰琅玡台刻石，十二曰会稽刻石，皆始皇二十八年以后至二世元年所作。[⑧] 前七种在文字未同一以前，后五种在既同一以后。其与石鼓相同之文字，则见于盄和钟者十七，[⑨] 见于秦公敦者十四，[⑩] 见于重泉

① 盄和钟见薛尚功《钟鼎款识》，已佚。秦公敦新出甘肃东境，藏张广建家，二器铭略同，中有“十有二公”语。欧阳修以钟为共公作，薛尚功以为景公作。或以为十二公当自秦侯始，至成公为十二世，作此二器者当为缪公，故铭有“烈烈桓桓”之语。

② 重泉量见《秦金石刻辞》。有“十八年冬十二月乙酉大良造鞅”云云，盖孝公十八年商君所作。

③ 《诅楚文》见《古文苑》《广川书跋》及《绛汝》等帖，已佚。文有“兼倍十八世之诅盟”主语。欧阳修王厚之并以为惠文王所作。

④ 吕不韦戈见《簠斋吉金录》，旧藏潍县陈氏。文有“五年相邦吕不韦造”云云。

⑤ 新郪虎符出陕西，未见著录。其文有“右在王左在新郪”语。新郪本魏地，而文字及制度，悉与秦阳陵虎符同，其为秦制无疑，当为始皇二十二年灭魏后所作。

⑥ 阳陵虎符见《历代符牌图录》，文有“右在皇帝”语。

⑦ 秦权量见《秦金石刻辞者》，凡二十九器，皆始皇二十六年及二世元年诏。

⑧ 峄山刻石已佚，今据宋郑文宝覆刻徐铉摹本。泰山刻石存十字，今据影印明安国藏五十三字本。琅玡台刻石已佚，今据拓本。按《史记·秦始皇本纪》，峄山泰山琅玡皆二十八年刻，会稽乃三十七年刻。诸刻石后有二世诏，皆二世元年所造也。

⑨ 盄和钟：公，不，天，又，事，余，帅，以，多，夕，是，于，执，作，其，孔，永。

⑩ 秦公敦：公，不，天，又，之，事，余，帅，是，作，以，各，多，方。

量者三，[①] 见于《诅楚文》者二十九，[②] 见于吕不韦戈者三，[③] 见于新郪虎符者十，[④] 见于阳陵虎符者四，[⑤] 见于权量等诏书者十五，[⑥] 见于峄山刻石者二十四，[⑦] 见于泰山刻石者八，[⑧] 见于琅玡台刻石者十二，[⑨] 见于会稽刻石者十七，[⑩] 皆就其体势结构之完全相同者言之；若偏旁互见而彼此相同者，尚不一而足。[⑪] 此可由文字之形体，证鼓文为秦文者也。鼓文殹字两见，一曰"殹沔沔"，一曰"汧殹洎洎"；郑氏据秦斤以为即也字。今按薛尚功《钟鼎款识》有平阳斤，其所刻二世诏书，有曰"其于久远殹"，在他器殹多作也，郑氏所据，或即是器。然郑氏仅据此一器，犹得曰偶误也。今于秦斤之外更得三证焉：一曰《诅楚文》，巫咸本曰"将之以自救殹"，而久湫及亚驼本殹并作也；二曰新郪虎符，文曰"虽母会符行殹"，其义为语助词；三曰秦权，瑞方《陶斋吉金录》载权凡十九，而第一权之二世诏文与秦斤同。鼓文曰"汧殹沔沔""汧殹洎洎"者，汧，水名；沔沔及洎洎，水之形容词；殹，语助词，与也同，

---

① 重泉量：来，大，为。

② 秦《诅楚文》：又，嗣，王，用，其，祝，于，不，大，以，之，多，我，君，公，及，是，同，子，为，而，康，则，天，求，可，自，殹，章。

③ 吕不韦戈：不，事，工。

④ 新郪虎符：之，右，王，左，用，人，以，事，毋，殹。

⑤ 阳陵虎符：之，右，左，阳。

⑥ 权量诏书：六，天，大，安，为，丞，则，不，之，而，其，殹，如，嗣，左。

⑦ 峄山刻石：嗣，王，四，方，时，不，六，既，于，日，自，及，止，康，乐，所，为，而，其，如，之，丞，具，可。

⑧ 泰山刻石：不，其，如，嗣，为，之，丞，具。

⑨ 琅玡台刻石：杨，所，为，而，不，其，如，嗣，之，丞，具，可。

⑩ 会稽刻石：方，六，王，自，而，阴，为，来，之，各，其，子，不，止，人，乐，舟。

⑪ [illegible]、[illegible]、[illegible]之于秦公敦之[illegible]、[illegible]、[illegible]，[illegible]、[illegible]之于《诅楚文》之[illegible]、[illegible]，[illegible]、[illegible]之于新郪虎符之[illegible]、[illegible]，[illegible]之于《诅楚文》峄山琅玡台会稽等刻石之[illegible]，[illegible]、[illegible]、[illegible]之于峄山刻石之[illegible]、[illegible]，并同。

又与兮通。[①] 斤、权、虎符、《诅楚文》，四者皆秦文，并有此不经见之字，则殹也通假，为秦文独有之例可知矣。鼓文既用此例，非秦文而何？此可由文字之声音训诂证以为秦文者也。

其时代，则郑樵以为惠文之后，始皇之前；巩丰以为献公之前，襄公之后；震钧等以为文公时。余以为巩说是也。何则？缪公之作钟与敦也，称曰"秦公"；惠文王之诅楚也，称曰"有秦嗣王"。皆于本文中之称谓及所纪世次推计而得之。鼓文虽残阙，犹有"公谓大□，余及如□"句。公者，秦公也；大□者，当为官名，或即大史、大祝之类；余者，自称之词也。郑氏引鼓文曰天子，曰嗣王者，皆指周天子也。[②] 惜此章（第七鼓）文辞阙蚀，上下不相属，不能得其文义；然第九鼓犹有"天子永宁"之语，可知其为祝颂之词。夫秦自襄公有功王室，得岐西之地而列为诸侯，至缪公始霸西戎，天子致贺。鼓文纪田渔之事，兼及其车徒之盛，又有颂扬天子之语，证以秦公敦之字体及"烈烈桓桓"之文，则此鼓之作，当与同时。缪公时居雍城，[③] 雍城在今凤翔县雍水之南；《元和郡县图志》所纪出土之地，正为雍城故址，岐山在其东，水在其西；鼓文有曰，"汧殹洎洎……舫舟西逮"，谓由雍至为西逮也（王静安谓丁戊二鼓廱字为地名之雍之专字，见王氏遗书《观堂别集补遗》与《马叔平论石鼓书》）。昔人谓鼓出岐阳，乃泛指其地，不如《元和郡县图志》所纪之翔实。其引经史"搜于岐

---

① 语助词之也字，本非正字，故《易书》经文中无也字。《诗》之兮、也二字，他书所引往往互异：如《鸤鸠》曰，"其仪一兮，心如结兮"，《礼记·缁衣》及《淮南子·诠言篇》引兮作也；《旄丘》曰，"何其处也"，《韩诗外传》引也作兮；《君子偕老》曰，"玉之瑱也"，《说文》引也作兮。兮与也通，故前人有释鼓文之殹为兮者。兮又与猗通：《诗·伐檀》曰，"河水清且涟猗"，《汉石经》猗作兮，《书·秦誓》曰，"断断猗"，《礼记·大学》引猗作兮。窃以为《秦誓》之猗，当本作殹。

② 此二句连属成文：或以为既称天子，不得又称嗣王。然《诗·六月》有"王于出征，以佐天子"之句。此文不完，不能得其词义矣。

③ 秦之都邑，自西东徙。初，文公卜居汧渭之会，宁公徙居平阳，德公初居雍城大郑宫。

阳”之文以证其为周成王或宇文泰者，由于误认出土之地为岐山之阳，又以岐山之阳为古来大搜之地。不知鼓之所在地，尚在其西，而田渔之地，更在其西也。其刻石之地，不于水之上而于雍城者，盖田渔之事多为祭祀而设。鼓文有曰，“吴人憖□”；又曰，“□□大祝”，吴人者，虞人也，掌山泽之官；大祝者，祝官之长，主事鬼神者也。[①]鼓文虽不明言祭祀，而独纪掌祭祀之官，知田渔与祭祀有关矣。以田渔之所获，归而献诸宗庙，作诗刻石以纪其事，则石在雍城宜也。

犹有一事亟宜辨正者，即其名称是也。唐以来著录此刻者，苏勖窦泉皆以为猎碣；其余皆以石鼓名之，此尤大谬。当刻碑未兴以前，祗有刻石。《史记·秦始皇本纪》凡言颂德诸刻，多曰刻石，或曰刻所立石；摩崖与立石，皆刻石也。立石又谓之碣，《说文》石部“碣，特立之石”，是也。其有实物可证者，则有泰山无字石、琅玡台刻石、禅国山刻石（惟琅玡台一石亡于近年，余皆无恙）。此十石之形制，皆与之同。其制上小而下大，顶圆而底平。四面有略作方形者，有正圆者；刻辞即环刻于其四面。此正刻石之制，非石鼓也；苏窦猎碣之名，差为近之。最可笑者，莫过于清高宗之重摹石鼓。夫既曰重摹，必依其形制矣，而彼则不然。其形类今之鼓，冒革施钉，无不毕肖；其文又不在四周而在顶上。苟不幸而原石亡，则后之人且将据清鼓以证原石，前人所谓“武事刻于钲鼓”者，将为不刊之论矣。其贻误后人，不已甚耶？故余草此篇既竟，特为正其名曰“秦刻石”。

① 《春秋·左氏传》（昭二十年）。“齐侯田于沛，招虞人以弓”。《晏子春秋》（内篇谏上）。“齐有泰祝子游”。此二官列国皆有之，不独天子也。

明安国藏拓猎石碣跋

猎碣，世谓之石鼓，余昔著《石鼓为秦刻石考》，辩其名称为刻石，为碣，定其时代为秦，不取周宣王石鼓之说。顾猎碣、石鼓二名，其源皆甚古。猎碣始见于苏勖《载记》（见吴曾《能改斋漫录》），石鼓始见于李贤《后汉书注》（见《邓隲传》注）。勖，贞观时人；贤，高宗时人，皆在初唐。意石鼓为流俗之传说，而猎碣为学者之定名。定名晦而传说彰，天下事往往然也。

世所谓宋拓之字数，欧阳修所见者四百六十五字，胡世将所见者四百七十四字，吾丘衍所见者四百七十七字，至元潘廸作《音训》时，只存三百八十六字。二百余年之中，损字逾五分之一。宋王厚之元虞集皆有填金之说，明王祎且谓金人剔取其金而弃去之，故余颇疑剔金为损字之最大原因。一九三三年春，榆关告警，北平古物，多数南迁，此石亦在议迁之列。余适董其役，得以摩挱而审辨之。石质坚顽，审为花冈岩。其剥泐之状，异于常石。乃石皮受风雨寒暑之侵蚀，渐次与石骨分离，日久则脱落一层，石骨暴露，十石如出一辙。存字之处，石皮完好。亦有已分离而犹未脱落者，扣之，则其声虚廓而不实。倘遭外力压抑，可即时脱落。当靖康之际，剥泐程度虽不若今日之甚，当已入于此种状态，填金势有所不能。窃疑填金以绝摹拓之说，盖谓以泥金涂入其字，如新出唐仵钦墓志（北平大木仓胡同中国大学出土）。然王祎所谓剔取其金者，当是传闻之误。前此之疑，殆非事实。其损字原因，必系北徙之时，修絙大索，长途挽致，遂使石皮脱落，可断言也。自虞集潘迪以后，至于今日，皆在孔庙大成门左右，有大厦盖覆之，有疏棂扃鐍之，保护不可谓不周，然五百年来，又损五十余字，皆分离之石皮，经椎拓而脱落者也。余鉴于此种情状及既往之事实，知保护石皮，为先务之急，乃就存字之处，糊之以纸，纵使石皮脱落，犹可黏合。次乃裹以絮被，缠以枲緶，其外复以木箱函之。今日之南迁，或较胜于当日之北徙也。

此本为明安国所藏，题为前茅本，与中权、后劲二本鼎峙，皆宋拓也。此外尚有七本，较此三本稍逊，并同时拓本，安氏因号所居曰十鼓斋。后劲本未见，中权本及七本之一，皆无后印行。而唐立庵得此摄影本，亟取中权本校之，仅而师一石少四字，其余皆胜于中权本，盖剪装时所截去者也。中权本存字五百，此本存字四百九十有七，合两本得字五百有一，较之欧胡吾所见者，摹拓更早矣。

立庵既以摄影本归中华书局印行，并为跋尾，详述其流传之绪。以余曾为此石作考证，并与于徙石之役，属赘一言。爰就见闻所及，记其剥泐之由如右。

汉三老赵宽碑跋

一九四三年四月，青海乐都城东公路旁发见《汉三老赵宽碑》。询之附近居民，知为一年前筑路时出土。石虽中断，损字无多，全文皆可属读。或疑为建碑未久，仆埋土中，故能文字完好。今藏青海图书馆，余于翌年始见墨本。今则流传较多，惜多湿拓，罕见精者。此碑详载世系，至十世之远，为汉碑中罕见之例。所载名字官位，多可补正两《汉书》之缺误，意盖出自其家谱牒，或较史家所纪为正确也。如充国之先，本传不详。碑言：文景之际，仲况为少府，子圣为谏议大夫。圣子二，长字翁仲，为新城长，以功拜关内侯。次字君宣（宣字残，未敢确定），密靖内侍，报怨禁中，徒陇西上邦。翁仲之封侯，君宣之谪徙，皆当在武帝之初。充国卒于宣帝甘露二年，年八十六，则当生于武帝建元四年甲辰也。传载：子卬，为右曹中郎将，以辛武贤之谮，下吏自杀。充国传子，至孙钦。钦尚敬武公主，无子，主教钦良人习诈有身，名它人子。钦薨，子岑嗣侯，习为太夫人。岑父母求钱财亡已，忿恨相告，岑坐非子免，国除。碑于卬之自杀，钦之名它人子，略而不书，盖子孙讳之也。碑称袭侯者为卬弟而无名，《外戚恩泽侯表》则载其名曰弘。平帝时修功臣后，复封充国曾孙为侯。传著其名为伋，碑则为纂，此应以碑为正，盖史与碑互有详略也。自充国至丰四世，皆居上邦，至孟元始徙金城之破羌。孟元与子子长（子字残，未敢确定）仲宝叔宝战没。后宽冒突锋刃，收葬尸死（汉人多以死为尸，但尸死连用者尚未之闻），徙家冯翊。按《后汉书·西羌传》："永初元年冬，遣车骑将军邓骘、征西校尉任尚副将五营及三河、三辅、汝南、南阳、颍川、太原、上党兵，合五万人，屯汉阳。明年春，诸郡兵未及至，钟羌数千人先击败骘军于冀西，杀千余人。其冬，骘使任尚及从事中郎司马钧，率诸郡兵与滇零等数万人战于平襄，尚军大败，死者八千余人。"（《安帝纪》略同，惟系遣骘等于元年六月，系平襄之战于二年十月）孟元等之战殁，当在是役。又云："五年春……羌既转盛，而二千石令长多内郡人，并无战守意，昔争上徙郡县，以避寇难，朝廷从之，遂移陇西徒襄武，安定徙美阳，北地徙池阳，上郡徙衙。百姓恋土，不乐去旧，遂乃刈其禾稼，发彻室屋，夷营壁，破积聚。时连旱蝗饥荒，而驱劫略，流离分散，随道死亡。或弃捐老弱，或为人仆妾，丧其大半。"宽之内徙三辅，当在是时，故有郡县残破、吏民流散之语。然则，宽在冯翊潜心学问，且二十年矣，至永建六年，始归破羌，旋徙占浩亹，又二十年而卒。以年六十五推之，孟元战殁时，宽才二十一岁耳，孟元为护羌校尉假司马。按永初二年，段禧以西域都护代侯霸为护羌校尉。平襄之败，死者且八千人。碑言战斗第五，大军败绩，校尉所部，亦必与于斯役，从可知也。第五盖地名。《太平寰宇记》：凉州姑臧县有第五山，或地因山而名欤？宽归里后，为金城太守阴嵩、浩亹长兰芳所推重，盖皆贤长吏也。宽为三老，能听讼理怨，教诲后生，则所掌不止于教化，盖宽以掾属而兼为县三老之职耳。此碑为叔子潢为长陵令时所立，距宽卒时已二十有七年。碑制特小，与孔谦碑相似。字之大小，与《熹平石经》略同。石经之刻，始于熹平四年，成于光和六年，时代亦正相当也。碑书度作，研几为研机，贯作贯，皆别体，他碑亦恒见之。袥字从衣，从厈，疑即袥字。《说文》，袥训衣衸，有开展之义。《玉篇》，袥，广大也。《白石神君碑》，开袥旧兆，《桐柏庙碑》，开袥神门，皆取开展广大之意。此从厈者，以与袥同音而通假耳。

附　赵氏世系

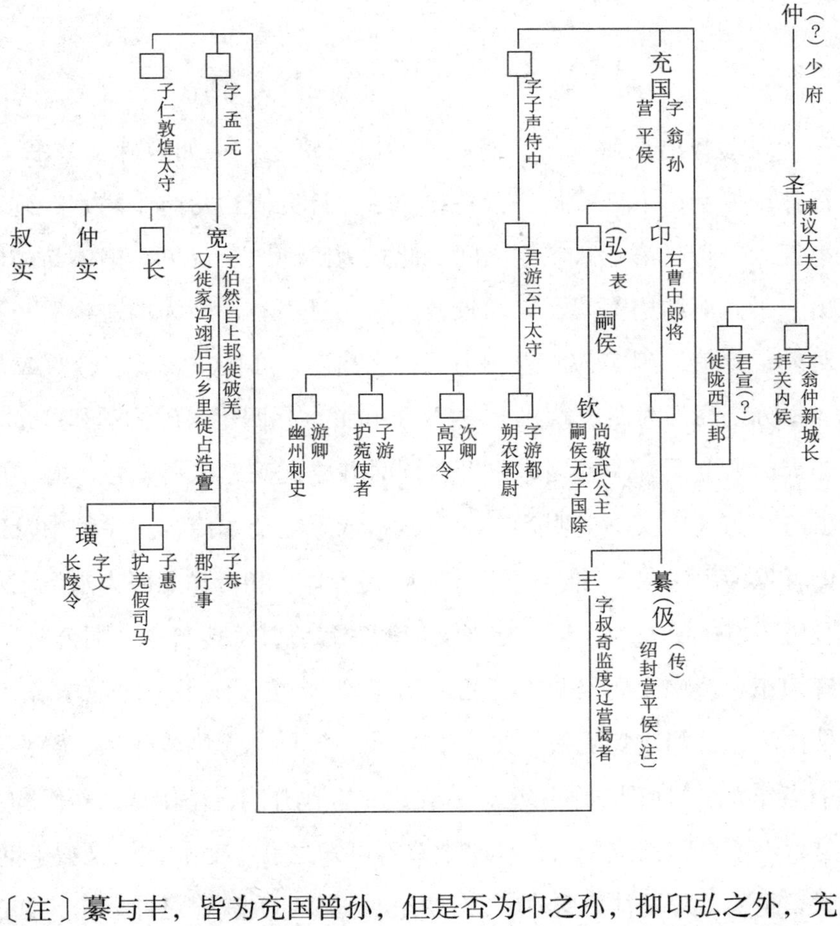

〔注〕纂与丰，皆为充国曾孙，但是否为卬之孙，抑卬弘之外，充国尚有他子，又纂与丰是否亲兄弟，皆不可知，姑并系于失名者之下。

汉司徒袁安碑跋

袁敞碑出土后八年，而此碑始出。碑之广一如敞碑，篆书十行，行存十五字，下截残损，行各缺一字。计完碑当每行十六字。碑穿居第五六二行、第七八二字之间，此式为汉碑中所仅见。书体与敞碑如出一手，而结构宽博、笔画较瘦。余初见墨本，疑为伪造，后与敞碑对勘，始信二碑实为一人所书。石之高广，亦同式也（广今尺二尺二寸六分，高当为四尺六寸）。安卒于和帝永元四年，碑称孝和皇帝，则非葬时所立可知。或因敞之葬，同时并立此碑，未可知也。碑中所叙事迹，与《后汉书》明帝、章帝、和帝等纪及本传合。除郎中及给事谒者见《后汉纪》，惟《纪》作为郎谒者耳。和帝加元服为永元三年正月甲子事，诏安为宾见《东观汉记》。“召公”，《传》作“邵公”，当以碑为正。汝南女阳又见《西岳华山庙碑》。按《汉书·地理志》，汝南郡作汝，女阳、女阴并作女，《续汉书·郡国志》则皆作汝，疑县名之字当作女。《地理志》所记，非无因也。闰作閠，薨作薨，葬作葬，并与六书不合。许叔重云：乡壁虚造不可知之书，变乱常行以耀于世者，此类是也。拜司徒之月日，《章帝纪》作癸卯，碑作己卯。按元和四年六月己卯为十三日，不值癸卯，即此亦可作不伪之证也。

汉司空袁敞碑跋[①]

此碑于一九二三年春，出于洛阳。篆书，十行，存七十余字。是年冬始得拓本，初不知其为谁氏之碑也，以其有廷平□初年号，知其确为东汉文字而已。一九二四年夏，取此碑反复紬绎，见第九行“□初二年十二月庚戌”等字，在“延平元年”之后，知所谓“□初”者，非永初必元初矣。因检《后汉书·安帝纪》，元初二年是月是日，有“光禄勋袁敞为司空”之文。更取《敞传》读之，历官事实，大半相合，始知确为敞碑。今取碑中存字，以今文释之，并考证其事迹如左。正字系现存文字、偏右小字，系依现存笔画测定者。

君讳敞字叔平司徒公之第三子（下阙）

□□□□月庚子以河南尹子除太子舍人（下阙）

□□□□五月丙戌除郎中九年（下阙）

□□□黄门侍郎十年八月丁丑（下阙）

□□□□十月甲申拜侍中（下阙）

□□□□○步兵校尉廷平元年（下阙）

□□将作大匠其十月丁丑拜东郡太守（下阙）

---

① 编者案：此文载北京大学《研究所国学门周刊》一卷二期（一九二五年十月二十一日）。

□□□□□丙戌征拜太仆五年（下阙）

□□□□元初二年十二月庚戌拜司空（下阙）

年四月戊申薨其辛酉葬

第一行当叙其名字及其所自出。按本传云，“敞，字叔平”。此平字上犹存二字，验其残画与“字叔”二字之结构正合。其上当更有君讳敞三字。司徒公者，其父安也。安终于司徒，故云。其下当有“之第三子”等字。第二行月字上所阙，当为四字。“以河南尹子”云云者，指安为河南尹也。《汉仪注》云，“吏二千石以上视事满三岁，得任同产若子一人为郎”（《汉书》卷十一及《文献通考》三十四并引之）。安于明帝永平末为河南尹，至章帝建初八年迁太仆，凡历十余年。尹秩二千石，故得任子为郎。据本传云，“以父任为太子舍人”以是知子字下当为除太子舍人五字（除字目旁尚可辨）。惜月字上已阙，不能知其除授年月。以《汉仪注》“满三岁”之文计之，当在建初初年无疑。第三行“五月丙戌除郎中”，不能确知其年，惟下有九年字，四行有十年字，六行有延平元年字。建初以后，延平以前，有九年十年者，祇有和帝之永元。以此推之，其年必在永元九年之前一年或二年。盖永元七年八年五月皆得有丙戌日也。第四行侍郎二字上之门字犹存残画，当为黄门侍郎。其迁转必仍在永元九年也。“十年八月丁丑”者，永元十年八月十六日也。第五行拜侍中，与本传合。十月甲申，不知应属何年，以永元十年至十四年十月皆得有甲申也。第六行“步兵校尉”，本传不载，廷平元三字下当为年字。以上两行，适居碑之正中，存字之上作半规形，其界格中亦不类有字者，知此两行之第五第六字当为碑穿也。第七行存字之首一字为匠字，当是将作大匠，本传谓“历位将军大夫侍中”，疑将军乃将作之误。其十月者，其年十月也。拜字下存东字之上半，据本传云，“出为东郡太守”，知东字下当为郡太守三字。殇帝延平元年，安帝永初元年，十月皆无丁丑日。永初二年至四年十月皆有丁丑。不知此月当属何年。第八行“丙戌征拜太仆”，此丙戌不知属于何年何月。征者，征还京师之谓也。时敞出守在外，故曰征拜。五年者，永初五年也。本传云，“征拜太仆光禄勋”，则五年下所阙，当为迁光禄勋之文。 按《安帝纪》，是年正月甲申（十五日）光禄勋李修为太尉，敞或代修为之也。第九行初字上一字虽阙，然上行五年既属永初，则此为元初无疑。庚字下残画是戌字。《安帝纪》，“元初二年十二月庚戌（廿九日）光禄勋袁敞为司空”，知此为拜司空之年月日矣。本传谓元初三年代刘恺为司空者，盖指其任职之年也。第十行薨字上阙，据《帝纪》于元初四年四月戊申（五日）书司空袁敞薨，则所阙者当为“四年四月戊申”等字。其辛酉者，四月十八日也。本传谓敞坐子与尚书郎张俊交通，漏泄省中语，策免，自杀。俊得赦后，朝廷薄敞罪而隐其死，以三公礼葬之，记述较详。以碑书葬日计之，则张俊之得赦，必在四月十八以前也。

晋荀岳墓志跋

晋故中书侍郎颍川颍阴荀君之墓

君以元康五年七月乙丑朔八日丙申，岁在乙卯，疾病卒。君，乐平府君之第二子，时年五十。先祖世安措于颍川颍阴县之北，其年七月十二日大雨过常，旧墓下湿，崩坏者多，圣诏嘉悼，愍其贫约，特赐墓田一顷，钱十五万，以供葬事，是以别安措于河南洛阳县之东，陪附晋文帝陵道之右。其年十月戊午朔廿二日庚辰葬，写诏书如下：

诏中书侍郎荀岳，体量弘简，思识通济，不幸丧亡，甚悼愍之。其赐钱十万，以供丧事。

诏故中书侍郎荀岳，忠正简诚，秉心不苟，早丧才志，既愍惜之。闻其家居贫约，丧葬无资，修素至此，又可嘉悼也。旧墓遇水，欲于此下权葬。其赐葬地一顷，钱十五万，以供葬事。

皇帝闻中书侍郎荀岳卒，遣谒者戴璿吊。

皇帝遣谒者戴璿，以少牢祭具祠故中书侍郎荀岳，尚飨！

阴

岳，字于伯，小字异姓。以正始七年正月八日癸未生于谯郡府丞官舍。以咸宁二年七月，本郡功曹史在职。廿四日，还家。十月，举孝不行。三年七月，司徒府辟。四年二月十九日戊午，应命署部徐州田曹属。大康元年十二月，举秀才。二年正月廿日，被戊戌诏书，除中郎。三年八月廿七日庚戌诏书，除大子舍人。六年十月七日辛巳，除尚书左中兵郎。七年七月十七日丁卯，疾病去职。被壬申诏书除中郎。十年五月十七日，除屯骑始平王司马。十二月廿七日，除中郎参平南将军楚王军事。永熙元年九月，除参镇南将军事。永平元年二月三日，除河内山阳令，元康元年三月廿五日到官。三年五月四日，除领军将军长史，六月六日拜。四年五月五日，除中书侍郎，六月二日拜。

夫人刘，年卌五，东莱刘仲雄之女。息女柔，字徽音，年廿，适乐陵石庶祖。次息男隐，字鸣鹤，年十九，娶琅邪王士玮女。次女和，字韶音，年十七，适颍川许昌陈敬祖，三日妇。次女恭，字惠音，年十四，适弘农杨士彦。拜时晚生二女，皆不育。

左侧

夫人刘氏，年五十四，字简训，永安元年，岁在甲子，三月十六日癸丑，卒于司徒府，乙卯殡。其年多故，四月十八日乙酉附葬。

右侧

隐，司徒左西曹掾。和夫卒。

子男琼年八，字华孙。

右晋中书侍郎荀岳墓志，三面载其世系及卒葬时日，而附写诏书于其后。阴面记其名字、生日及历官岁月。后又详记夫人氏族、子女嫁娶，纤悉靡遗。左侧记夫人之卒日葬日，右侧补记其子之官职，兼及孙之名字。文体虽似琐屑，而皆据实直书，无繁缛之铭语，铺张之谀辞，可谓得作志之本恉矣。岳之事实，史传无征。隐之名字，见《晋书·陆云传》，所谓“日下荀鸣鹤”者也。《世说新语·排调》注引《荀氏家传》曰：“隐，祖昕，乐安太守。父岳，中书郎。隐，历太子舍人廷尉。平蚕卒。”据志，则乐安当作乐平，中书郎当作中书侍郎。岳生于谯郡府丞官舍，知昕必曾历此官。又岳以咸宁二年出仕本郡，时年三十一，后不云丁忧去官，是昕之卒，当在岳出仕之前。三年七月司徒府辟，是时何曾正以太傅领司徒。太康十年历始平王司马、参楚王军事，参镇南将军事、盖皆仕楚王玮也。玮，初封始平王，历屯骑校尉，太康十年十一月，徙封于楚，出为平南将军，转镇南将军，悉与志合。刘仲雄名毅，王士玮名琛，《晋书》并有传。杨士彦名髦。《八王故事》曰：杨淮有六子，曰乔、髦、朗、琳、俊、仲，皆有美名（《世说·赏誉》注引)。《世语》曰：淮字始立，弘农华阴人（同上引)。荀绰《冀州记》曰：髦，字士彦、清平有贵识（《世说·品藻》注引)《晋诸公赞》曰：髦为石勒所杀（同上引)。恭所适之弘农杨士彦，殆即其人欤？夫人刘氏之卒，隐正为司徒左西曹掾，故志称卒于司徒府（时王戎为司徒）。时晋乱已作，张方以先一年陷京师，是年又大掠洛中，故曰其年多故。女和适陈敬祖，而曰三日妇，其义未详。刘氏附葬时，陈已先卒，故有和夫卒之文。志作于元康五年十月，越九年而夫人刘氏卒，附葬旧茔，因复刻其两侧。先后文字，如出一手，当是隐自为之。盖墓志之作，本以陵谷变迁，使后之人识其墓处。故六朝志多无撰书人名，大半皆出自子孙之手，不似后世假手他人，以褒扬先德也。

北魏墓志跋六种

一　北魏恒农太守寇臻墓志跋

唯大魏正始二年，岁次乙酉，二月，壬寅朔，十七日戊午，故中川恒农二郡太守、振武将军、四征都将，转振武将军、沘阳镇将、昌平子，迁假节建威将军，监安远府诸军事、郢州刺史，皇京洛，畿方简重，又除建忠将军，重临恒农太守冠臻，字仙胜。春秋甫腹促心，寑疾薨于路寑，礼也。资元后稷，光啓康叔，今实上谷昌平人。汉相威侯之袞，侍中荣十世之胤。荣之子孙，前魏回官，遂寓冯翊。公世聮冠冕，承绵华荫，晋武公令之曾孙，皇魏秦州刺史冯翊哀公之孙，南雍州使君河南宣公之少子，天水杨望所生。公早倾乹覆，奉严母以肃成。幼挺风槩，忠孝自。长播偨誉，金声玉振。凡所迳历，皆求己廷袿，无佀于人。及宣正文武，莫不以德革弊。方登槐棘，奄焉薨殂。朝野酸痛，主上垂悼，乃追勋考行，显赠驩骧将军、幽州刺史，谥曰威。其公之所德，建功立事，皆备碑颂别传，非略志尽也。以正始三年三月廿六日，合厝于洛城西十五里大墓所，遂从照被图记，勒铭淥堂云。

夫人，本州都谯国高士夏侯融之女，生男五人。

后夫人，本州治中安定㢈他之女，生男四人。

寇臻，《魏书》附《寇赞传》。《魏书》云上谷人，《志》作上谷昌平人。《魏书》云征为都将，《志》作振武将军、四征都将。《魏书》云拜振武将军、北阳镇将，《志》作转振武将军、泚阳镇将、昌平子。《魏书》云迁建威将军，《志》作迁假节建成将军、监安远府诸军事。《魏书》云高祖南迁，除弘农太守，《志》作皇京迁洛，又除建忠将军，重临恒农太守。是皆《魏书》略而《志》详者。《志》云正始二年，甫履从心，疾薨路寝，则臻年七十卒；《魏书》但云卒于家。《志》云赠龙骧将军、幽州刺史，谥曰威；《魏书》不载，此可补《魏书》之缺者也。其云恒农太守，《魏书》作弘农太守。按《魏书·地形志》无弘农郡，惟陕州恒农郡原注云：前汉置，以显祖讳，改曰恒，领县三，曰陕中，曰北陕，曰崤；原注云太和十一年置。而《地形志》义州下又出恒农郡，原注云兴和中置，领县三，曰恒农，曰北郏，曰崤；原注皆云兴和中置。此二恒农郡皆领县三，其实即一地。太和所置，乃改前汉弘农郡名而成者。此为北魏之恒农郡，兴和所置，乃承北魏之恒农郡而成者。惟易陕中为恒农，易北陕为北郏，而崤未易。此为东魏之恒农郡。魏收作《志》，既误以一郡为二郡，而《寇臻传》又两称弘农太守，而又出恒农大盗云云，其自相牴牾谬戾，有如此者；《志》作恒农是也（《魏书·地形志》荆州下亦有恒农郡，领县四，曰国，曰恒农，曰南郦，曰邯郸；而陕州下有西恒农郡，荆州下有东恒农郡，疑荆州下之恒农郡上，当有南字，或有北字，谅非同时有二恒农郡也。其陕州之恒农郡乃弘农所改，必系太和原置无疑）。《魏书》北阳镇将，亦当据《志》作泚阳为是，此可以证《魏书》之误者也。《志》谓臻为南雍州使君河南宣穆公之少子，宣穆公者，寇赞也，《魏书》有传。赞父修之，即《志》所谓秦州刺史冯翊哀公也，亦见《赞传》。曾祖晋武公令不见于《魏书》。《志》又云汉相威侯之裔，侍中荣十世之胤。《魏书·释老志》，道士寇谦之，南雍州刺史赞之弟，自云寇恂之十三世孙，好仙道，少修张鲁之术。《后汉书·寇恂传》，恂曾孙荣，臻为荣十世孙，则为恂之十四世孙，臻乃谦之之从子，则《志》与《魏书》相合者也。《志》言臻男九人，而《魏书》仅载其长子祖训，祖训弟治，治弟弥三人。《魏书》言臻为中川太守时，阿附冯熙，因转弘农太守，坐受纳为御史所弹，遂废而卒。《志》云以德革弊，方登槐棘，奄焉薨殂，其虚实相去，何其辽哉？

二　北魏卢奴令姚纂墓志跋

大魏定州卢奴令姚纂，字继伯，雍州京兆人也。延昌三年正月十七日，寝疾薨，延昌四年正月十六日，卜壤于定州 燕之旧都卢奴城西南廿里，于□女陵南之东二里余。树柏建碑，永宅玄宫。其宗胄□绪□□贝□备载于碑矣，今略题墓志，以为泉下之记耳。

碑一区，厝二头，羊二□，□梓□二枚，在纂父姚中山墓前。

碑一区，虒二头，羊二□，柏□二枚，在卢奴墓前。

二食□并同在域内

右北魏《卢奴令姚纂墓志》，不详出处，今藏天津姚氏。据《志》云卜壤于定州，燕之旧都卢奴城西南廿里，当在今定州界，后燕慕容垂所都也。《志》文仅记葬地及其年月，后又详举墓碑、羊虎、梓柏之数，与南齐《虞愿墓专》同一体例。其父中山太守，亦必同葬一处，故《志》中兼及之。世系事迹，备载于碑。不知二碑，今尚存否？羊虎之制，由来已久，详封演《闻见记》羊虎条。石经凿损，文字模黏，详细辨认，犹得概略，阙者不过十余字耳。或云本村塾阶石，塾师惜字，因凿损之，此与煮鹤焚琴何异？

三　魏故持节督豳豫二州诸军事冠军将军豫州刺史乐陵王元君墓志铭跋

君讳彦，字景略，河南洛阳都乡光穆里人也。恭宗景穆皇帝之曾孙，侍中乐陵之孙，镇北将军、乐陵密王之世子，袭封乐陵王。王承光日隙，资辉月宇。仁峻五岳，智汪四海。岐嶷孝敬，令曾参之誉，夙霄忠节，争宣子之响。文蔼游夏，策猛张韩。超然竆外，则扇翮于云峰，卓尔佁表，则志陵于星。王森若松繭，芳似兰菀。奢非所尚，慕俭自德。摄基金声，升朝玉振。以永平之中，授骁骑将军，翔缨肃阁，施懃帝道。于延昌之末，迁为持节督豳州诸军事、冠军将军、豳州刺史，王如故。王克莅西蕃，民钦教遵风。昔文王流化，未之殊也。今古虽邈，论道若近。方欲飞舲擢汉，藉泛霞闥。而昊天不吊，歼我良人，厥龄四七，以熙平元年岁次丙申，九月乙丑朔，廿四日戊子，薨谢中畿伊洛之第。哲而不幸，惟王是焉。皇帝悼楚，朝野泫泪，追赠豫州将军本号。以十一月十日，窆于金陵。若夫非刊瑶铭，何以雕玉，乃作颂曰：克天地载清，二象垂辉。昴藏宝君，邈矣琼姿。皎洁斌响，启文□威。卓尔孤贞，如彼松滋。超然独朗，似月横飞。长幼慈孝，敬尊礼卑。携琴晓涧，命友夕诗。岐冠金声，玉振承基。入翔霞禁，出莅云州。省誉蔼蔼，蕃名俅俅，逍遥逸趣，散诞庄周。气秀五峰，风波四浮。鉴今洞典，识峻古丘。宜钟鸿寿，扇翮优游。不吊昊天，忽歼良球。崐山坠𡑞，瑶池卷流。缙绅吐欢，朝朋饮忧。泉墟易暗，镜量难求。

乐陵王景略，《魏书》附《胡儿传》，密王思誉子，字世彦，幽州刺史。《志》作讳彦，字景略，迁豳州刺史（《志》有“克莅西蕃，民钦教遵风，昔文王流化，未之殊也”等语。皆当以《志》为正。胡儿赠征北将军，谥曰康，《志》皆遗之，而独举侍中，则《魏书》与《志》互有详略也。

四　魏张满墓志跋

右张满墓志石，高宽各二尺三寸，字径五分。《志》称渤海王权众晋川，东出釜口。满于是时，委质幕府。按《魏书·节闵帝纪》普泰元年三月癸酉，齐献武王封渤海王。《北齐书·神武纪》，建明改元神武，受尔朱兆委，统兵镇兵，乃建牙阳曲川。居无何，使刘贵请兆以并肆频岁霜旱，请令降户就食山东，而处分之，兆从其议。神武乃自晋隆出滏口。《山海经》注滏水，今出临水县西釜口山，与《志》作釜口合。《志》又称群凶告殄，朝廷除王丞相，满亦寻补府属。《神武纪》永熙元年四月，斛斯椿执天光度律送洛阳，长孙承业遣都督贾显智张欢入洛阳，执世隆、彦伯，斩之。兆奔并州，仲远奔梁州，遂死焉。孝武即位，授神武大丞相。并州平，神武以晋阳四塞，乃建大丞相府而定居焉。据《魏书·废帝纪》，中兴初元，以齐献武王为侍中丞相，二年二月甲子，以为大丞相。神武除丞相，不自孝武始，惟在群凶殄灭后，则当是孝武时，群凶指天光世隆辈也。《志》又称建忠王万俟普拨等隗踽据河西，以狼顾属满，晓导解除，翻为我有。《神武纪》，天平三年二月，神武令阿至罗逼西魏秦州刺史建忠（《周书》误中）王万俟普拨，神武以众应之。三月甲午，普拨与其子太宰受洛干、幽州刺史叱干宝乐、右卫将军破六韩常及督将三百余人，拥部来降。据《志》

所称当时普拨降附，满有劝谕之力焉。不然普拨虽见逼于阿至罗，要未尝丧师败绩，何为而降心纳欵，则《志》言亮非饰美矣。其谥为恭惠四字，刻在铭后一行，亦变例，当是予谥在刻石后也。

五 东魏华山王元鸷墓志铭跋

东魏华山王元鸷墓志铭，新出河南安阳。鸷，《魏书》《北史》（《魏书·神元平文诸帝子孙列传》亡，后人补以《北史》）皆附《高凉王孤传》，为孤五世孙。其历官拜爵，史略而《志》详。惟史云陵子环，环子鸷，《志》称祖陵，父肱。常景自称友人，既为撰《志》刻石，传之久远，必无误书父讳之理，或《北史》偶误欤，又本传云兴和三年薨，而《孝静帝纪》兴和二年载六月壬子，大司马华山王鸷薨，本传与《帝纪》自相纰谬，得此《志》而后知《帝纪》之误。北朝墓志不书撰人姓名，此志常景自述其为《志》之由，在当时为创例。景有才思，尝与邢峦、高聪、徐纥辈同为高显作碑铭，崔光简之以景所造为最，遂以刊石。可知景在北朝，亦称能手，故能典雅若此。

六 魏徐州刺史吴郡王萧正表墓铭跋

右墓铭，石高宽各二尺二寸五分，字径五分。标题衹称铭不称志，殊仅见。《铭》称："王讳正表，字公仪，梁临川靖惠王第六子。弱冠封封山县开国侯，除给事中，转太子洗马，以忧去职。征为骁骑将军光禄勋，不起。服阕，出为宁远将军、淮南太守，迁征东将军，假节晋安太守，持征为侍中，县侯如故。旋授使持节都督北徐、西徐、仁、睢、安五州诸军事，北徐州刺史。俄而贼臣拘逆，王于是投身魏阙，朝廷遣中使道授兰陵郡开国公，封吴郡王。入朝，拜车骑大将军、侍中、特进开府仪同三司、太子太保。以武定七年十二月丙午薨，赠侍中使持节都督徐、阳、兖、豫、济五州诸军事、骠骑大将军、徐州刺史、司空公，开国王如故，谥昭烈。”按《梁书·太祖五王传》：临川王宏，有七子，正仁、正义、正德、正则、正立、正表、正信，正表封封山侯。《魏书·孝静帝纪》：武定七年正月戊辰，萧衍弟子北徐州刺史、中山侯萧正表以钟离内属，封兰陵郡开郡公、吴郡王，并与《铭》合。《铭》称贼臣拘逆，即侯景之变也。唯《南史·梁宗室传》：正表封封山侯，后奔乐山，与《铭》及《魏书》《北史》不合。乐山，南齐县，广州乐昌郡。以投北为奔南，殆为之讳耶，不知何所据而云然也。正表，字公仪，其在梁所历官，自除给事中至征为侍中，奔魏，道授郡公，封王，入朝拜车骑侍中等官。殁后赠官，予谥，于史并无征。正表仅附《宏传》，宜其语焉弗详也。正表封县侯，《梁书》《南史》并作封山，《魏书》《北史》并作中山，据《铭》，知《魏书》《北史》误也。中山，北魏郡定州，非县，非梁地。封山，南齐县，交州新昌郡。

保定莲花池六幢考跋①

衡按幢为布帛所制之幡幢，佛教中用以书佛名或经文。其后为保存久远计，乃以石仿其形制，上有盖，下有座，中有八角形之柱。远望之，俨如幡幢。石幢之起源，由刻《陀罗尼经》而设，因该文有云："佛告天地：若人能书写此《陀罗尼》安高幢上，或安高山，或安楼上，乃至安置窣堵波中，天帝！若有苾刍苾刍尼、优婆塞、优婆夷、族姓男、族姓女，于幢种上或见，或与相近，其影映身，或风吹《陀罗尼》幢等上尘落在身上。天帝！彼诸众生所有罪业，应堕恶道地狱畜生、阎罗王界饿鬼、阿修罗身恶道之苦，皆悉不受，亦不为罪垢染汙。"故佛教徒多以《陀罗尼经呪》刻于石幢之上。以意测之，最先必盛行于布帛之幢后乃踵事增华，以求传久，遂创立一种石幢。

经幢原始时期虽不可考，但可以《陀罗尼》入中国时为断。慧琳《一切经音义》（三十五）略言，"唐永淳中，婆罗门僧佛陀波利取其本入中国，至广德中已八译"。据此则刻《陀罗尼经》幢之事，至早当在武周之世，前此末之有也。六朝时虽有六面、八面、十面石柱之造像，但皆非经幢。前人著录，名之为幢，实未确也。

经幢虽因刻《陀罗尼》而设，但盛行之后，其他诸经呪亦有刻之

① 编者案:此文载北京大学《研究所国学门月刊》一卷一期（一九二六年十月）。

石幢者，如易县龙兴寺有唐玄宗注《老子道德经》，斯为最奇矣。

清叶昌炽最喜搜罗经幢拓本，所著《语石》卷四有论经幢数则，最为详备。拓本中不可辨识之文字，或疑为金元国书，细审不似女真或蒙古字，或皆系梵文也。

卷 六

石 经

从实验上窥见汉石经之一斑[①]

书籍之版本，莫先于汉之《熹平石经》。缘其时经籍皆辗转传写，文字沿讹，弊端日出。甚至有私行金货，定兰台漆书经字，以合其私文者。当时蔡邕等为挽救此弊，奏求正定六经文字。经灵帝之特许，刻石立于太学门外，以为经籍之定本。后儒晚学，咸取正焉。

此巨大之工作，起于熹平四年，讫于光和六年（《水经注》言光和六年，当有所据，疑是刻成之年载在碑文者），凡历九年而始告成。北魏之初，冯熙常伯夫相继为洛州刺史，废毁分用，大致颓落（见《魏书·冯熙传》）。神龟元年，崔光议修补而末果（见《魏书·崔光传》）。东魏武定四年，自洛阳徙于邺都，至河阳，值岸崩，遂没于水。其得至邺者不盈太半（见《隋书·经籍志》）。北齐天保元年尚存五十二枚（见《北齐书·文宣帝纪》）。周大象元年，由邺城迁洛阳（见《周书·宣帝纪》）。隋开皇六年，又自洛阳迁入长安（见《隋书·刘焯传》）。其后营造之司又用为柱础。唐贞观初，魏徵始收聚之，十不存一（见《隋书·经籍志》）。《汉石经》之命运，至是遂告终矣。

讫于北宋，以洛阳为西京，达官贵人之名圃别墅，所在多有，文

① 编者案：此文载《庆祝蔡元培先生六十五岁论文集》上册，《历史语言研究所集刊外集》（一九三三年一月）。

化犹不甚衰落。好事者往往得石经残片。南渡以后，不闻更有发见。至于近年，又复络绎出土。惟两次之所发见，皆属洛阳，且仍为汉魏太学之故址。邺都与长安，不闻有所发见。颇疑两次迁徙虽属事实，但仅就完碑徙之（文宣帝诏书所言之数，或完碑又有残毁，故并魏碑计之得五十二枚），其残毁之石固犹存洛阳。岸崩没水之说，恐为徙石者之诡语，不足信也。

宋时所出残字，洪适著之《隶释》，得千九百余字。近十年间之所出，见于汉熹平石经残字集录者，有三千余字，其实尚不止此。余所见与《集录》残石互有出入。今从断剥亡阙之余，就其可以考见原刻之真相者略举如左，或亦留心古籍者之所乐闻欤？

一　字体

《后汉书·儒林传序》认熹平所立为古文篆隶三体书法，《洛阳伽蓝记》亦以《魏石经》之《尚书》《春秋》二部作篆、科斗、隶三种字者为汉右中郎将蔡邕笔之遗迹。讹谬相沿，贻误后学，实非浅鲜。郦道元注《水经》，记载较为详明，其言曰："汉灵帝光和六年，刻石镂碑，载五经立于太学讲堂，悉在东侧。今碑上悉铭刻蔡邕等名。魏正始中，又立古篆隶《三字石经》，树之于堂西。"始以三字属之于魏，而于《汉石经》不言字体，是明以一字属之于汉矣。隋唐《经籍志》录《一字石经》，有《易》《书》《诗》《礼》《春秋》《公羊传》《论语》七经，与今所见汉刻悉同。可见一字者为汉刻，三字者为魏刻。所谓三字者：一曰古文；二曰小篆；三曰隶书（即当时通行之字体）。古文为壁中本，其字多不可识，故以小篆及隶书释之。汉时立于学官者为今文经，决不能以古文立之太学。魏正始中所以复立古文经者，以当时古文学已盛行，故又以古文本之《尚书》《春秋》二经刻石也。郦道元所见非三字之碑有蔡邕等名，宋黄伯思、洪适等所录之一字《公羊传》有堂谿典马日磾等名，今所见之《后记》亦有堂谿典刘宽等名，皆与《后汉书》所记诸儒参与熹平立石之事实相符。是可证《后汉书》三体之说为一时记载之误也。

其所以致误之由，则以汉魏石经营立于太学，世人每习闻三体之奇，遂并一字者而忽之。以杨炫之身在北朝，亲见是碑，尚有此误，更何论于范晔。余谓耳食者必不如目验者之亲切。杨炫之郦道元昔似亲履其地者，杨谓三字一字者并在堂前，郦谓汉碑在堂之东侧，魏碑在堂西。是郦详于杨矣。杨记三字一字之碑数经数，虽较郦为详，而于三字碑祗云蔡邕遗迹，似据传说之辞。郦则云汉碑立于光和六年，碑上悉铭刻蔡邕等名，不但见经碑，且曾寻绎碑文矣。是郦较杨更可信也。近人犹有信《后汉书》而斥《水经注》者，诚所谓以不狂为狂矣。余谓解答此问题，只须知《汉石经》不应有古文，则《后汉书》之误不攻自破，毋烦他求也。

二　经数

昔之言《汉石经》者，有五、六、七经之不同。其言五经者，《后汉书·灵帝纪》《卢植传》《儒林传序》《宦者传》及《后汉纪》《水经注》《洛阳记》是也。其言六经者，《蔡邕传》《儒林张驯传》是也。其言七经者，《隋书·经籍志》是也。其言诸经之目者，《西征记》(《太平御览》五八九引)、《洛阳伽蓝记》举《周易》《尚书》《公羊传》《礼记》四部，《洛阳记》举《尚书》《周易》《公羊传》《礼记》《论语》五经、《隋书·经籍志》举《周易》一卷、《尚书》六卷、《鲁诗》六卷、

《仪礼》七卷、《春秋》一卷、《公羊传》九卷、《论语》一卷。诸家所记，以《隋志》所记为最详确。其所谓若干卷者，即存秘府之“相承传拓本”也。《西征记》等之所谓《礼记》者，即《仪礼》也。王静安谓魏晋以前，亦以今之《礼》为《礼记》也。

宋时出土之经，祇《尚书》《鲁诗》《仪礼》《公羊传》《论语》五经，今日之所见者，除前出五经外，又得《周易》及《春秋经》，故知《汉石经》之经数，为一《周易》，二《尚书》，三《鲁诗》，四《仪礼》，五《春秋》，六《公羊传》，七《论语》，其数及目皆与《隋志》合也。

三　经本

后汉立五经博士十四:《易》有施、孟、梁丘、京氏四家，书有欧阳、大小夏侯三家,《诗》有鲁、齐、韩三家,《礼》有大小戴二家,《春秋》有严颜二家。诸家各以家法教授，故章句间有异同。石经之立，欲尽刻十四家之章句，其势有所不能，故以一家为主，而罗列诸家异同于各经之末。此《汉石经》之例也。今就其可以考见者胪举如下：

《易》，京氏。近出《周易》残石，表刻《家人》迄《小过》二十六卦，凡二十八行；里刻《系辞》下《文言》《说卦》，凡二十一行。《蹇》卦“大蹇朋来”之朋作崩,《困》卦“于鯢甈”作“于剘剑”,《说卦》“坎者水也”之坎作欿，与《释文》所举京本合（崩见《复卦》，欿见《坎卦》)。余前跋此石，定其本为京氏（见《北大图书部月刊》第一卷二期)。又《释文·系辞》下洗心条曰:“京、荀、虞、董、张、蜀才作先，石经同。”既于四家之中独举京氏，而又言石经与之同，是于上举诸证之外，又得一铁证矣。

《书》，欧阳。新出《书序》一石：第一行民字为《秦誓》篇末“以不能保我子孙黎民”之民字，第二行广度二字（今本作光宅）为《尧典序》，第三行遂与二字为《汤誓序》，第四行堪饥二字下附一点为《西伯堪饥序》（今本作戡黎）、第五行以其子三字为《洪范序》，第六行使召公三字为《召诰序》，第七行周公作君四字为《君奭序》，第八行《甫刑》二字为《甫刑序》（今本作《吕刑》），第九行同异二字或为校记。钱玄同以《汉书·艺文志》叙《今文尚书》之卷数，大小夏侯二家《经》及《章句》皆二十九卷，《解故》二十九篇；而欧阳则《经》三十二卷，《章句》三十一卷，卷数独多。又据《隶释》所录《石经尚书·盘庚》残字中下二篇之间空一字，以为《盘庚》确分三篇，则总数为三十一篇。益以此《序》则得三十二篇。《书序》不作训，故《章句》为三十一卷，《经》为三十二卷。据此以证汉石经《尚书》之为欧阳本。又引陈寿祺之“今文有序”十七证中之第十三证（原文引《后汉书·杨震传》震曾孙彪引《盘庚序》事），以为东汉习欧阳《尚书》者引《书序》，不但可证欧阳本有《序》，更可证有《序》之《汉石经尚书》之为欧阳本。其说是也。

《诗》，鲁。洪适见《郑风校记》中有斋韩字，断为叙二家之异同。今兹所出，《诗》为最多，《校记》中往往有齐言、韩言等字，与《公羊传》之颜氏言同，故断为《鲁诗》。

《仪礼》，大戴。最近洛阳出一《仪礼》残石，有篇题，曰“乡饮酒第十”。据贾公彦《疏》言大小戴篇次之异同：大戴本《乡饮酒》居第十；而小戴则同于刘向《别录》之次第，居第四，其第十为《特牲馈食礼》。以篇第考之，可决其为大戴也。

《春秋》，公羊。东汉惟公羊《春秋》立于学官。宋时出土，有传而无经。

《公羊》，严氏。洪适所录《公羊校记》一段有颜氏言及颜氏有无字。今兹所出，亦有颜氏字。是用严氏本之证也。

《论语》，鲁。《论语》有齐、鲁、古三家:《鲁论》廿篇,《齐论》廿二篇,《古论》廿一篇。洪适所录《论语》篇末有“凡廿篇万五千七百一□字”等字。是《鲁论》之篇数也。近出《尧曰篇》残石，“谓之有司”句下无《不知命》一章，与《释文》所称鲁本合，是《鲁论》之章句也。然《校记》中无齐、古字，而有盍、毛、包、周字。余昔跋《尧曰篇》残字，考为张禹之《张侯论》(见《国学季刊》一卷三号)。以包周(《释文序录》云:“禹以授成帝。后汉包咸、周氏并为《章句》，列于学官。”盍毛今不可考)所传乃张侯本也。《张侯论》在昔疑亦有《鲁论》之目。

以上各本，篇章之异同，亦有可得而言者：如《易》分上下经，而《彖象》不与《卦辞》《爻辞》相连;《十翼》中有《系辞》《文言》《说卦》《序卦》，知《易》之篇数，当为上下经及《十翼》为十二篇。《诗》之篇章与毛或异。篇之异者:《小雅》则《采芑》《车攻》《吉日》《白驹》四篇相次,《彤弓》《宾之初筵》相次;《大雅》则《旱麓》《灵台》《思齐》《皇矣》四篇相次,《生民》《既醉》《凫鹥》《民劳》四篇相次,《桑柔》《瞻卬》《假乐》三篇相次,《韩奕》《公刘》二篇相次。章之异者:《邶风·式微》首次二章先后互倒;《秦风·黄鸟》次章为三章;《小雅·楚茨》四章为五章,《都人士》无首章。《仪礼·乡饮酒》居第十，其篇第当如贾《疏》所列:《士冠》第一,《士昏》第二,《士相见》第三,《士丧》第四,《既夕》第五,《士虞》第六,《特牲》第七,《少牢》第八,《有司彻》第九,《乡饮酒》第十,《乡射》第十一,《燕》第十二,《大射》第十三,《聘》第十四,《公食》第十五,《觐》

第十六，《丧服》第十七。《春秋》闵公附庄公后，不提行，不书闵公字，当为十一篇。《论语·尧曰篇》无《不知命》一章，凡廿篇。至诸经文字之异同则不胜枚举，当别撰《校文》，非此篇所能详也。

四　行款

《汉石经》碑无纵横界格，每行字数，各经下同，甚有一经之碑，表里不同者。今约计之：则《易》行七十三字;《书》约七十三字;《诗·小雅·采薇》以上七十二字,《角弓》以下七十字（碑之表里疑由此分）;《礼》七十三字;《春秋》七十字;《公羊传》七十三字，自宣公十二年以下七十一字;《论语》七十三字。

其每碑行数，以未见完碑，不能确知。但魏之立石经，宜全仿汉碑之式。《水经注》言石长八尺，广四尺。魏碑之广当汉尺（即刘歆铜斛尺当〇·二三一米）四尺二寸，与郦说相符。今以《汉石经》残字拟之，每一尺四五分可容字十行，则每碑当可容四十行或三十九行也（魏碑容三十四行，汉碑无界格，字又较密，行数必较魏碑为多）。

书碑之式，各经不同，今所知者:《易》上下经卦文衔接，不空格，每卦之首，画一卦象;《十翼》分章处空一格，加点识之；每篇题各占一行。《书》篇题占一行;《校记》分篇处空格加点。《诗》十五国风、二雅、三颂篇题各占一行；每章末旁注其一、其二等字，占一格，虽篇仅一章者亦注其一字；篇末章句下空格加点；每什后题之上亦空格加点，接书于章句之下；经末总计其字数;《校记》分篇处空格加点。《礼》篇题各占一行，曰“某某第几”；分章处加点不空格。《春秋》每公篇题各占一行；分年处空格加点。《公羊传》分年处空格加点，而冠以某年字；每年分事处加点而不空格。《论语》篇题各占一行；分章处空格加点；每篇计其章数；经末计其篇数及总字数；《校记》分篇处空格加点。

若依此写定，则除《尚书》外，其余诸经，皆可得其大要矣。

五　石数

其石数则各家所记不同:《西征记》曰:“太学堂前石碑四十枚，亦表里隶书。”《洛阳记》曰:“碑凡四十六枚。”《洛阳伽蓝记》曰:“复有石碑四十八枚，亦表里隶书。”王静安著《魏石经考》，先考汉之石经，以七经之字数排比之，从《洛阳记》之说，决为四十六碑。余以为《西征记》之四十，其下当有脱字，而八与六字形极相似，尤易致误。惟《洛阳记》于总数之外，并记其方位及存毁之数曰:“西行《尚书》《周易》《公羊传》，十六碑存，十二碑毁；南行《礼记》，十五碑悉崩坏；东行《论语》，三碑(《后汉书·蔡邕传》注引作二，顾炎武《石经考》据总数改作三)。二碑毁。”确与四十六枚之总数符合。是《洛阳记》所载较为可信也。

其石之排列，每经当自为起讫。今所见残石之两面有字者，表里必同为一经。《后汉书·儒林传序》引杨龙骧《洛阳记》载朱超石《与兄书》云:“石经碑高一丈许，广四尺，骈罗相接。”其所谓骈罗相接者，当指每经自为起讫言。如《论语》三碑，书之者当起第一，讫第三，复转至碑阴，起第三，讫第一。其式当如堵墙，非如唐清两朝石经之式也。一九二三年冬，当《魏石经》出土后一年，余亲至其地，调查真相。见《魏石经》碑趺之呈露土中者，正骈罗相接，南北行，意其地为讲堂之西。时《汉石经》虽有发见，尚属少数之小片，意必残毁后杂于堂西魏石中者。近年汉石始大出，意其地当为堂之东侧，或亦有骈罗相接之碑趺，可供吾人考证也。

又经碑之外，尚有一碑，北京大学研究所国学门及北平图书馆各藏一残石，亦表里隶书，一面字较大，而又一面则较小（以下称大字者为“后记甲”，小字者为“后记乙”）。字句虽断续不完，确为叙述刊立石经之事。其中两见某年六月字，疑郦道元所谓光和六年者，即据此碑所纪之年月而言。《洛阳记》四十六枚之数，恐不数此碑也。

六　人名

据《后汉书·蔡邕传》言奏求正定文字者，有蔡邕、堂谿典、杨赐、马日磾、张驯、韩说、单飏等，而《灵帝纪》祇言召诸儒正五经文字。《邕传》言邕自书丹，而《洛阳伽蓝记》《隋书·经籍志》遂皆归功于蔡邕。以如此巨大之事业，必非少数人所可从事者，邕虽擅书，亦不能以一人之力，书二十余万字。况光和元年，邕即以陈灾变事获罪徙朔方，明年，亡命江海，居吴会者积十二年。邕之参与此事，才三四年耳。余观所出之七经字体，虽面貌相似，而工拙攸分。或人书一经，或一经又分数人，皆未可定。要之校理及书碑之役，必成于众人之手，可断言也。今据可以考见之人列举如左。

校理人名表

姓名	字	籍	职官	出处
蔡邕	伯喈	陈留圉	议郎	后汉书本传
堂谿典	伯并	颍川鄢陵	五官中郎将	公羊碑　后记甲碑　蔡邕传
杨赐	伯献	弘农华阴	光禄大夫	蔡邕传
马日磾	翁叔	扶风茂陵	谏议大夫	仪礼碑　蔡邕传
张驯	子俊	济阴定陶	议郎	本传　蔡邕传
韩说	叔儒	会稽山阴	议郎	蔡邕传　卢植传
单飏	武宣	山阳湖陆	太史令	蔡邕传
卢植	子干	涿涿	议郎	本传
杨彪	文光	弘农华阴	议郎	卢植传
李巡		汝南汝阳	宦者	后记甲碑　吕强传

刘宽	文饶	弘农华阴	光禄勋	后记甲碑
赵𩁹			谏议大夫	公羊碑
刘弘	子高	南阳安众	议郎	公羊碑
张彣			郎中	公羊碑
苏陵			郎中	公羊碑
傅桢			郎中	公羊碑
左立			博士	论语碑
孙表			郎中	论语碑
张玹				后记甲碑
周达			司空兼集曹掾	后记甲碑
尹弘			司空属	后记甲碑
孙进			郎中	后记乙碑
傅弥			舍人	后记乙碑
陈懿				后记乙碑
附刻工				
陈兴			工	论语碑

以上二十五人中，惟陈兴为石工，此外皆为校理或书碑之人矣。然博士十四人，惟《论语》尚存其名（《论语》不在五经传士之列，而为传经者所兼习），余皆不可知。

此稿成于一九三一年二月，为北京大学研究所国学门月讲之稿。时新自洛阳归来，得见《仪礼·乡饮酒》残石拓本，故定《仪礼》为大戴本，而《尚书》之本尚付阙如也。嗣后又得见《尚书·序》残石拓本，于是七经之本皆可确定，因增订润色而成比篇。著者附记。

石经词解[①]

一　起源

我国古代书籍，皆出于竹木之简牍。联系各简而编以丝纶或皮革，使成为册（或作策），以便讽诵。是为书籍最初之制。孔子读《易》，韦编三绝，即系皮革所编之册也。从后代之以缣帛，又其后代之以纸〔一〕，但皆出于钞写，讹脱自所难免。故自汉以来，传经者各有师说，章句颇有异同，各家之学，同时并立学官，致有十五博士（后汉无《庆氏礼》，为十四博士，说见后）。至后汉桓、灵之际，经籍去古久远，文字多谬，诸博士试甲乙科，争第高下，更相告言，至有行赂，定台漆书经字，以合其私文者。熹平四年，乃诏蔡邕等正定文字，刊于石碑，立于太学门外。于是诸儒晚学咸取正焉，观视及摹写者，车乘日千余两，填塞街陌〔二〕，此为刊刻石经之始。以其为汉熹平中立，故后世称《汉石经》，或《熹平石经》(《后汉书·灵帝纪》系于熹平四年，而《水经注·谷水篇》言光和六年，或受诏在熹平，而刻成则光和年也）。其动机盖以书经传写，踳驳日多。又遭党锢之祸，经师

① 编者案：此文是《中国教育全书》石经条文。

名儒，禁锢诛戮，放废流亡，邪枉之徒，轻为奸利，私行金货，窜改今文，势非刊一定本不足以解此纠纷。时既不知有印刷术，则欲传之久远，固非刻石不为功。太学为博士传经之所，故立于太学门外。自正定文字始，而书丹，而刻石，其事不能立就。假定《水经注》光和六年之说无误，则历时九年，以底于成，亦是意中事。为校正异同，整齐画一，而兴此巨大工程，不得不谓为学术界之盛事也。

二　后世之继起

当熹平之立石经也，祇就立于学官之五经，各刻其一家之章句，而以诸家异同列为校记，刻于各经之后。此所谓诸家者，即学官所立之十四博士，皆今文也。其时古文经虽未得立，但其说已盛行，传今文者多兼通古文，故至魏正始中，又刻古文经于石，以应学者之需求，与《熹平石经》并立于太学。古文不易识，则以篆隶二体列于古文之下以铨释之，世谓之《三体石经》。又以正始中立，谓之《正始石经》。其实汉为今文经，魏为古文经耳。当三体之立也，后于熹平不过六十年，所立之地又同在太学，范晔南人，未尝亲至碑下，故所著《后汉书·儒林传序》误以《熹平石经》为古文、篆、隶三体书法，致启后世之聚讼。宋洪适著《隶释》《隶续》，录《一字石经》，其上有堂谿典马日等姓名，固早已辨其谬矣。自是之后，唐有《开成石经》，后蜀有《广政石经》，宋有《嘉祐石经》，清有《乾隆石经》，皆准熹平故事，踵而行之。惟《南宋石经》为高宗随时习字所书，其语辅臣之言曰："学写字不如便写经书，不惟可以学字，又得经书不忘。"故《玉海》所记，绍兴十三年、十四年、十六年，先后颁发诸经写本，据以刻石者，五经犹未完备，其动机盖与历代不同也。

三 历代立石之概况

《熹平石经》之经数，向无确实记载。《后汉书》于《灵帝纪》《儒林传序》及卢植吕强等传称为五经；于蔡邕张驯等传称为六经；《隋书·经籍志》则称为七经。宋洪适搜集拓本，著于《隶释》《隶续》者，有《尚书》《鲁诗》《仪礼》《公羊传》《论语》。近出残石，于上述诸经之外，有《易》及《春秋经》。合之得《易》《书》《诗》《仪礼》《春秋》五经，《公羊》《论语》二传。故知所谓五经者，不数二传；所谓六经者，合《公羊传》于《春秋经》；所谓七经者，指五经二传也。除《论语》为专经者所兼习，不置博士外，其余皆立于学官，博士之所教授者也。立于学官之博士，《易》有施、孟、梁丘、京氏，《书》有欧阳、大小夏侯，《诗》有齐、鲁、韩，《礼》有大小戴，《春秋公羊》有严颜。石经之五经，势不能尽刻各家之章句，故每经以一家为主，而列各家之异同于《校记》。今就出土之残石，证明其立石所取之本，则为《易》用梁丘氏，以最近所出《易校记》有孟、施、京氏字也。《书》用欧阳，以新出残石有《书序》，《隶释》所录《盘庚》分为三篇，与《汉书·艺文志》所载欧阳经三十二卷合也。《诗》用鲁，以《校记》中有齐言、韩言等字也。《礼》用大戴，以其篇次与贾公彦所言之大戴本合也。《春秋公羊》用严氏，以《校记》中有颜氏言及颜氏有无字也。《论语》用张侯《鲁论》，以篇末记凡二十篇及《尧曰篇》无《不知命章》，与《经典释文》所记之《鲁论》篇数及章句合。《校记》中不见齐字、古字，而有盍、毛、包、周字，包周指传《张侯论》者也〔三〕。又《尚书》有《序》，则清代今文家所假设，今可据实物以证明之者也。《正始石经》祇《尚书春秋》二经。每字直列三体，每三体作一格。行得六十字，实则二十格为二十字也。惟《尚书》自《咎繇谟》以前有不作三体直下式者，一格之内上列古文，其下并列篆隶二体，作品字式，此为异耳。《开成石经》为《周易》《尚书》《毛诗》《周礼》《仪礼》《礼记》《春秋左氏传》《公羊传》《穀梁传》九经，益以《孝经》《论语》《尔雅》为十二经。清贾汉复集十二经之字，补刻《孟子》，附于其后。《广政石经》为《周易》《尚书》《毛诗》《周礼》《仪礼》《礼记》《春秋左氏传》《论语》《孝经》《尔雅》十经，宋田况补刻《春秋公羊》《穀梁》二传，宣和中席贡又补刻《孟子》，合为十三经。历代石经皆无注，此独有注，故其石凡千数，历时百有七年而成。《嘉祐石经》之经数，史无明文，参考王应麟《玉海》、周密《癸辛杂识》、李师圣《修复汴学石经记》及流传拓本，则其目为《周易》《尚书》《毛诗》《周礼》《礼记》《春秋》《论语》《孝经》《孟子》九经。其字体为一行篆书，一行真书，故又谓之《二体石经》。宋高宗《御书石经》衹《周易》《尚书》《毛诗》《春秋左氏传》《论语》《孟子》六经及《礼记》《学记》《经解》《中庸》《儒行》《大学》五篇。《论语》《孟子》为行书，余为楷书。《乾隆石经》为《周易》《尚书》《毛诗》《周礼》《仪礼》《礼记》《春秋左氏传》《公羊传》《穀梁传》《论语》《孝经》《尔雅》《孟子》十三经。历代石经皆刻于长方形之碑，汉魏碑一行直下，如寻常刻碑之式。自唐以后，则每碑分为若干列，每列分为若干行。所以然者，汉魏时未有拓碑之法，其碑衹供人摹写。唐以后既知传拓，将拓本分列剪裁，即可装成卷子本，取其便于应用也。又唐以后经碑，每碑自为起讫，先刻碑阳，转入碑阴，以次及于第二碑。《汉石经》则一经自为起讫，今所见残石，表里之字必同属一经。陆机《洛阳记》言："石经……凡四十六碑：西行《尚书》《周易》《公羊传》，十六碑存，十二碑毁；南行《礼记》十五碑，悉崩坏。东行《论语》三碑（本作二，顾炎武改作三是也），二碑毁。"〔四〕杨龙骧《洛阳记》载朱超石《与兄书》云："石经……碑高一丈许，广四尺，骈罗相接。"〔五〕所谓骈罗相接者，当系每一经之碑排列如堵墙。假定《论语》三碑骈罗相接，表里当分六面，刻之者必由第一至第三之表，连续刻之，更转而及于第三之里，以讫第一之里。故诸经每行字数，往往表里不同。如《鲁诗·小雅·采菽》以前七十二字，《角弓》以后则为七十字。《公羊传》七十三字，自宣十二年以后则七十一字。是知《诗》之《角弓》，《公羊传》之宣十二年，皆表里攸分处也。《魏石经》虽一如汉式，但表里各为一经，今出残石，一面为《尚书》，一面为《春秋》。此汉魏与后世差异之点也。

四　原石之存佚

汉魏石经同立于太学，即《洛阳伽蓝记》所称之劝学里。故其后变迁残毁之经过，参稽史籍，二者完全相同。自晋室南迁，中原板荡，洛都文物，多被摧残。北魏之初，冯熙常伯夫相继为洛州刺史，信奉佛法，营建寺塔。太学石经，亦为废毁分用，大致颓落〔六〕。神龟元年，崔光议修补而未果〔七〕。东魏武定四年，自洛阳徙邺都，至河阳，值岸崩，遂没于水。其得至邺者不盈大半〔八〕。北齐天保元年，尚存五十二枚〔九〕。周大象元年，由邺城迁洛阳〔一〇〕。隋开皇六年，又自洛阳迁长安〔一一〕。其后营造之司，因用为柱础。唐贞观初，魏徵始收聚之，十不存一〔一二〕。宋时，洛阳人家往往发地得残石，汉经多而魏经少。最近二三十年来，洛阳故城南朱圪垱村出汉魏残石甚夥，汉之七经，魏之二经皆备，魏经且有大半完整之碑。此为研究经学者最珍贵之资料，抑亦空前之发见也。惟史载汉魏石经两次迁徙，其终点且在长安。而后世发见残石皆在洛阳原址，邺都、长安转无所闻，是不能无疑也。《唐石经》刻成后七十年，至天祐中，韩建筑新城，弃之于野。朱梁时，刘守长安，徇尹玉羽之请，辇之入城，置于故唐尚书省之西隅。宋元祐二年，吕大忠命黎持迁于府学，虽经明嘉靖间地震略有残损，而大致尚在，即见在西安碑林中者是也。《蜀石经》刻于成都，缔造艰难，历时最久，而其澌灭之迹，史传无征。曹学佺《蜀中名胜记》云：“石经《礼记》数段流落在合州宾馆中。”刘喜海《读竹汀日记札记》云：“闻乾隆四十年，制军福康安修成都城，什邡令任思仁（按《什邡县志》作任思正，字广平，遵义人）得《孟蜀石经》数十片于土中，字尚完好。当时据为已有，未肯留置学舍。任令，贵州人，罢官后，原石辇归黔中。”〔一三〕近有人自贵阳买得《毛诗》残石者，或即任氏之物。合州宾馆之《礼记》，则存佚不可知矣。《北宋石经》原在汴学，元李师圣曾修复之，不知何时亡佚。今开封尚有数石，而剥蚀过半矣。《南宋石经》残石，今杭县尚有存者，但又较阮元辑《两浙金石志》时少数石矣。《清石经》最为完整，经碑凡一百八十九石，合之记事之碑一石，共得一百九十石。今尚存北平清故国子监。

五　覆刻本及传拓本之流传

汉魏刻碑之时、未有传拓之术，已如上述。但《隋书·经籍志》所载《一字石经》若干卷，《三字石经》若干卷，则为秘府相承传拓之本。知拓石之法盖始于石经，发明时期当在六朝，自后宋时发见汉魏残石，传拓之外，往往覆刻。今所知者，胡宗愈刻于成都西楼，洪适刻于会稽蓬莱阁，石熙明刻于越州。惟西楼本兼刻《魏石经》八百余字，蓬莱阁本似仅刻《汉石经》，越州本则仅刻《汉石经》之一段。洪氏著《隶释》《隶续》，并以汉魏两刻收入之。今日能明了宋时发见残字之原委者，赖有洪氏之书及其他宋人之记载耳。近年来洛阳所出残石，惟魏石经《尚书·无逸》《君奭》及《春秋》僖公、文公一碑，拓本流传尚多，其余皆为私人所藏，散在各家，拓本之搜集颇为不易也。《唐石经》在清乾嘉时，碑贾倚为衣食之资，近则传拓者少矣。《蜀石经》拓本向惟内阁大库中有之，自明讫清，零落殆尽，卢江刘氏集其残余拓本，影印流传，足称人间孤本也。《北宋石经》拓本，向传吴门薄氏藏四大册，山阳丁晏藏七经得三万余字。今薄氏本不知所在，丁氏本后亦归卢江刘氏。《南宋石经》不闻有传拓之者。《清石经》亦惟初拓本尚有流传。新拓本则未之见也。

六　石经与教育之关系

熹平刊立石经之用意，为正误订讹，树立准则，使学者有所取正。其后历代之继踵，亦同此意。是则在教育上之意义，固甚显著。既收效于当时，亦冀以垂示于久远。盖六经为儒家学说之渊源，章句文字之异同，关乎思想之纯驳，是故经学家对历代石经，虽片言只字，亦皆视为瑰宝。唐以后之石经与今本经籍差异者尚少，然顾炎武尚据《唐石经》以补万历北监本《仪礼》之脱文若干处〔一四〕，则汉魏石经之有裨经学更无论矣。今本《尚书》为晋梅赜所献之伪古文，经清阎若璩之疏证，已成定案。《魏石经》之《尚书》是否为壁中书真古文，虽有待于考证，然其为梅本以前之古文，则固可信也。又如前举汉十四博士及《熹平石经》采用之本，多半今皆不传，仅就残字所见，其篇章与今本即有异同。兹可得略述者：如《易》分上下经，而《彖》《象》不与《卦辞》《爻辞》相连，《十翼》中有《系辞》《文言》《说卦》《序卦》，知《易》之篇数，当为上下经及《十翼》为十二篇。《诗》之篇章与毛或异，篇之异者：《小雅》则《采芑》《车攻》《吉日》

《白驹》四篇相次，《彤弓》《宾之初筵》相次，《大雅》则《旱麓》《灵台》《思齐》《皇矣》四篇相次，《生民》《既醉》《凫鹥》《民劳》四篇相次，《桑柔》《瞻卬》《假乐》三篇相次，《韩奕》《公刘》相次。章之异者：《邶风·式微》首次二章互倒，《秦风·黄鸟》次章为三章，《小雅·楚茨》四章为五章，《都人士》无首章。《仪礼·乡饮酒》居第十篇。其篇第当如贾《疏》所列：《士冠》第一，《士昏》第二，《士相见》弟三，《士丧》第四，《既夕》第五，《士虞》第六，《特牲》第七，《少牢》第八，《有司彻》第九，《乡饮酒》第十，《乡射》第十一，《燕》第十二，《大射》第十三，《聘》第十四，《公食》第十五，《观》第十六，《丧服》第十七。《春秋》闵公附庄公后，不提行，不书闵公字，当为十一篇。《论语·尧曰篇》无《不知命》一章，凡二十篇。至《校记》中记诸家异同及文字之异于今本者，则更不胜枚举。此皆占籍之仅存，有裨于学术者，岂宋刊元椠所可同日语哉！

〔一〕详拙著《中国书籍制度之变迁》，见《图书馆学季刊》一卷二号。

〔二〕见《后汉书》蔡邕、吕强等传及《儒林传序》。

〔三〕详拙著《从实验上窥见汉石经之一斑》，见《蔡孑民先生纪念论文集》。

〔四〕见《后汉书·蔡邕传》注引。

〔五〕见《后汉书·儒林传序》注引。

〔六〕见《魏书·冯熙传》。

〔七〕见《魏书·崔光传》。

〔八〕见《隋书·经籍志》。

〔九〕见《北齐书·文宣帝纪》。

〔一〇〕见《周书·宣帝纪》。

〔一一〕见《隋书·刘焯传》。

〔一二〕见《隋书·经籍志》。

〔一三〕见李慈铭《越缦堂日记》甲集。

〔一四〕见《日知录》。

魏石经概述

魏立石经之事，虽不见于《魏志》，而《晋书·卫恒传》及《魏书·江式传》，皆有其记载。《恒传》云："魏初传古文者，出于邯郸淳。恒祖敬侯（觊）写淳《尚书》，后以示淳而淳不别。至正始中，立《三字石经》，转失淳法。"《式传》云载式上表曰："陈留邯郸淳以《书》教诸皇子，又建《三字石经》于汉碑之西。"是魏《三字石经》为齐王芳正始中所立，信而有征。以其每字具有古文、篆书、隶书三体，世谓之《三体石经》，又谓之《正始石经》。

《汉石经》之立，下距正始，不过六十余午，中经董卓之乱，虽略有残损，魏初已皆修补，且正始所立之二经，《汉石经》已皆有之，何须再立？此关于今文学与古文学问题，前于《汉石经概述》中已略及之。"自后汉以来，民间古文学渐盛，至与官学抗衡。逮魏初复立太学，暨于正始，古文诸经盖已尽立于学官，此事史传虽无明文，然可得而微证"（王国维说）。大学所有之《汉石经》皆今文，故刊古文经以补之。

其所补之经，为《尚书》《春秋》二部，亦表里刻。表为《尚书》，里为《春秋》，与《汉石经》之诸经自为表里者，微有不同。据《汉书·艺文志》及《说文叙》言，《书》与《春秋》皆有孔壁本，是即汉魏间传据之古文。以此二经立诸太学，以应古文学家之要求，实当时必要之举。其所以用三体者，以古文难识、列篆隶二体于其下，以为释文，所谓“以今文读之”是也。

旧说，魏初传古文者，出于邯郸淳，有谓石经即淳书者，胡三省已辟其谬。是犹《汉石经》之书丹，世皆归美于蔡邕，同出一辙。其实二经未必为同一人所书，即每字三体，亦未必出自一手，此可由现存字中体验而知者也。

《汉石经》在宋时曾在洛阳出土，而《魏石经》则不闻有所发见。其惟一流传者，则为洛阳苏望摹刻故相王文康家之本，三体合计凡八百十九字。其后胡宗愈刻诸成都西楼者，盖自苏氏本出。今诸本悉已亡佚，仅存其字于《隶续》中，谓之《左传遗字》。清臧氏琳著《经义杂记》，始从其中分出《尚书》残字；孙氏星衍著《魏三体石经残字考》，复以其中《春秋》残字分系诸公；其后王氏国维著《魏石经考》，又详加分析，辨为《尚书·大诰》《吕刑》《文侯之命》六段，《春秋》桓公、庄公、宣公、襄公七段，《春秋左氏》桓公传一段。于是九百年来久失其次之石经遗字，始能循图复按，各通其读，诚一快事。

一八九五年（清光绪二十一年）。洛阳故城龙虎滩出一残石，存字一百有九（三体合计），为《周书·君奭篇》残字，是为《魏石经》之第一次发见。一九二二年冬，洛阳朱圪垱村又发现大碑半截，其碑阳为《周书·无逸》《君奭》三十四行，碑阴为《春秋》僖公文公三十二行；同出者尚有一小石，一面为《周书·多士》，一面为《春秋》文公，存字二百三十。其先出之《君奭》残字，正与大碑衔接。其后又历十余年，《君奭》之最下截，即大碑之左下角出土，上有第卅一三字，碑阴则为第八二字。字大二寸余，刻工草率，盖刻工记碑次第之符号，故其所在地，适当碑之最下层，陷入碑趺处。盖每行行二十格，每格直书三体，距末格下约三寸处，画一平行横线，当系碑趺之高度。此线以下陷入碑趺，即有文字，亦不可得见。

《魏石经》之碑数，戴廷之《西征记》以为三十五碑，《洛阳伽蓝记》以为二十五碑，自来记载亦无确数。此记数之石出土，初以为碑之都数必为二十八，而考其实际，不无疑窦。《尚书·君奭》以下共有二百二十八行，以每碑三十四行计，七碑固足以容之。而《春秋》自僖公二十八年以上，并隐至僖五公篇题在内，共得二百五十四行，假定容以七碑，则必二碑为三十七行，五碑为三十六行，行款未免太密。且第六、第七两碑皆有残石存在，第七碑分明为三十二行，与第八碑相同，则所余之二百二十二行，势必平均以三十七行容纳于六碑之中。但第六碑末行之后尚空一行，如为三十七行，则末行之后不可能留一行之余地。凡此疑窦，实为记数石与二残石之矛盾。过信记数石，则《春秋》最前五碑与以后各碑行欵不能相应，若益一碑，则记数石即须推翻。此不能解决之问题，祇可留待将来解决矣。

《隶续》所录洛阳苏望摹刻之《石经遗字》，称之曰《左传遗字》。其中除《尚书》《春秋》二经外，确有左氏桓七年《传》九字、桓十七年《传》二十六字。因此，王国维著《魏石经考》，疑当时所刊《左传》，实未得十之二三。此说殊嫌牵强。碑石之断有直裂，有横裂，大抵无定型，故所存之字亦参差错落分占数行。此桓七年《传》所存之字，为“君子曰善”四字，合各体计之则为九字；其十七年《传》为“疆事也于是齐人疆来公曰”十一字，合各体计之则为二十六字。两段文字皆是一行直下，亦无前后行之字阑入其间，石之断成一窄行，决无是理，故知其非正式经文也。盖《魏石经》不同于《汉石经》者有一特点，即除两面经文外，往往有刻工试刻之字。意当时刻工对通行之隶书已有把握，而古文、小篆二体，非所素习，不能不以他石先行试刻。此事可以数事证之：一、试刻之文多为古、篆二体，或古文一体，罕见三体完具者；二、试刻之文不必为《书》与《春秋》，如“蝅六”一石，蝅字见《汉简》虫部，注云“蠶，在则切，占《礼记》”，又有一石有《论语》篇首文，一石有《急就篇》首文，不得目为《礼记》《论语》《急就篇》皆立于太学也；三、此类试刻之单词只句，大都不按每行六十字排列，随宜书写，如《高宗肜日》之“宗雊惟”为每行五字，《多方》之“之克开于民之”为参差不等之行欵；四、刻于他石者如《禹贡》篇首之三行，石作半月形，必非经碑，其刻于经碑之隐蔽处者，如《君奭》僖公碑之下截陷入碑趺者，除刻记数之字外，尚有不成文之残字是也。此《左氏传》两段，三体具备，杂于二经之间，毫无不同之处，故极易误认为正式经文。所幸者，共排列方法不同于正经，即不按每行六十字排列，犹可推知其为试刻之字，不过较《禹贡》等石更为整齐耳。

正式经碑每行二十字，每字三体则为六十字。每三体直书于长方形界格之内，是为三体直下式。又有书古文于上，而并列篆、隶二体于其下，如品字形，每行三十七格，三体得百十一字，是为品字式。品字式经文祇有《尧典》《咎繇暮》二篇，其余尚无发见。或仅刻二碑为止，亦末可知。品字式古文与直下式古文时有异同之处，如帝字古文，品字式作[illegible]，直下式作[illegible]；其字古文，品字式作[illegible]，直下式作[illegible]；予字古文，品字式作[illegible]，同于篆文，直下式作[illegible]；水字偏旁，品字式作[illegible]，直下式作[illegible]。可见所据之古文传写本各有不同，因而有此岐异也。

此外尚有一事，不同于《汉石经》者，魏石于《春秋》一面，往往有补缀痕，因高八尺广四尺之碑材，难免不有小病，于是凿去其有病之处，而以小石补缀之，所补之石约占四字地位，亦无甚大者；半截大碑《春秋》僖三十二年及文二年文中即各有一处，可证也。《汉石经碑》尚未发见，或熹平选石较正始为严欤？

汉石经集存原序

儒家学说是拥护封建制度的，所以历代的封建主——帝王，总是提出“宗经尊孔”的口号，提倡儒家学说，来巩固自己的地盘。儒家学说载于六经，即《诗》《书》《礼》《乐》《易》《春秋》。因为孔子曾经删《诗书》，定《礼乐》，作《春秋》，所以人们都把六经尊作孔子所手订，奉为人人必读之书。自汉以来，设太学，立五经（《乐》本无经）博士，须以发策决科。从此以后，无论怎么改朝换代，没有不以经义取士的。

汉朝博士的传经，各依家法，章句互有异同，并且只凭口授，辗转传写。年深月久，就不死发生流弊了。到东汉末年，“经籍去圣久远，文字多谬，俗儒穿凿，疑误后学”；“诸博士试甲乙科，争第高下，更相告言，至有行赂，定兰台漆书经字，以合其私文者”。于是有正定文字，刻石太学之举。“及碑始立，其观视及摹写者，车乘日千余两，填塞街陌。”凡是太学博士所传之经，都以就碑校对以防止争执，也就是版本的起源。因其是刻石，所以称作石经；又因为是熹平四年开始刻的，所以后来又称作《熹平石经》。

当时所刻的，有《诗》《书》《礼》《易》《春秋》五经，《公羊》《论语》二传。依照东汉立于学官的五经博士，《诗》有鲁、齐、韩三家;《书》有欧阳、大小夏侯三家;《礼》有大小戴二家;《易》有施、孟、梁丘、京四家;《春秋》祗公羊一家，而《公羊》有严、颜二家。合成十四博士。《论语》为专经者所兼习，不立博士。

宋时所发现者为《诗》《书》《礼》《公羊》《论语》，而不知有《易》与《春秋》。知有五经二传如以上所述者，为一九二二年以后之事。盖一九二二年冬，洛阳朱圪垱村（汉太学故址）居民于无意中掘得《魏石经碑》，附近之人乃注意搜求。遍地皆有碎石，碎石中间有文字。有古、篆、隶三体者，有隶书一体者。初仅二三残字，零落不成文，其后始见大石成篇段者，则《礼》《易》与《春秋》是也。宋黄伯思、洪适所录《诗》《书》《礼》《公羊》《论语》五经，除《仪礼》字数较少，且多漫漶外，其余多有大石。此次所出，在十余年中陆续发现，七经文字皆备，而《礼》《易》《春秋》三经皆有大石，足补宋时之阙。一九三二年，余草《从实验上窥见汉石经之一斑》一文时，以为残石之出，方兴未艾，整理之事，犹有期待。今又二十余年矣，闻朱圪垱村已搜掘殆遍，不可能更有发现。为封建统治工具的六经的最初版本作一总结，此其时矣。爰将九百年来（自十二世纪至二十世纪）先后所发现之《汉石经》遗字，分别各经，依其篇章之可知者，汇录成编，厘为若干卷。宋代原拓已不可得，旧传宋拓两种，佥认为会稽蓬莱阁或成都西楼之摹刻本者。今日以原石经文对勘，字体乖舛，不类当时所摹。无已，祗有就洪适《隶释》《隶续》所录经文，以新出各经字体及刘球《隶韵》所收诸字，参酌写定。但行欵为洪书所略，不能悉有依据。其新出各经，则以原拓本影印，依各经篇章次第排比，制为图版，与说别行。其有未检出属于何经，及字数太少太残，无从检寻者，则附于图版之末，以俟博雅之指正焉。

汉石经易用梁丘本证

汉灵帝时，议郎蔡邕以经籍去古久远，文字多谬，俗儒穿凿，疑误后学，熹平四年，乃与五宫中郎将堂豁典、光禄大夫杨赐、谏议大夫马日磾、议郎张驯、韩说、太史令单飏等奏，求正定六经文字。灵帝许之。邕乃自书丹于碑，使工镌刻，立于太学门外。于是后儒晚学，咸取正焉。是时立于学官者:《易》有施、孟、梁丘、京氏;《书》，欧阳、大小夏侯;《诗》，齐、鲁、韩;《礼》，大小戴;《春秋》，严、颜，凡十四博士。诸家章句，颇有异同，传经者又各有其师说。刻石之事，本极繁重，若同时并刻十四家之经，似又为事理所不许。无已，则惟有每经以一家为主，而以他家异同列于各经之后，此可以测知者也。今各经多有校记发见，又多在经首数碑之背面。如《诗》有齐言、韩言等字，《春秋公羊传》有颜氏言及颜氏有无等字，以是知《校记》必列于诸经之后，诗必用鲁《诗》，《春秋》必用严氏也。

余曩著《从实验上窥见汉石经之一斑》一文，中有经数、经本二节。其关于经数者，《后汉书》或言五经，或言六经，隋唐《经籍志》则言七经。宋时发见残石，有《书》、《诗》、《礼》(《仪礼》)、《公羊》、《论语》五种。今所发见者，于五种之外，又有《易》《春秋》(经文)二种。知熹平所刻，实为《易》《书》《诗》《礼》《春秋》五经，《公羊》《论语》二传。数经不数传则称五经，合《公羊》于《春秋》则称六经，目二传亦为经则称七经。盖隋唐以后，不论经传，目之为经矣。其关于经本者，《春秋经》只《公羊》一家，而《公羊传》有严颜二家（七经之中，恐惟《春秋经》无《校记》）。其有《校记》可证者，《诗》为《鲁诗》，《公羊》为严氏，已如上述。其余诸经，皆从旁证参互钩稽而得者：《易》为京氏，《书》为欧阳，《礼》为大戴，《论语》为《张侯论》，亦即《鲁论》。当时考证，自以为毫无剩义，未始不踌躇满志。但旁证钩稽，全凭推断，其中如《书》之有序，惟欧阳有之，《礼》之篇次合于大戴，其说或仍不可易。《论语》之篇章与鲁合，断为《鲁论》亦可自信，而以《校记》中有盍、毛、包、周字，即断为张禹之《张侯论》（见余所著《汉石经论语尧曰篇残字跋》），则仍为假定之说也。至《易》之为京氏，则以《易》之残石异文多与陆德明《经典释文》所引之京氏合（见余所著《汉石经周易残字跋》）亦为假定之说，较《论语》之为《张侯论》，证据尤为薄弱。前为蔡孑民作纪念论文时，论及经本，以《易》之残字发见不多，舍此又别无他说，姑取此以备吾一说，不敢谓之定本也。今直接证据发见，而前说果被推翻，于此益见考证之难也。

近年洛阳出一《春秋》残石，一面刻僖十三至三十三年《经》，一面刻昭三至二十一年《经》，存六百五十一字。一九四二年春，李涵初（培基）以拓本见寄，久而未至。今年春，复寄一本来，而媵以他经小𡿨拓本二纸（余昔在洛阳拓汉魏石经，凡遇两面存字者，必命工拓于一纸之上，俾表里之文不至分散。墓志之有盖者亦然。至今洛工尚多遵用此法。此二小𡿨分拓二纸，但《易》与《春秋》错杂拓于一纸，恐为拓工之误）。审之，一为《春秋》僖十六至二十五年及昭十二至十六年文，存五十一字，即上述大石之下截。其一为《易》上经《蒙》

至《比》卦及《易》《校记》，存五十四字。《校记》虽仅二十余字，而两见孟、施、京氏字，是可证《易》用梁丘，正可纠正前此之误。不觉为之狂喜，亟驰书询以石之所在。他日当假归，精拓数本，以广流传。

《易》之残石，有原为一石，分裂归诸两家，其文仍相衔接，一面刻下经《家人》至《小过》二十六卦，凡二十八行，一面刻《下系》《文言》《说卦》，凡二十一行。其文与今本异者，多与《释文》所引之京氏本合，余据以定为京氏《易》。如《蹇》卦"大蹇朋来"之朋作崩，《复》卦释文朋来条注曰："如字，京作崩。"《困》卦"于鯢硊"作"于剫剑"，《释文》于"劓刖困于赤绂"之劓刖条曰："荀王肃本劓刖作鯢硊，云不安儿，陆同，郑云，劓刖当为倪伒，京作剫剑。案《说文》，剑，断也。"而于鯢硊条曰："鯢，《说文》作剫，薛同。硊，《说文》作，云不安也，薛又作杌，字同。"荀王肃本劓刖作鯢硊，京作劓（按《说文》劓为之重文），剑，则于鯢硊之鯢硊；京亦当作剫剑矣。《说卦》"坎者水也"之坎作欿，《坎》卦《释文》曰："本亦作埳，京刘作欿，险也，陷也。"是皆与京本合者。嗣又于《上系》释文见洗心条注曰："京、荀、虞、董、张、蜀才作先。石经同。"陆德明所见之石经，当然为《熹平石经》，或即《隋书·经籍志》所称秘府之相承传拓本。石经所用之本，不外四家。此言与石经同者，四家中独有京氏，则石经用京氏《易》，不得谓之毫无根据也。

顾考证之事，首重证据。若文献不足，无由引证者，则亦徒费钩稽，终无所获也。陆德明《经典释文序录》曰："永嘉之乱，施氏梁丘之《易》亡。"故《周易音义》中所引祗孟喜京房之说，而孟说仅十余条。其《孟喜章句》十卷下注云："无上经。《七录》云：'又下经无《旅》至《节》，无《上系》。'"则《孟喜章句》十卷亦非完书。四家之中，亡佚太半，所可得见者衹京氏一家，故用京氏《易》说，根本不能成立。陆氏所称与石经同者，必梁丘京氏二家之偶同，未可据以为石经用京氏之确证。犹有进者，余昔整理石经残字，见有月既望一石，定为《周易》(手头无拓本，仅就记忆所及者举之，是《归妹》抑《中孚》之文，亦复不审，皆待他日补之)。今本《归妹》《中孚》，皆有月几望句，《释文》于《归妹》下云，“几荀作既”，于《中孚》下云：“几，京作近，荀作既。”(荀爽传费氏《易》，此作既，亦梁丘与费氏偶合者)。石经不作近，可谓非京氏之反证矣。此皆昔日考证之疏，故详辨之以纠前失。幸赖地不爱宝，出此一石以弥补缺憾。今而后诸经之本，皆可确定矣。

汉熹平石经周易残字跋 ①

孙伯恒以景印汉《熹平三经》残石墨本见贻，云洛阳新出土而转徙至于上海者。石两面刻：一面为《周易·家人》迄《归妹》十八卦，存二百八十六字；一面为《文言》《说卦》，存二百有五字。通计存字四百九十有一。此诚旷代之瑰宝矣。盖宋人录《熹平石经》，多至千七百余字，独未见《周易》，不意后八百年，更得此经数百字。吾辈眼福突过宋人，何其幸欤？

以今本校读，每行七十三字。惟碑阳第五、第八、第十行各盈一字，第十二行盈二字。碑阴第一行绌二字，第二、第九行各绌一字，第三行绌四字，第五行盈一字，第十二行盈二字，第十五行盈五字。盖经本有异同也。兹录其存字之异文如下。

《家人》卦，终吝之吝作㖵。《释文》于《说卦》“为吝”下云：“京作遴。”《说文》辵部遴下引《易》曰“以往遴”，而口部吝下引《易》则作“以往吝”（许君于《易》称孟氏，而前后所引有异文。段玉裁云，“或兼称他家，或孟《易》有或本，皆未可知”）。此不作遴而作，当是吝之或体。《广韵》云，“吝，俗作㕧”，误矣。

《蹇》卦之蹇皆作寋。按蹇、謇、寋三字，古多通用。汉《衡方

① 编者案：此文载《北大图书部月刊》一卷二期（一九二九年十二月）。

碑》，"謇謇王臣"，用此爻辞，字作謇。《尔雅·释乐》"徒古磬谓之蹇"。《释文》云，"蹇，本或作謇，字同；或作蹇，字非"。是蹇亦作蹇矣。

《益》卦，利有攸往之有，作用。此经屡见"有攸往"，或"利有攸往"之文，他处或皆作用欤？

《困》卦，"于臲卼"作"于劓刽"。《释文》于《九五》爻辞"劓刖"下云，"劓，徐鱼器反；刖，徐五刮反，又音月。荀王肃本'劓刖'作'臲卼'，云，'不安貌'。陆同。郑云，'劓刖当为倪仉'。京作'劓刽'。案《说文》，'刽，断也'。于《上六》爻辞臲卼下云："臲，五结反；王肃妍喆反；《说文》作'𣦸'，牛列反；薛同。卼，五骨反，又音月；《说文》作'𣦸'，云，'𣦸，不安也'；薛又作"杌"，字同。"按"说文"劓为剌之重文。又出部："𣦸，槷，不安也。《易》曰，'槷𣦸'。"段玉裁据《释文》于《上六》臲卼下引《说文》剌、𣦸二字，以为此之所引，亦即《困》《上六》爻辞，而疑字与今本不同。又小徐于此条引"《易》曰劓𣦸，困于赤芾"。劓字与大徐异，而与陆氏合。"困于赤芾"则为《困九五》爻辞。段玉裁据《释文》于《九五》劓刖下所引荀王劓刖作臲卼，郑云"当作倪仉"之文，疑两爻辞义同。按劓与臲，刖与卼，皆同纽同韵，本可互通。或此本两爻同字，末可知也（钱玄同疑《九五》劓刖二字为衍文，而《上六》作劓刖。但此行字数确为七十三，似非衍文）。《说文》刀部："刽，断也"；"刖，绝也"；其义正同。古音刽，刖又同属泰部，故刽可通刖也。

《革》卦，虎变之变作辩。按古音变属寒部，辩属真部，音近可通。故《释文》《易坤》由辩下云，"荀作变"。是二字可通之证也。

《艮》卦，趾作止。《释文》云，"荀作止"。止、趾，盖古今字也。

《文言》，美在其中，无其字。

《说卦》，生爻之爻作肴。汉《孔彪碑》，“《易》建八卦，拨肴系辞”，与此本同。

又“故《易》六位而成章”。位作画，章下多也字。《释文》云，“本又作六画”。

又向明而治之向作乡。汉《曹全碑》两用此文，字皆作乡。盖乡、向，古今字也。

又坤以藏之，坤作巛。《释文》于《坤》卦云，“本又作，巛，巛今字也”。汉碑中凡乾坤字皆作巛，无作坤者，是汉魏间通行之字矣。其字象卦形之三偶，非借川字为之也（川字之首笔皆左挑、无作右旋者）。

又坎者水也之坎作欿。《释文》于《坎》卦习坎下云，“京、刘作欿”。知此本坎字皆作欿矣（石经《鲁诗》“坎坎伐轮兮”亦作欿）。

后汉博士十四人:《易》有施、孟、梁丘、京氏四家,《书》有欧阳、大小夏侯三家,《诗》有鲁、齐、韩三家,《礼》有大小戴二家,《春秋公羊》有严、颜二家。《熹平石经》之例，以一家为主，而著他家异同于后。《隶释》所录《诗》有齐、韩《校记》，是以鲁为主也。《公羊》有颜氏有无语，是以严为主也。《论语》有盍、毛、包、周语，余曩据《尧曰篇》残字考为《张侯论》，包、周皆习张侯章句，是亦以某氏本为主而著盍、毛、包、周之异同也。然则《周易》亦必于四家之中以一家为主。而此一家果谁氏乎？以此石证之，盖用京氏本也。陆氏谓坎，京、刘作欿，又劓刖，京作劓刽。此本悉与京氏合，是用京氏本无疑矣。其碑末《校记》中，当著施、孟、梁丘之异同，如《诗》《公羊》《论语》之例，又可断言也。

附　钱玄同读汉石经周易残字而论及今文易的篇数问题[①]

前几天，在马叔平先生那边，看见汉石经《周易》残字拓片两张，一张是下经的《家人》至《归妹》，一张是《文言传》和《说卦传》，系一石之两面，两张共有四百九十余字。近几年来，出土的《汉石经》残石很多，裒集之者，有《汉熹平石经残字集录》及《补遗》和马叔平先生的《集拓新出汉魏石经残字》，但大都是零星小块。像这样的大块，一经之文字多至四百九十余者，还是初次遇到。在宋洪景伯（适）的《隶释》和《隶续》中所载的以后，这又是一次大发现了。更可喜者，竟是《周易》，这是宋代没有发现过的。《周易》残字，在此次大发现以前，《集录》中有四石，为上经的《蒙》、《需》、《讼》（这三卦的残字，又见马先生的《集拓》中）、《临》、《观》、《噬嗑》、《贲》、《剥》诸卦和《文言》《序卦》两传。四石合计，有五十一字。今文《易》的篇数，本有问题；我对于这问题，蓄疑了好几年，今读了《集录》中的四石和这拓片的两石，使我昭若发矇；欢忭之余，遂把鄙见写在下面。

马先生因为此残字中坎字作欿？证以《经典释文》所云“坎，京刘作欿”，疑熹平刻石时系用京氏《易》；虽然只有一个字的证据，但这一个字非常重要，我认为马先生的意见是很对的。又，坤作巛；考汉碑，都作巛，没有作坤的，我以为汉时今文《易》必皆作巛。《经典释文》云，“坤，本又作巛，巛，今字也。”这本来没有错字。而卢召弓（文弨）乃云，“以为今字，其谬显然”，因从雅雨堂本改为“巛，本又作坤，坤，今字也”。不知这是雅雨堂本所忘改，卢氏依之。现在看来，“其谬显然”。我疑心改巛为坤，或出于《汉书·艺文志》所谓“与古文同”的费氏《易》和龚定庵（自珍）所诧为“空前绝后，迹

---

① 编者案：此文载《北大图书部月刊》一卷二期（一九二九年十二月）。

过如埽，异哉异至于此”的中古文《易》。此等古文经，本是刘歆所伪作，掇拾战国时代破体小写之文字，拼凑偏旁，号为古文，冒充东周以前之文字，故其中尽有比西汉通行的文字（所谓隶书）还要不古的。改较古之巛为较不古之坤，本无足奇。卢氏生于极端尊信此等伪古字之世，故觉得必不可以巛为今字耳。

关于此残字中与今本文字之异同，马先生另有详细的考证，不用我来多费话。

我现在要说的，乃是今文《易》的篇数问题。

《汉书·艺文志》：“易经十二篇，施、孟、梁丘三家。”这句话，清中叶诸经师，除戴东原（震）以外，是没有人对它怀疑的。但《论衡·正说篇》云：“孝宣皇帝之时，河内女子发老屋，得逸《易》《礼》《尚书》各一篇，奏之。宣帝下示博士，然后《易》《礼》《尚书》各益一篇。”又《隋书·经籍志》云：“及秦焚书，《周易》独以卜筮得存，唯失《说卦》三篇。后河内女子得之。”案《论衡》所云河内女子所得之逸经，惟逸《礼》为何篇，至今尚未考明。逸《书》，则东汉末之房宏（《尚书正义》卷一引）及（《隋书·经籍志》《经典释文序录》云是《太誓》。《太誓》之确为后得，非伏胜传《书》时所有，今已成为定案。那么，逸《易》是《说卦》以下三篇（说详下），亦经《隋志》证明，亦当确定为后得，非田何传《易》时所有了。“河内女子发老屋”与“鲁恭王坏孔子宅”，虽同样是不足信之谈，然亦同样可作为汉人造作伪经之证；故所谓“逸《易》《礼》《尚书》各一篇”者，实均为西汉人所伪作无疑也。

首疑《说卦》以下三篇者为戴东原（宋人虽有疑之者，但其立场与此下所说者不同，故不举及）。其《周易补注目录后语》云：“武帝时博士之业，《易》虽已十二篇，然昔儒相传，《说卦》三篇与今文

《太誓》同后出，《说卦》分之为《序卦》《杂卦》，故三篇词指不类孔子之言。或经师所记孔门余论，或别有所传述，博士集而读之，遂一归孔子，谓之《十翼》矣。”这明明说《说卦》三篇是后出之文，不与《彖》《象》《系辞》《文言》同时了。

及康长素（有为）撰《伪经考》，则云：“至《说卦》《序卦》《杂卦》三篇，《隋志》以为后得，盖本《论衡·正说篇》河内后得逸《易》之事。《法言·问神篇》，‘《易》损其一也，虽惷知阙焉’，则西汉前《易》无《说卦》可知。扬雄王充尝见西汉博士旧本，故知之。《说卦》与孟京《卦气图》合，其出汉时伪托无疑。《序卦》肤浅，《杂卦》则言训诂，此则歆所伪窜，并非河内所出。”（卷三上）康氏又辨《史记·孔子世家》“序《彖》《系》《象》《说卦》《文言》”一句中“《说卦》”二字为刘歆所窜入，云：“《隋志》之说出于《论衡》，此必王充曾见武宣前本也。《说卦》：‘帝出乎震，齐乎巽，相见乎离，致役乎坤，说言乎兑，战乎乾，劳乎坎，成言乎艮。’又曰：‘震，东方也；离也者，南方之卦也；兑，正秋也；坎者，正北方之卦也。’与焦京《卦气图》合。盖宣帝时说《易》者附之入经，田何丁宽之传无之也。史迁不知焦京，必无之，此二字不知何时窜入。至《序卦》《杂卦》，所出尤后，《史记》不著，盖出刘歆之所伪，故其辞闪烁隐约，于《艺文志》著《序卦》，于《儒林传》不著，而以十篇二字总括其间。要之三篇非孔子经文。”（卷二。又卷五、卷十、卷十一及《孔子改制考》卷十，亦有关于此问题之驳辨，与此二条大意相同。）案康氏直断《说卦》为焦京之徒所伪作，宣帝时说《易》者附之入经，可谓巨眼卓识。至以《序卦》和《杂卦》为刘歆所伪作，则未必然。我以为《论衡》所云“逸《易》一篇”和《隋志》所云“《说卦》三篇”，其内容实相同，盖《说卦》与《序卦》《杂卦》，本合为一篇，故《隋志》虽云三篇，亦但举《说卦》以赅《序卦》和《杂卦》也。戴东原云："《说卦》分之为《序卦》《杂卦》。"严铁桥（可均）云："汉宣帝时，河内女子得《说卦》一篇，不数《序卦》《杂卦》者，统于《说卦》。"（《唐石经校文》卷一）其说甚是。故韩康伯注本，《序卦》和《杂卦》均附《说卦》卷内，直至《唐石经》还是这样。康氏谓"《序卦》肤浅"，诚哉其肤浅也；然意义肤浅，不能作为刘歆伪造之证。刘歆造了许多伪经，固是事实，然其学实不肤浅；肤浅之评，惟彼焦京之徒，适足以当之耳。《杂卦》仍是说明卦义，与《说卦》《序卦》性质相同，与训诂之方法根本有异；说它"言训诂"，实在不对。即使言训诂，亦不能即断为刘歆所作。刘歆以前言训诂者多矣；《诗》之《鲁故》《齐后氏故》《韩故》《书》之大小夏侯《解故》等等，都是言训诂的，《春秋传》（所谓《公羊传》）中言训诂处亦甚多。

据上面所说，则《汉志》谓施、孟、梁丘三家之《易》为十二篇之说就发生了问题。盖《说卦》三篇既是西汉人所伪作，则三家之《易》似不应有十二篇，因为三家同出于田何，田何所没有的，似乎三家也不应该有。于是康氏以为田何所传之《易》，但有经上下二篇，而《彖》和《象》都在经内，其言云："此志（《汉书·艺文志》）叙周王孙、服光、杨何、蔡公、韩婴、王同诸《易》先师《传》，皆二篇；《章句》，施、孟、梁丘氏，各二篇，然则《易》之《卦辞》《爻辞》《彖辞》《象辞》皆合。以下简帙繁重，分为上下二篇。"（《伪经考》卷三上）又云："《彖象》与《卦辞》《爻辞》相属，分为上下二篇，乃孔子所作原本。"（同上，卷十；又见《孔子改制考》卷十）至于《系辞》，康氏则云："盖《系辞》有'子曰'，则非出孔子手笔，但为孔门弟子所作，商瞿之徒所传授，故太史谈不以为经而以为传也。"（《伪经考》卷三上；又卷十与《改制考》卷十略同）《文言》，则康氏没有提到它。我想，今本《周易》把《彖传》《象传》《文言传》，都合在上下经之内，康氏既以《彖传》和《象传》合在上下经之内为原本《周易》之面目，想来他把《文言传》也算在里面了。那么，康氏意中之三家《易》大概是这样的：经，上下二篇（其内容与今本相同）；传，《系辞》（或是一篇；或如今本那样，分为上下二篇）。或如先师崔怀瑾（适）先生所说，他没有把《系辞传》算在内（见下）。

康氏所说的三家《易》，其内容的排列和篇数的多少，均与《汉志》绝不相同。如果三家《易》的面目诚如康氏所言，则《汉志》决不能这样的瞎造谣言。《汉志》本于刘歆《七略》，不可信的地方固然很多，但他造了好几部伪古文经，说"这是你们没有见过的古本"，那样说法，是可以矇得过人的；他又造了一部伪今文经——《春秋穀梁传》，那也不会出什么岔子，因为那时立于学官的《春秋传》（《公羊传》）和他伪造的《穀梁传》，都没有今文之称，他只说："你们读的《公羊传》之外，还有你们没有见过的《穀梁传》，与《公羊传》或同或异。"但是，他只能在立于学官的书以外去造假书，决不能把立于学官，大家都看得见的书，来瞎造谣言，改变内容，增加篇数。假使他竟那样办，他的作伪不是立刻就败露了吗？刘歆不至于那么的蠢吧。即使他真那么蠢，竟想以一手掩尽天下人之目，瞎造那样与事实全不相符的谣言，难道东汉的四家《易》博士（施、孟、梁丘、京）、人人都是头等傻子，会齐心协力的遵守刘歆"《易经》十二篇"那样一句谣言，反将远有师承的《易经》上下二篇这样一件实事抛弃了吗？这不是情理上万不会有的事吗，还有《卦辞》《爻辞》是术数，《彖传》《象传》是玄理，两者的思想和文章全不相同，而认为一个人所作，这也是极讲不通的。

所以，崔师起而驳之云："《彖通》解说《卦辞》，谓与《卦辞》共篇，犹似可通。《大象》与《卦辞》自明一义，已当分篇。《小象》全体用韵，原本必不与《爻辞》共篇。……是则大小《象》皆当各自为篇，则《彖辞》可知，而《易经》无从合为二篇矣。康氏又以《系辞》……为孔门弟子所作……此说诚是也。但《系辞》纵非孔子手笔，犹是弟子述孔子之言。……若《卦辞》《爻辞》《彖辞》《象辞》为孔子作，而《系辞传》二篇既不得入'《易经》二篇'之内，又不得与周王孙以下六家皆有《易传》二篇，丁宽《易传》八篇，同列班《志》之内，此亦事理所必不然者也。惟《文言》亦有"子曰"，则亦孔门弟子所作，亦当为传，康氏不言，此由遗漏，姑不待辨。然则《系辞》《文言》必当在十篇之内，《易经》不止二篇又明矣。"(《五经释要》卷四)看了崔师这一段话，则康说之谬自显然了。

崔师是信任《汉志》的，他认为《易经》十二篇这个数目，是与三家《易》相合的。十二篇的算法，则颜师古注曰："上下经及《十翼》，故十二篇。"上下经固无问题，所谓《十翼》者，《周易正义》云："……但数《十翼》，亦有多家。既文王《易经》本分为上下二篇，则区域各别，《彖象》释卦、亦当随经而分。故一家数《十翼》云：上《彖》一，下《彖》二，上《象》三，下《象》四，上《系》五，下《系》六，《文言》七，《说卦》八，《序卦》九，《杂卦》十。郑学之徒并同此说。"据此所说，则十篇传的分法自来并不一致。这所记的，不过因为被郑玄一派所采用，所以自魏晋以来就相沿不改罢了。究竟三家《易》中的十篇传是不是这样分的，自然还是问题。

崔师则采康氏之说而略加改变，即屏《说卦》与《杂卦》于十篇之外，而《序卦》则仍列入。其说云："《班志》又曰'孔氏为之《彖》《象》《系辞》《文言》《序卦》之属十篇'者何？曰：此所云十篇者……案《彖辞》既上下分篇，则大小《象》亦当上下分篇。若是，则《彖辞》上下各一扁,《大象》上下各一篇,《小象》上下各一篇,《系辞》上下各一篇,《文言》一篇,《序卦》一篇,适合十篇之数。王充谓河内得‘逸《易》’一篇,不言篇名;据班《志》,则知是《序卦》也。《序卦》为河内所得,并《彖象》以下九篇称十篇,系之施、孟、梁丘三家,犹《尚书》二十八篇,并后得《太誓》称二十九篇,属之大小夏侯二家也。……是则《释文》并《说卦》《杂卦》计之,故合大小《象》各一篇为《十翼》,班氏未见《说卦》《杂卦》、故分大小《象》各二篇为十篇也。”(同上)崔师此说,骤视之,似若可通;然细按之,则殊不然。(一)以所谓河内女子所得者为《序卦》,则与《隋志》不合。《论衡》虽未说河内所得逸《易》为何篇,但《隋志》既有河内得《说卦》三篇之说,则自当以《隋志》解论衡为是;犹《论衡》说河内得逸《尚书》,亦未说为何篇,而《隋志》及《释文》皆言河内得《太誓》,则自当解此逸《尚书》为《太誓》也。(二)《隋志》明言河内得《说卦》三篇,今屏除《说卦》和《杂卦》,殆用康氏之说,以《说卦》为焦京之徒所作,《杂卦》为刘歆所作乎!然既以《序卦》为河内所得,则已经承认它是西汉人所伪作了,《序卦》为西汉人所伪作而可以系之三家,则说卦亦是西汉人所伪作,何以便不可系之三家呢?若是因为只有《序卦》之名见于《汉志》,故惟有以《序卦》系之三家较为有据,则我实不敢苟同。因为《汉志》本于《七略》,于《说卦》以下三篇中独提《序卦》而不及其他,则只有这篇《序卦》最有刘歆伪作的嫌疑;以最有古文嫌疑者系之今文之三家,未免太不妥当了。(康氏以《序卦》为刘歆伪作,其说我固不信;但崔师以《序卦》为可以系之今文,乃以其名见于宣传古文的《汉志》为证,较康氏之武断,其毛病更大。)

崔师又云:“《汉书·儒林传》曰:‘费直治《易》亡章句,徒以

《彖》《象》《系辞》十篇、《文言》解说上下经。’文言二字在十篇二字之下，似在十篇以外者，义不可解。《释文》引作‘徒以《彖》《象》《系辞》《文言》解说上下经’，无十篇二字，则今本《儒林传》十篇二字衍也。”其下说之云：“费氏止用《彖》《象》《系辞》《文言》九篇解说上下经。《序卦》似目录之学，非释经义，故不用以解经。《说卦》虽说经义，费直不用以解经，班氏不列于此志者，其时与《杂卦》均未附入也。”（同上）按费直是伪古文学，岂可引以证今文之三家《易》？《说卦》和《杂卦》，无论是河内所得，或是刘歆伪作，没有到了《七略》和《汉志》的时候还未著录之理。若说《杂卦》是刘歆所伪作，则《七略》和《汉志》更应该赶紧著录才是。除非说这两篇的出现还在班固以后，是东汉时人伪造的；但这是毫无证据的话。况且，若是东汉时所伪造，则何时系入本经？系入今文经，则今文经皆立于学官，不能随便增窜；若有系入，则必有记载。系入古文经，则古文经多为民间大师所传授，若忽有增篇，一定也是有记载的。现在，东汉时系入的证据，完全没有记载可凭；而西汉时系入的证据，则明明有《论衡》与《隋志》所记为凭。所以我个人相信《说卦》以下三篇系西汉中叶所伪作。出现之后，即系之三家《易》本经之后。《汉志》所云之十二篇，既不如康氏所说，篇数为刘歆所改易；也不如崔师所说，只有《序卦》而无《说卦》和《杂卦》，乃是《说卦》《序卦》《杂卦》三篇都在内的。惟这十篇传究竟如何分法，则不可确知。或如《正义》所述之《十翼》那样；或如崔师所云《大象》《小象》各分上下，而《说卦》三篇则如《论衡》所云，只算一篇；或者还有别种分法。要之都是瞎猜，现在不必去管它。

我的见解如此。所以我认为康氏过于武断，且有误以今本面目为三家《易》原本面目之谬；崔师过信《汉志》，致有误据伪古文之失。

他们所说，都不合于今文《易》之真相。

现在《汉石经》《周易》残字居然发现了。看《集录》中的上经诸卦和此拓片的下级诸卦，知道《彖》《象》的确不与《卦辞》、《爻辞》相联合，康氏之说自然不能成立了。《集录》中有《序卦传》，而此拓片中又有《文言传》和《说卦传》，知道《说卦》和《序卦》都系入今文《易》中，崔师之说自然也应该修改了。熹平刻石是根据当时立于学官的今文经；东汉立于学官的今文经，其师承有自，都是根据西汉立于学官的今文经。所以《汉石经》的篇数，我们敢断言，还是西汉中叶的面目。

现在总结几句：我相信《论衡》和《隋志》的记载，戴东原和严铁桥的解说，认为：西汉初年田何传《易》时，只有上下经和《彖》《象》《系辞》《文言》诸传；西汉中叶（宣帝以后），加入汉人伪作的《说卦》《序卦》《杂卦传》三篇。这是今文《易》的篇数之变迁，施、孟、梁丘、京，都是一样。到了东汉立十四博士时还是不变。

《周易》虽然也有中古文和费氏这两本伪古文经，但篇数和今文一样，和已系入《说卦》三篇之今文一样，因为这是刘歆们伪造的，那时的今文本中已有此三篇，则伪古文当然也跟着有了。正如《尚书》一样：今文本中系入一篇伪《太誓》，则所谓孔壁之《尚书》古文经中也有那么一篇伪《太誓》。此外倒没有再加伪篇，像《书礼》那样，多出那么许多伪逸《书》、伪逸《礼》。

至于《周易》在孔子时，在孟子时，在荀子时，这《说卦》三篇固然不会有；但是否已经和田何时一样，《彖》《象》《系辞》《文言》，灿然惧备，那自然还大有研究。像宋之欧阳永叔（修）、叶水心（适）、清之崔东壁（述）诸人所论，都是这个问题，但不在本文讨论范围之内。本文的目的，专在研究汉代今文《易》的篇数之真相与变迁而已。

汉石经《鲁诗》校文

《国风·周南》

三章

其一桃

公矦

采

右一石四行：首行为《樛木篇》题；次行为《桃夭》首章之末，次章之首；三行为《兔罝》次章"公矦好仇"之公矦二字；四行为《芣苢》三章"采采芣苢"第二句之第二采字。以今本《毛诗》计之，每行得七十二字（惟《大雅》以下每行七十字）。是此数篇之章句，鲁殆与毛同也。

《国风·召南》

何斯

其谓之其三

我以不我以

樕壄有

右一石四行：首行为《殷其靁》之末章；次行为《摽有梅》三章之末；三行为《江有汜》之首章；四行为《野有死麕》之次章。每行七十二字。惟二行三行之间，仅得七十字，或《鲁诗》有异也。

《国风·邶》

东　　不卒胡　　日

日有噎寤言不　　噎噎其阴虺　　报我

居爰处爰丧其马　　于林之下其三死　　寤言

其一凯风自南　　母氏圣善我无　　子

下上其

右三石，自日月至《雄雉》凡六行。第一行为《日月》次章之首；第二行为《日月》第四章；第三行为《终风》第三章及第四章；第四行为《击鼓》第三章及第四章；第五行为《凯风》首章之末及第二章；第六行为《雄雉》第二章。每行皆七十二字，章句殆与毛同。

《国风·邶》

飞泄　贻伊阻　其二瞻

匏　则沥浅则　鸣求其

谷风以阴　体德音莫

后其三

《国风·邶》

毋逝我梁　二日蓄

及（？）尔颠覆既

微式微胡不　其二式微

右五石，自《雌雉》至《式微》，凡六行。第一行《雄雉》第一二三章；第二行《匏有苦叶》第一二章；第三行《谷风》首章；第四行《谷风》第三章；第五行《谷风》第五六章，第六行《式微》第二章及篇题。每行七十二字，衹第二三行之间七十一字。沥，《毛诗》作厉、《说文》水部，砅，履石渡水也，从水从石。《诗》曰深则砅，重文作沥，云砅或从厉。《尔雅 · 释水》，深则厉。《释文》厉本或作沥。陈乔枞云：考刘向《楚词 · 九叹 · 离世》云，櫂舟杭以横沥兮，王逸《章句》曰，沥，渡也，由带以上为沥。又《远逝》云，横汨罗而下沥，子政叔师并用《鲁诗》，字同作沥、则《尔雅》厉字，亦当从或本作沥为正。今有此石可为陈说作左证矣。

汉熹平石经《论语·尧曰篇》残字跋[①]

洛阳城东三十里朱家圪垱，近出魏正始石经，皆古文、篆、隶三体，又有隶书者数石，皆《汉熹平石经》也。其地为汉魏之太学，即《洛阳伽蓝记》所谓劝学里者是也。

右二石先后出土，为《论语·尧曰篇》残字，存字四行：第一行存继绝世三字，第二行存“惠而不费劳而不怨”之费劳而三字，第三行存“斯不亦泰而不骄乎”之亦泰而三字，第四行存“谓之有司”之司字，司下著一圆点，又其下存半字。《隶释》所录《尧曰篇》残字，即在此石之下方。据何晏《集解》本《尧曰篇》“谓之有司”下有“孔子曰不知命无以为君子也”一章，今此半宁既非孔字，又不类子字（朱子《集解》本无孔字），必非此章之文。惟《经典释文》云，“《鲁论》无此章，今从《古》”。依《八佾》《阳货》等篇（见《隶释》）计章之例，此半字当是凡字；凡字下所阙，当为二章二字，以此篇仅《尧曰》《子张问》二章也。

按《论语》有齐、鲁、古三家:《鲁论》二十篇;《齐论》多《问王》《知道》二篇，为二十二篇，其二十篇中章句多于《鲁论》;《古论》分《尧曰》下章《子张问》以为一篇，凡二十一篇。《释文》于此

---

① 编者案：此文载北京大学《国学季刊》一卷三期（一九二三年）。

章下采鲁古，不言《齐论》之有无。《玉函山房辑齐论语》，言：“《齐论语》，齐人所传；董仲舒，广川人，地属齐，《汉书》本传对策及所著《春秋繁露》多引《论语》，与鲁古不同，而与王吉（吉传《齐论》）所引有合，确为《齐论语》。”又辑其对策所引“孔子曰不知命亡以为君子”句，云：“无作亡，无也字，又与《古》少异，是董用《齐论语》之确证。”质以“二十篇中章句多于《鲁论》”之语，其说似当可信。汉石经《论语》所用何本，史无明文，今日此石无《不知命》一章，又《隶释》所录校语有凡廿篇之文，与《鲁论》篇数合；则石经用《鲁论》本宜可确定。然《校语》中无鲁古等字，而有盍、毛、包、周异同之说。按何晏《集解叙》曰：“安昌侯张禹，受《鲁论》，兼讲《齐》说，善者从之，号曰《张侯论》，为世所贵；包氏周氏章句出焉。”《汉书·禹传》亦言：“禹为《论语章句》……最后出而尊贵；由是学者多从张氏，余家浸微。”盖自《张侯论》出而《齐鲁》不分，传至东汉，盛行已久，而三家益微矣。《石经校语》既有盍、毛、包、周之说，盍毛今不可考，而包周所传则皆《张侯论》章句。是石经所用之本为《张侯论》，殆无疑义。张氏以《鲁论》为本，兼采《齐》说，择善而从。此篇末无《不知命》一章者，必仍为《鲁论》之旧也。且《张侯论》在东汉时疑亦有《鲁论》之目；郑玄之为《论语注》也，何晏《集解叙》谓“就《鲁论》篇章考之《齐古》”，《隋志》谓“以《张侯论》为本参考《齐论》《古论》”，《释文叙录》则谓“就《鲁论》张包周之篇章考之齐、古”。郑氏所据，实为《张侯论》，而何陆并称为《鲁论》；是东汉之所谓《鲁论》者，即《张侯论》矣。然则石经所用之本，虽谓之《鲁论》，亦无不可。或以为《汉志鲁安昌侯说》二十一篇，石经之本凡廿篇，篇数不相侔，疑其非是。然《隋志》言：“禹本授《鲁论》，晚讲《齐论》，后遂合而考之，删其烦惑，除去齐论《问王》《知道》二篇，从《鲁论》二十篇为定。”序述较详，当必不误。刘宝楠《论语正义》疑《汉志》“一”字误衍；又以为经二十篇，说一篇，《志》连经言之，得有二十一篇。说亦近是，不得以此而疑之也。

今依今本《论语》写定全文，用王昶《金石萃编》之例，以大字写共存字，而以小字录其佚文。所以知篇首必提行者，以洪氏录《八佾》《阳货》等篇，其下不接书《里仁》《微子》等篇也。所以知行七十三字者，以洪氏录《仪礼·大射仪》六行七十三字也。惟第一、第三、第四等行多出一字，或文有不同，不足异也。其圆点介于篇末及凡若干章之间者，所以别计章之文于正文也。推之《八佾》《阳货》等篇当亦如是。洪氏并不言及，赖此知之。

魏正始石经《尚书·多士》及《春秋》文公残石跋

《尚书·多士》残石，存十一行，行存三字至十六字，后阙二十三行。《春秋》文公存十行，行存三字至十五字，前阙二十二行，与《无逸》《君奭》及《春秋》僖公、文公一石，同时出土。亦表里刻之，上下皆有阙损，故不能知每行之起讫。取以校今本《多士》中异同之字，“诞淫厥逸”，今本逸作佚。“惟天弗畀”，今本弗作不。而“罔顾于天显民祗”罔字之下，“若兹大丧”大字之上，中间计十四字，今本则十五字。又“非我一人奉德不康宁”我字下，“不敢有后”后字上，中间计十六字，今本作十七字，均多一字。而“不敢有后”下，今本即接“无我怨”。此本则后字下有“王曰繇”三字，以下当更有三字（疑当是尔多士），乃合每行字数。今本佚六字。观石本知“无我怨”以下乃王三呼多士而告之，意周且挚，今本佚之者非也。《春秋》文公自九年三月至十有二年正月，与今本无甚异同，惟“曹恭公”今本作“曹共公”，“盟于汝栗”今本作“女栗”耳。此石闻归洛阳县长，友人游洛，归以墨本见赠，如获重宝，书其后以识之。癸亥四月九日。

宋范祖禹书《古文孝经》石刻校释①

《孝经》有今文古文二本。汉兴，河间人颜芝之子贞所藏，长孙氏、江翁、后苍、翼奉、张禹所传者，今文本也。鲁恭王坏孔子宅所得，昭帝时鲁国三老所献者，古文本也。今文旧传有郑氏《注》，亡于五代之乱。古文旧传有孔安国传，亡于梁乱，隋开皇间，王逸得之，因与王劭而转示刘炫。炫因序其得丧，讲于民间，渐闻朝廷。儒者皆云炫自作之，非孔旧本。今文凡十八章，古文则以《庶人》章分为二，《曾子敢问》章分为三，又多《闺门》一章，凡二十二章。唐开元七年三月，诏合群儒质定今古。右庶子刘知几主古文，立十二验以驳郑。国子祭酒司马贞主今文，摘《闺门》章文句凡鄙，《庶人》章割裂旧文，妄加子曰字及《注》中脱衣就功诸语，以驳孔。相争不决。玄宗乃参会六家（韦昭、王肃、虞翻、刘劭、刘炫、陆澄）以为之注，经本今文，章凡十八。开元十年颁行天下。天宝二年五月，重注，亦颁天下。至天宝四载九月，以御注刻石于太学，今谓之《石台孝经》。至是今文行，而古文废矣。宋时秘阁所藏《孝经》，有郑氏（此郑《注》疑即咸平中日本僧所献）、明皇及古文三家。古文有经无传，司马光据

① 编者案：此文原名《古文孝经考释》，载陈习删《大足石刻志略》；后转载于《历史语言研究所集刊》二十册上册（一九四八年）。始改今名。

以作《古文孝经指解》，范祖禹又作《古文孝经说》。至南宋，朱熹复删定古文经为经一章，传十四章，谓之《孝经刊误》。元吴澄深韪朱子之分经传，而不以专据古文为然，乃用古文、今文及《刊误》本参校，今文古文有不同者，定从所长；所不从者，附注于下;《刊误》本所涂之字，并删去之。传文章次，亦更定先后，分为经一章，传十二章，谓之《孝经定本》，亦称《草庐孝经》。元董鼎之《孝经大义》，朱申之《孝经注解》，则皆述朱子之书。《古文孝经》传本，略具于此矣。《知不足斋丛书》所收日本旧传《古文孝经》及《古文孝经传》，杨守敬观海堂旧藏日本古抄本《古文孝经》二种（一白文、一《孔传》本，今并藏故宫），皆不足据，不录。

宋范祖禹书《古文孝经》，摩崖刻于四川大足县北山，始著录于宋王象之《舆地碑记目》（《滂喜斋丛书》本）卷四昌州条，而不著书人名氏。清朱彝尊《经义考》引之而以为已佚。清嘉庆间、武威张澍令斯邑，尝游北山，犹及见之、见所著《游北山记》（《养素堂集》卷八）。而著录石刻之书未有收集者。盖自象之著录以后，湮没无闻者七百年矣。一九四五年四月，大足县修志委员会陈习删约游大足，首至北山。山为唐末昌州刺史韦君靖所建之永昌寨、寨中多摩崖或石窟造像。自唐乾宁以后，历五代宋初皆有增刻、知其地为历来名胜之区。中有一窟，深不及三尺，高约丈余，就崖石凿一碑于其中，为宋《赵懿简公神道碑》，范祖禹撰，蔡京书并篆额。碑两旁石壁，则刻《古文孝经》，末署范祖禹敬书五字。字大三寸许，列于《神道碑》左右壁上各三十三行，行二十八字。虽漫漶百余字，而大体完整，不禁为主惊喜赞叹。盖《孝经》石刻，如唐玄宗之《石台孝经》及见存唐清两代之石经、绍与府学之宋谢景初书《孝经》，杭州之宋高宗御书《孝经》等，皆为今文。古文《孝经》向惟北京国子监之明蔡毅中《集注》，为天启三年监丞金维基等所刻。不分章，小注双行列于各句之下，末署“唐著作郎太子中舍人虞世南书”，或集虞字所成，今存北京历史博物馆。此刻署范祖禹书，可称唯一最早之古文本。且范为拥护古文主人，著有《古文孝经说》，所据之本，当即其时秘阁所藏。此刻不亡，即秘阁本至今存在。其可宝贵，岂在敦煌新出之北魏和平二年写本（见《东方杂志》第四十卷第三号）之下耶？顾范为华阳人，距大足六七百里，何以大书深刻于此山？赵懿简名瞻，陕之盩厔人，既曰神道碑，当树之墓道、瞻墓不应在大足，窟之上下前后，又无冢墓遗迹，皆不无疑问。意者此窟为范之门生故吏所凿，以志其景仰之私，遂以赵瞻墓前范撰碑文复刻于此，又以其手写或他处刻石之《孝经》抚勒其旁欤？颜鲁公《中兴颂》，蜀中有二本。《干禄字书》原刻毁于吴兴墨妙亭，而蜀中存复刻本，《元祐党人碑》广西有二本，皆其例也。

宋陈振孙《直斋书录解题》载司马光《古文孝经指解》一卷，范祖禹《古文孝经说》亦为一卷。而《四库》所收，则以范《说》合于《指解》。《通志堂经解》所收，则以司马《指解》范《说》合于唐玄宗之今文《注》，谓之《孝经注解》，皆不知谁氏所合并者。今校此刻，自应以范校范，范《说》既无单行本。则惟有取《四库》及通志堂之二合编本校之，而参之以朱子《刊误》本，其余自《刊误》本出者，则无取焉。蔡氏《集注》晚出，且有脱字（“聿修厥德”之聿字，“民具尔瞻”之瞻字）、衍字（“然后能守其守宗庙”之守字）、误字（“然后能保其寿禄”之寿字，“是以其孝不肃而成”之孝字），亦不足据。

古文二十二章，原无异说，而分章之处，则碑本与合编本（指《四库》与通志堂本）小有出入。碑本第六章“此庶人之孝也”下，即接“故自天子”一段二十三字；又下接“曾子曰……”九字，通为一章。而合编本则“故自天子”一段别为第七章、而以“曾子曰”以下九字属下章。朱子《刊误》以“仲尼闲居”至“故自天子”一段止为经，而以“曾子曰”以下为传，谓后人妄分以为六七章。并注云，“今文作六章，古文作七章”。是朱子所见之本与合编本同，而与碑本异也。碑本“先王见教之可以化民也”以下别为第八章，合编本及《刊误》本则皆属上为一章。故章数虽同，而分章小异也。碑本第三第四第五第八章首各有子曰二字，而合编本无之。碑本“昔者明王之以孝治天下也”，合编本无之字。碑本“非圣人者无法”，合编本无人字。范《说》曰，“圣人者，法之所自出也，而非之，是无法”，是明有人字也。碑本“先之以博爱”“先之以敬让”二以字，为通志堂本所无。证以“陈之以德义”。“导之以礼乐”“示之以好恶”等句，知通志堂本之误夺也。碑本“然后能保其禄位”及“卜其宅兆而安厝之”，并与今文同。而合编本之经与说及《刊误》本，禄位并作爵禄，厝作措。碑本“则天之明”“治家者不敢失于臣妾”。“恐辱先也”诸句，并与今文及《刊误》本同。合编本则天作因天（《说》中亦作因）、失作侮，先作亲。合编本“是何言与”下有“言之不通也”五字，碑本《刊误》本及今文并无之（蔡《注》本亦无此句）。明胡爌《拾遗录》尝讥祖禹所说，以光注“言之不通也”句误为经文。今范书此碑无此句，正可为祖禹辨诬矣。碑本“皆在于凶德”与《刊误》本同，合编本皆字上有而字，同于今文，但《说》中亦无而字，可知碑本与《说》符合。碑本“而名立于后矣”，合编本《刊误》本并作后世，与今文同。碑中孝悌之悌字凡四见。前二字作弟，与合编本同，后二字作悌，与今文同。惟《刊误》本前一字作弟，后三字作悌。碑本“岂弟君子”不从心旁作恺悌，与古今文诸本异，而同于《诗·大雅·泂酌》原文。“德义可尊”，碑作遵，亦与古今文诸本异。至槑参、于於、灾災、榔桴、踴踊等字，或与诸本不同，则为古今字，不足异也。其有避讳字，则空格不书，如二十一行让字，避英宗父讳，六十行匡字，避太祖讳，是也。五十行慎字（今石已泐旧拓本空格）避孝宗讳。祖禹卒于哲宗元符元年，下逮孝宗即位，相距六十五年，不应避讳。然因此益可证明为后人景仰祖禹而补刻者。且补刻之年代，当在孝宗以后。惟丧字凡三见，亦皆空格不书，不避死字而避丧字，似非偶然者。意者避其家讳之嫌名欤？司马光父讳池，每与韩持国书，改持为秉，是其例也。碑中敬字凡二十余，独不避翼祖讳，亦可异也。碑本合编本同而《刊误》本异者，第一章“夫孝德之本”下有也字，第六章“因天之道”因作用，第十七章“宗庙致敬不忘亲也”致作至。至今古文之异同，前贤考之者详矣。宋黄震《日钞》云，“孝经”一尔，特所传微有不同”，其说可谓持平之论。然如今文“各以其职来祭”，古文作“来助祭”；“言思可道，行思可乐”二思字，古文作斯，则似较今文为长。今附录碑文（拓本篇幅太大，不便影印），而以《四库》通志堂二合编本所校异同识于各字之右方。凡碑本有而校本无者为⊙，碑本无而校本有者为○，字有异文者为·，分章有异者为△，其碑文泐者代以□，以便观览。经文凡千八百一十五字（中有空格不书者六字），标题及书款九字，已泐者六十三字（据旧拓本）、都计存字千七百五十有五字。每章之首，以点间之，犹存《汉石经》之遗制，惟其点特大耳。

古文孝经·仲尼闲□□子侍坐子曰㬅先王有至德要道以顺天下□|用和睦上下无怨女□□乎

曾子避席曰㬅不敏何足以知之子曰夫□|德之本教之所由生□□吾语女身体发肤受之父母不敢毁伤孝之□|□立身行道扬名□□□以显父母孝之终也夫孝始于事亲中于事□|□于立身大雅云无□□祖聿修厥德·子曰爱亲者不敢恶于人敬□|者不敢慢于人爱敬□□事亲而德教加于百姓刑于四海盖天子之□|南刑云|人有庆兆□赖之·子曰在上不骄

高而不危制节谨度满□|不溢高而不危所以□守贵满而不溢所以长守富富贵不离其身然后|□保其社稷而和其□人盖诸侯之孝诗云战战兢兢如临深渊如履薄|□·子曰非先王之□服不敢服非先王之法言不敢道非先王之德行|□□行是故非法不□非道下行□无择言身无择行言满天下无□过|行满天下无怨恶三者备矣然后能守其宗庙盖卿大夫之孝也诗云□|夜匪懈以事一人·子曰资于事父以事母而爱同资于事父以事君而|敬同故母取其爱而君取其敬兼之者父也故以孝事君则忠以敬事长|则顺忠顺不失以事其上然后能保其禄位而守其祭祀盖士之孝也诗|云夙与夜寐毋忝尔所生。子曰因天之道因地之利谨身节用以养父|母此庶人之孝也故自天子已下至于庶人孝无终始而患不及者未之|有也曾子曰甚哉孝之大也·子曰夫孝天之经地之义民之行天地之|经而民是则之则天之明因地之义以顺天下是以其教不肃而成其政|不严而治·子曰先王见教之可以化民也是故先之以博爱而民莫遗|其亲陈之以德义而民兴行先之以敬而民不争导之以礼乐而民和|睦示之以好恶而民知禁诗云赫赫师尹民具尔瞻·子曰昔者明□之|以孝治天下也不敢遗小国之臣而况于公侯伯子男乎故得万国之口|心以事其先王治国者不敢侮于鳏寡而况于士民乎故得百姓之□□|以事其先君□家者不敢失于臣妾而况于妻子乎故得人之懽心以事|其亲犬然故□则亲安之祭则鬼享之是以□□和平灾害不生祸乱不|作故明王之以孝治天下如此诗云有觉德□四国顺之·曾子曰敢问|圣人之德其无以加□□□子曰天地之性□为贵人之行莫大于孝孝|莫大于严父严父莫大于配天则周公其人□昔者周公郊祀后稷以配|天宗祀文王于明堂口配上帝是以四海之□□以其职求助祭大圣人|之德又何以加于□□□□□之膝下以养□□日严圣人因严以教敬|因亲以教爱圣人之教不肃而成其政不严□治其所因者本也·子曰|父子之道天□君臣之义父母生之续莫大焉君亲临之厚莫重焉·子|曰不爱其亲而爱他人者

谓之悖德不敬其亲而敬他人者谓之悖礼以|顺则逆民无则焉不在于善皆在于凶德虽得之君子所不贵君子则不|然言斯可道行斯可乐德义可遵作事可法容上可观进退可度以临其|民是以其民畏而爱之则而象之故能成其德教而行政令诗云淑人君|子其仪不忒・子曰孝子之事亲居则致其敬养则致其乐病则致其忧|则致其哀祭则致其严五者备矣然后能事亲事亲者居上不骄为下|不乱在丑不争居上而骄则亡为下而乱则刑在丑而争则兵此三者不|除虽日用三牲之□犹为不孝也・子曰五刑□属三千而罪莫大于不|孝要君者无上非圣人者无法非孝者无亲此大乱之道业・子曰教民|亲爱莫善于孝教民礼顺莫善于弟移风易俗莫善于乐安上治民莫善|于礼礼者敬而已矣故敬其父则子悦敬其兄则弟悦敬其君则臣悦敬|一人而千万人悦所敬者寡而悦者众此之谓要道・子曰君子之教以|孝也非家至而日见之也教以孝所以敬天下之为人父者教以弟所以|敬天下之为人兄者教以臣所以敬天下之为人君者诗云岂弟君子民|之父母非至德其孰能顺民如此其大者乎・子曰昔者明王事父孝故|事天明事母孝故事地察长幼顺故上下治天地明察神明彰矣故虽天|子必有尊也言有父也必有先也言有兄也宗庙致敬不忘亲也修身|行恐辱先也宗庙致敬鬼神著矣孝悌之至通于神明光于四海无所不|通诗云自西自东自南自北无思不服・子曰君子之事亲孝故忠可移|于君事兄悌故顺可移于长居家理故治可移于官是故行成于内□名|立于后矣・子曰闺门之内具礼矣乎严父严兄妻子臣妾犹百姓□役|也・曾子曰若夫慈爱恭敬安亲扬名参闻命矣敢问从父之令可谓孝|乎子曰是何言与是何言与昔者天子有争臣七人虽无道不失其天下|诸侯有争臣五人虽无道不失其国大夫有争臣三人虽无道不失其家|士有争友则身不离于令名父有争子则身不陷于不义故当不义则子|不可以弗争于父臣不可以弗争于君故当不义则争之从父之令焉得|为孝乎・子曰君子事上进思尽忠退思补过将顺其美救其恶故上|下能相

亲诗云心乎爱矣遐不谓矣中心藏之何日忘之·子曰孝子之|亲哭不偯礼无容言不文服美不安闻乐不乐食旨不甘此哀戚之情|三日而食教民无以死伤生毁不灭性此圣人之政不过三年示民有|终为之棺椁衣衾而举之陈其簠簋而哀戚之擗踊哭泣哀以送之卜其|宅兆而安厝之为之宗庙□鬼享之春秋祭祀以时思之生事

爱敬死事|哀戚生民之本尽矣生死之义备矣孝子之事亲终矣范祖禹敬书

余初校时，假大足县修志委员会新拓本，以为除此外盖无第二本。以刘喜海搜录蜀刻之勤，而所著《三巴金石目录》（存古书局刊本）犹未之及，遑论其他。不意是年冬游成都，于市上得一本，较新拓多出四十余字，犹是百年前拓本，或即张澍所拓，亦未可知。盖陆耀遹《续金石萃编》所收之《韦君靖碑》，即为张所赠也。因据以重为写定。如第五十行“修身慎行”之慎字，明为空格，而新拓本已漫漶。由此而证明碑为孝宗以后所补刻，岂不快哉？著者附识。

明赵崡《石墨镌华》卷五，收宋《枢密赵瞻碑》云：“赵懿简公瞻，敞邑（盩厔）人，卒葬城南四里，茔地为耕者所侵殆尽。碑仆而泐，仅有数十字可辨。观其书法劲健，知书撰人必非没没者。惜先达为敝邑志，不收其文，遂无所考，为之一慨！”是明时原碑已泐，致不知书撰人姓名。则余之假设为复刻，可由此证之矣。一九四八年八月衡识。

晁公武刻《古文尚书》残石跋

宋晁公武所刻《古文尚书》，附于《孟蜀石经》之后，其意殆仿魏正始故事而踵行之欤？汉熹平间，刻石经立于太学，悉为今文。其时古文学已盛行，故魏正始间又刻《古文尚书》《春秋》二经，典今文石经并立。孟昶之刻石经于成都也，始于广政七年，以经注并刻，故文字增多倍蓰，石数愈千，历时八年始成。至宋皇祐元年，田况补刻公谷二传毕功。宣和间，席贡父补刻《孟子》。乾道中，晁公武刻所著《石经考异》时，又得《古文尚书》补刻之，与《考异》并附石经之后。其地在汉末所作礼殿之东南隅石经堂，堂为胡宗愈所建。可见两宋人对此之重视。且如此巨制，纵经兵燹，亦下至片石无存。乃自晁公武张之后，阒然无闻，仅知明时有《礼记》数段在合州宾馆，清乾隆间福康安修城时，有人于城址得残石数十片而已。其摧毁之时代及其原因，何以毫无记载耶？抗日战争初期，余至成都，尝以此促学术界注意。及成都遭受敌机空袭，疏散市民，拆除城垣缺口多处，以通行人，果得残石若干片。惜皆归私人所有，流传不广。余所得见者，有《毛诗》《仪礼》各二段，不知尚有他经否？此《古文尚书·禹贡》《多士》各一段，闻亦其时所出。然则摧毁原因，或即以修筑城垣之故。摧毁之时，或在元代也。

卷　七

书籍制度

中国书籍制度变迁之研究[①]

书籍为介绍文化之工具，其制度变迁之历史，应有研究之价值。惜年湮代远，书阙有间，欲求完全而有系统之知识，实属不易。所幸载籍之记录，实物之流传，虽属东鳞西爪，尚可得其大较。吾之所谓制度，是指材质与形式而言，并不包括撰述或流传方面。近人对此问题，已有不少之研究；并各有其贡献。关于最古者有王静安之《简牍检署考》，关于近代者有《书林清话》中之几节。今采取两家之说，益以后出之资料，更参加己见，草成此篇，以见书籍制度变迁程序。

一　材质及其兴废之时期

吾人言及书籍二字，一般人之观念，必以为即今之线装书。余所见故事画中，即有不少例证。但此为现代已进化之制度，而非初有书籍时之制，且演进之过程依时代而各异。凡事物之创造，必先粗制滥

① 编者案：此系在北京大学史学会的讲演词，载《图书馆学季刊》一卷二号（一九二六年六月）。今据改正本印出。

又案王国维于一九二六年八月十五日致函马衡先生云："……在《图书馆学季刊》中得读大著《书籍制度考》，甚佩甚佩！弟尚见敦煌所出唐末人写经，有线装叶子本，与西洋书装订式相同。其法先订后写，苟装线脱去，则书之次序，全不可寻。《墨庄漫录》所记缝缋法，即谓此种装订，非后来之线装书也。"可资补充，故附录之。

造，而后逐渐改进，以臻于巧妙。纸为二世纪初期之产物，以之写录书籍，更在其后。在未用纸以前，先用缣帛，缣帛以前又先用竹木。

竹木始于何时，今不可考，或自有书契以来即用竹木，亦未可知。缣帛之用，却亦不晚，《墨子·明鬼篇》曰，“故书之竹帛，传遗后世子孙”。《韩非子·安危篇》亦曰，“先上寄理于竹帛”。皆以竹与帛并举。可见周代虽用竹木，已知兼用缣帛矣。《汉书·艺文志》撮录群书，或以篇计，或以卷计。以篇计者为竹木，以卷计者为缣帛。卷之数不如篇多，又可见西汉时代缣帛虽已流行，而其用尚不如竹木之广。《后汉书·儒林传》言：“及董卓移都之际（一九〇年），吏民扰乱，自辟雍、东观、兰台、石室、宣明、鸿都诸藏，典策文章，竞共剖散。其缣帛图书，大则连为帷盖，小迺制为縢囊。”当东汉末年，缣帛为用之广，已可想见。但《阳球传》载灵帝时（一八〇年顷），球奏罢鸿都文学，曾言乐松江览等徼进明时，有“鸟篆盈简”、“笔不点牍”之语。《荀悦传》记悦作《汉纪》时（献帝建安初，当二〇〇年）献帝诏尚书给笔札。当时所用犹皆竹木。意应制之作，以及官府文书，各有定制，不能随意变更，故仍用竹木。其余或已趋于便易，多用缣帛矣。官府文书之用竹木，不但汉末如此，直至南北朝之时，尚有一部分沿用者。然则竹木之命运，亦不为短矣。

至纸之创造家虽为蔡伦，而纸之名，则犹因于缣帛。据《后汉书·蔡伦传》言：“自古书契，多编以竹简，其用缣帛者谓之纸。缣贵而简重，并不便于人，伦迺造意用树肤麻头及敝布鱼网以为纸。元兴元年（一〇五年）奏上之，帝善其能，自是莫不从用焉，故天下咸称蔡侯纸。”然则纸为缣帛之名，蔡伦所造者，并未锡以新名，犹是因缣帛之旧称。故蔡伦以前所谓纸者，皆指缣帛而言，如《意林》引应劭《风俗通》言：“光武车驾徙都洛阳，载素简纸经凡二千两（同辆）。”

《后汉书·贾逵传》言:“(章帝)令逵自选《公羊》严颜诸生高才者二十人，教以《左氏》，与简纸经传各一通。”其时皆在蔡伦以前，所谓纸者，并非蔡侯纸也。但至蔡伦以后，纸之名遂为树肤麻头等所造者所专有矣。

依《蔡伦传》所言，似造纸之动机，乃感到缣与简之不便，欲以之为代用品。但初造之时，不甚通行，惟家贫或不能用缣帛者用之。《北堂书钞》(卷一〇四)引崔瑗《与葛元甫书》曰:“今遗送《许子》十卷，贫不及素，但以纸耳。”可知当时素贵纸贱，用纸者为不敬。魏晋之际，犹用缣帛，至南北朝时，始通行用纸。《隋书·经籍志》曰:“魏秘书郎郑默始制《中经》，秘书监荀勖又因《中经》更著《新簿》，分为四部，总括群书。……大凡四部合二万九千九百四十五卷，但录题及言，盛以缥囊，书用湘素。”又曰:“其中原则战争相寻，干戈是务，文教之盛，苻姚而已。宋武入关，收其图籍，府藏所有，才四千卷，赤轴青纸，文字古拙。”又曰:“及平陈以后，经籍渐备，检其所得，多太建时书，纸墨不精，书亦拙劣。”《北堂书钞》(卷一〇四)引王隐《晋书》曰:“陈寿卒，诏河南尹华淡下洛阳令张泓遣吏赍纸笔，就寿门下写取《三国志》。”张怀瓘《二王等书录》曰:“桓玄爱重二王，不能释手，乃选缣素又纸书正行之尤美者，冬为一帙，常置左右。”据以上记载书籍之事参互考证，晋时纸与缣帛兼用，至纸之完全代替缣帛，或在南北朝之时矣。竹帛纸三种材质兴废之时期，虽不敢确定其起讫界限，然行用时期，可大略得结论如下:

(一)**竹木**　自有书契以来迄于三、四世纪。

(二)**缣帛**　自前四、五世纪迄于五、六世纪。

(三)**纸**　自二世纪迄于今日。

二　形式及其装置之法

材质既不同，故形式亦因之改变。缣帛之性柔，可以卷舒，藏之则卷，用之则舒，此之谓卷轴。纸之性质，与缣帛相近，行用初期，又在缣帛之卷轴盛行时代，故装置形式，与缣帛无异，仍是卷轴。但性质虽相近，而略有不同，缣帛为完全柔性，纸则于柔性之中含有坚致性质。其后感觉卷舒不便时，因坚致之特性而获得改良之道，即由卷舒之卷轴，一变而为折叠之叶子。叶子形式经多次之改变，又可分若干种，今对卷轴而言，可称之为册叶。至竹木之用乃原始之制度，其形式系用竹木削成狭长之片，书字于其上。其名谓之简，以若干简编连之则谓之册（或写作策），总称之则谓之简册。今依时代先后，就简册（竹木）、卷轴（缣帛与纸）、册叶（纸）等形式，分节说明之。

甲　简册

简册二字之意既如上述，今更引贾公彦、孔颖达之言以证之。《仪礼·聘礼》疏：“简谓据一片而言，策是编连之称。”又《既夕礼》疏：“编连为策，不编为简。”《春秋左传序》疏：“单执一札谓之为简，连编诸简乃名为策。”以上诸策字，皆册之通假字。《说文》曰：“册，符命也。诸侯进受于王也。象其札一长一短，中有二编之形。”甲骨及金义册多作[illegible]、[illegible]等形，皆象编简之形。故简册二字，可包括一切竹木制之书籍。若分析言，名目亦甚多，其字大半属于形声一类，竹制者从竹，木制者从木或片，如牍、札、牒、棨、版、簿、籍等皆然。由文字上推测，亦可窥见简册之制度。

简册之长短，亦可略言之。有长二尺四寸者，有长一尺二寸者，有长八寸者。贾公彦《仪礼·聘礼》疏引郑作《论语序》云：“《易》

《诗》《书》《礼》《乐》《春秋》，策皆二尺四寸（原文作尺二寸，今依阮元《校勘记》订正）;《孝经》谦半之;《论语》八寸策者，三分居一，又谦焉。”孔颖达《左传序疏》亦曰:“郑玄注《论语序》以《钩命决》云，‘《春秋》二尺四寸书之,《孝经》一尺二十书之’，故知六经之策皆称长二尺四寸。”《通典》(巷五四）封禅使许敬宗等奏亦引《孝经·钩命决》曰:“六经册长二尺四寸,《孝经》册长尺二寸。”荀勖《穆天子传序》曰:“以臣勖前所考定古尺度，其简长二尺四寸。”凡此所言，皆周时写六经、纪、传及国史之简，是用二十四之分数。及至汉代，其制又略有变更，据王静安所考：有长二尺者，有长一尺五寸者，有长一尺者，有长五寸者，皆二十之分数。敦煌所山汉木简之属于书籍类者，如《急就篇》一尺五寸，而《相马经》、医方等皆长一尺，元康三年历书长一尺五寸，而其余神爵三年、永光五年、永兴元年等历书又皆长一尺。此为秦以前与汉以后简册长短不同之点。

每简所容字数之多少亦无定，据《汉书·艺文志》:“刘向以中古文(《尚书》)校欧阳、大小夏侯三家经文,《酒诰》脱简一。《召诰》脱简二。率简二十五字者，脱亦二十五字，简二十二字者，脱亦二十二字。”《仪礼·聘礼》疏:“郑注《尚书》三十字一简之文，服虔注《左氏》云，‘古文篆书，一简八字’。”荀勖《穆天子传序》曰:“一简四十字。”是则容字之数，有四十字者，有三十字者，有二十五字者，有二十二字者，有八字者。意者容字多者，或为长二尺四寸之简,《左传》八字，或即同于《论语》用八寸简欤。然同是二尺四寸之简，最多者能容四十字，最少者祗容二十二字，可见字数之多少，是无定也。敦煌所出《急就篇》，以一章为一简，每章六十三字。有面背分作三行写，每行二十一字者；有分作两行写，一行三十二字，一行三十一字者。字书写法固应整齐画一，据《汉书·艺文志》:“汉兴，闾里书师，合《仓颉》《爰历》《博学》三篇，断六十字以为一章，凡五十五章，并为《仓颉篇》。”字书为讽诵之书，故编辑时即有一定字数，如乐歌之分章，与其他书籍不同也。

编简为册之法，据《说文》说，“中有二编”。据蔡邕《独断》言：“策，简也……其制长二尺，短者半之。其次一长一短，两编下附。”古文册字作[illegible]、[illegible]诸形，可以考见二编、两编之说，乃以绳横贯诸简，上下各一道，使诸简排比成册。西北科学考查团所得居延诸简，以年代久远，多为断简残编。但其中有二册，一为《兵器簿》，共七十七简；一为给丧假之文书，共三简。上下两编皆为麻线编成。《兵器簿》之两编且于右侧连贯，正如象形字之。此由西北干燥。其编尚未腐朽也。至编之之物，有用皮者，有用丝者。《史记·孔子世家》云：“孔子晚而喜《易》，读《易》，韦编三绝。”韦为熟皮，以熟皮为缕以编简，谓之韦编，此为以皮编者。《太平御览》（卷六〇六）引刘向《别录》曰：“《孙子》书以杀青简，编以缥丝绳。”荀勖《穆天子传序》曰：“皆竹简，素丝纶。”《南史·王僧虔传》曰：“楚王冢书，青丝编。”此为以各种色丝编成者。居廷简则以麻线编成，又为历来记载所不及。可见普通书籍不必定用韦编丝编也。治竹木之法，古籍中亦略可考见，《论衡·量知篇》曰：“夫竹生于山，木长于林，未知所入。截竹为筒，破以为牒，加笔墨之迹，乃成文字。大者为经，小者为传、记。断木为椠，析之为版，力加刮削，乃成奏牍。”《风俗通》引刘向《别录》曰：“杀青者，直治竹作简书之耳。新竹有汁，善朽蠹，凡作简者，皆于火中炙干之。陈楚间谓之汗，汗者，去其汁也。吴越曰杀，杀亦治也。”可见治竹较治木为烦也。书籍之编简为册，简之多寡，当视其文之长短而定，文长者一册或数十简，如《兵器簿》然。庋藏之时，由卷尾卷至卷首，而于其中别插一简，标其名目。此又由《兵器簿》实验而得者也。简册之字，据叶焕彬所考，一为刀刻，一为漆书，而王静安所考，书刀用以削牍，而非用以刻字，虽殷周之书亦非尽用刀刻。两说虽各有理由，而余以王说为长。《考工记》，“筑氏为削”。郑《注》云，“今之书刀”。《释名》(《释兵》) 云，“书刀，给书简札有所刊削之刀也”。所谓刊削者，谓有谬误，则以刀削去之也。《史记·孔子世家》曰:“至于《春秋》，笔则笔，削则削，子夏之徒，不能赞一辞。”颜师古《汉书·礼乐志》注云:“削者，谓有所删去，以刀削简牍也;笔者，谓有所增益，以笔就而书之。”盖古人以刀与笔并称，与所谓笔削者本是一意，非谓以刀刻字也。至写字所用之材，最初以漆书，其后利用石墨。因为照进化程序言，应先用天然材料，而后有比较进步之人工制造材料。漆为木汁，无待于发明，文字最初用漆书，应为合理之事实。漆之燥湿不易调节，故又改用石墨，亦即石炭，俗谓之煤。顾微《广州记》曰:“怀化郡掘堑得石墨甚多，精好可写书。”戴廷之《西征记》曰:“石墨山北五十里，山多墨，可以书。是皆天然之墨，今称燃料曰煤，盖即墨字也。又其后以松烧烟，加胶制墨，则出自人工制造矣。”但《后汉书·杜林传》所载“漆书古文《尚书》一卷”，及《后汉书·儒林传》所言“贿改兰台漆书经字”，恐已非真漆书。盖后汉时人造书墨已盛行，不应尚用漆书，或此为祖传古本，非汉时所书也。

乙　卷轴

卷轴之制，今所可考见者，皆为隋唐以后之记载。其时已完全用纸，不知缣帛之制如何。敦煌所出六朝卷子亦为纸者，形式与隋唐时相同。故今日所可考者，只限于纸之卷轴。然由纸以推测缣帛，或亦无甚区别也。卷轴皆横行，高约一尺，长短无定制，简册编为一篇者，则卷轴写作一卷。今之书籍虽改作册叶，而犹称为卷者，乃沿卷轴之旧名也。缣帛之篇幅本是仄而长，以之为长轴，可以无接缝，《初学记》（卷二一）谓“古者以缣帛，依书长短，随时截之”是也。纸之篇幅不如帛长，则以数纸连为一幅。其接缝之处，以胶黏连之。如有钤印或署名者，则谓之印缝，或曰押缝，或曰款缝。敦煌所出卷轴，虽至断烂，而黏连之处未有脱落者，不知其装潢之法如何也。梁徐陵《玉台新咏序》曰：“五色花戕，河北胶东之纸。”谓以五色纸连成一幅，今日本奈良正仓院藏唐写卷子本《王子安集》，即为五色戕，知徐文非铺张也。古纸厚于今纸，单层之纸，即可装治成轴，不似今之手卷，必以纸数层装背之。古时抄书，必以墨画直格，唐时谓之边准，宋时谓之解行。宋程大昌《演繁露》（卷七）引《李义山集新书序》（卷七）曰：“治纸工率一幅以墨为边准（原注：今俗呼解行也），用十六行式（原注，言一幅解为墨边十六行也），率一行不过十一字。”而宋赵彦卫《云麓漫钞》（卷三）曰：“释氏写经一行以十七字为准，故国朝试童行诵经，计其纸数，以十七字为行，二十五行为一纸。”据程氏赵氏所说，行数字数各有定式，今所见唐以前之卷子本，似不尽相符，惟释氏写经则以每行十七字为准耳。

缣帛或纸之横幅可以卷舒者，谓之卷，或谓之卷子。卷心之轴，两端露出于卷外如车轴者，谓之轴。轴之材，或用琉璃，或用牙，或用玳瑁，或用珊瑚，或用金，或用紫檀，或用柟檀，或用漆。其牙与琉璃之色，或红，或绀，或白，或青，或绿。《隋书·经籍志》曰：“炀帝即位，秘阁之书，限写五十副本，分为三品：上品红琉璃轴，中品绀琉璃轴，下品漆轴。”《唐六典》注（卷九）记集贤院四库书曰：“其经库书钿白牙轴，黄带，红牙签；史库书钿青牙轴，缥带，绿牙签；子库书雕紫檀轴，紫带，碧牙签；集库书绿牙轴，朱带，白牙签，以为分别。”唐武平一《徐氏法书记》曰：“先后（则天）阅法书数轴，将拓以赐藩邸；时见宫人出六十余函于亿岁殿曝之，多装以镂牙轴，紫罗褾，云是太宗时所装。其中有故青绫标玳瑁轴者，云是梁朝旧迹。”唐张怀瓘《二王等书录》记宋明帝所装之二王法书，有珊瑚轴者二十四卷，金轴者二十四卷，玳瑁轴者五十卷，檀轴者五百三十七卷。记梁武帝所装者凡七百六十七卷，并珊瑚轴。记唐太宗所装者凡一百二十八卷，并金缕杂宝装轴。然则古书之装轴，有种种材料，可谓穷奢极侈矣。但余疑轴之制不尽通体一律，或卷心用木，而两端以杂质饰之。观唐张彦远《法书要录》（卷十）《右军书记》中记褚河南监装之卷，率多紫檀轴首，白檀身，可证也。

缣帛或纸之一端既卷入轴内，而他端则以其他材料黏连之，裹于卷外，以为防护，今俗称包首，古谓之褾。褾字之本义，为领袖之缘饰，此装于卷端，故亦谓之褾。褾首系丝织品以缚之，其名谓之带。梁徐陵《玉台新咏序》所谓“散此绍绳”，即指此也。褾有用紫罗者，武平一、张彦远记唐太宗装轴用紫罗褾是也。有用锦者，窦臮《述书赋》所谓“鸾舞锦褾”，张怀瓘《二王等书录》记张芝张昶书“用旃檀轴锦褾”，是也。有特织者，徐浩《古迹记》记路琦家所得羲之书，“其褾是碧地织成，标头一行，阔一寸，黄色织成”是也。有用纸者，武平一记安乐公主取二王书，“去牙轴纸褾，易以漆轴黄麻纸褾”，是也。其带则有分色者，有用织成者，唐四库书分黄、缥、紫、朱四色（见上），分色者也。张怀瓘记梁武帝装二王书以织成带，张彦远记唐太宗命褚河南监装之二王书，亦以织成带，用织成者也。

卷之外有帙，《说文》（七），“帙，书衣也，袠，帙或从衣”。此乃防卷轴摩擦易损，故为物以裹之，又或因一书卷轴繁多，易致散失或紊乱，故为物以束之。卷轴在内，帙在外，如人之衣服，故谓之书衣。但无论如何裹束，其两端则仍露于外也。《御览》（卷六〇七）引《中经簿》曰："盛书有缣袠，青缣袠，布袠，绢袠。"《后汉书·杨厚传》："（厚祖父）春卿自杀，临命，戒其子统曰。'吾绨袠中有先祖所传《秘记》，为汉家用，尔其修之'。"张怀瓘《二王等书录》记唐太宗装二王书卷，用织成帙，而梁《昭明太子集》（卷一）《咏书袠诗》曰："擢影兔园池，抽茎淇水侧……幸杂湘囊用，聊因班女织。"似书袠虽用缣、布、绢、锑等为之，而仍以竹为里也。《鸣沙石室秘录》记敦煌所出卷子，其外皆以细织竹帘包之。日本正仓院藏唐代杂物，有经帙，皆以细竹为纬，各色绢丝为经，以织成之，四周有锦缘，一端有带。其一并织成"依天平十四年岁在壬午（七四二年，当唐天宝元年）春二月十四日，天下诸国每塔安置《金字金光明最胜王经》"等字，殆即所谓织成帙也。今卷轴之制度，尚因书画而保存，而帙之制度，则已久废矣。共每帙所包之卷轴，数亦不等，多以卷轴之大小多寡定之，其最普通者为每帙十卷。晋葛洪《西京杂记序》曰："（刘）歆欲撰汉书，编录汉事，末得缔构而亡。故书无宗本，止《杂记》而已。失前后之次，无事类之辨，后好事者以意次第之，始甲终癸为帙，帙十卷，合为百卷。"此后汉之以十卷为帙也。梁《昭明太子集》前有刘孝绰《序》曰："谨为一帙十卷，第目如次。"《隋志》有"《周易》一帙十卷，卢氏注"。此六朝之以十卷为帙也。唐陆德明《经典释文序》曰："合为三帙三十卷，号曰《经典释文》。"魏徵《群书治要序》曰："凡为五帙，合五十卷。"此唐之以十卷为帙也。宋李清照《金石录后序》曰："装卷初就，芸藏缥带，束十卷为一帙。"此宋之以十卷为帙也。然此殆于卷轴繁多者，匀分之为若干帙。梁阮孝绪著《七录》，每录分若干部，每部分若干种，而又总计其帙数与卷数。其一部中之种数多者，无由确知其分帙之卷数。而一部仅一种者，共帙数卷数，则显而易见，如《子兵录》阴阳部一种一帙，录外之《声纬》一帙，皆为一卷。《子兵录》农部一种一帙，则为三卷。录外之《文字集略》一帙，二卷，《序录》一帙，则为四卷。录外之《古今世代录》一帙，则为七卷。录外之《杂文》一帙，则为十卷。录外之《高隐传》一帙十卷，《序例》一卷，则为十一卷。录外之《序录》二帙一十一卷，则以十一卷分置二帙，必五卷或六卷为一帙矣。若然，则无论卷轴之多寡，皆有帙以防护之，而卷轴多者，分帙亦无标准也。

卷轴以帙裹束，置于架上，每患不易检寻，故行签以为标识。《唐六典》注谓集贤院四库书用牙签，以红、绿、碧、白分经、史、子、集。唐韩愈《送诸葛觉往随州读书诗》亦曰："邺侯家多书，插架三万轴，一一悬牙签，新如手未触。"皆言签之材质，为象牙所制。但余以为普通书签，未必皆用牙，必有用木或纸或帛者。此种书签，既为便于检寻而设，则其上当记其书名及卷数，此又可推测而知者也。

丙　册叶

卷子之长幅，一端有褾，如欲检阅后幅，非将全卷展开不可。手续既极繁重，时间又不经济，故不得不谋改革之法。纸之篇幅本不如缣帛之长，当时因欲因袭缣帛之形式，不能不将各纸粘连，以就卷子之制度。今既感觉不便，祗有使之不连，解为散叶之一法。此种散叶，便谓之叶子。宋欧阳修《归田录》（卷二）曰："唐人藏书皆作卷轴，其后有叶子。其制似今策子，凡文字有备检用者，卷轴难数卷舒，故以叶子写之，如吴彩鸾《唐韵》，李郃《彩选》之类是也。"程大昌《演繁露》（卷十五）曰："古书不以简策，缣帛皆为卷轴，至唐始为叶子。”是叶子即未经粘连之散叶，对卷子而言，便称叶子，俗又写作页。散叶既为便于检阅而设，则装置之法，自应变卷舒为折叠。此种折叠之制，仍因袭编连众简之称，谓之为册。故唐宋以后之册子，即指册叶而言，非复简册之册。《演繁露》（卷七）曰：“近者太学课试，尝出‘文武之道布在方册’赋，试者皆谓册为今之书册。不知今之书册，乃唐世叶子，古未有是也。”可见宋时简册久废，册之一字，久为纸叶书籍之定名矣。今称故叶谓之叶，积叶谓之册，总称折叠之制，则谓之册叶。

在卷子解散为叶子之时，先有旋风叶，而后有散叶，宋张邦基《墨庄漫录》（卷三）曰：“斐铏《传奇》载成都古仙人吴彩鸾，善书小字，尝书《唐韵》鬻之……。世间所传《唐韵》，犹有□旋风叶，字画清劲，人家往往有之。”所谓旋风叶者，谓以卷轴之长幅，变卷舒以为折叠，自首至尾，可以循环翻检，今俗称经折式，唐宋之时谓之旋风叶。释教经典至今犹有作此式者。

自册叶之式发明，而后有刊版印刷之法。盖卷轴为长幅，无从割裂，自有叶子而后，每叶有一定字数，由一叶以至于十叶百叶，自为篇幅，而递相衔接，以一叶为一版，而编次其数。积行而成叶，积叶而成册，积册而成部，而后书籍之制日臻于进化，至今日而未变。其装订之法，最初以每叶反折之，黏其版心之背，使两旁之余幅向外，不用线钉，谓之蝴蝶装。谓摊书之时，中有黏著，两旁各半叶，如蝴蝶之有两翼也。其外则以纸或帛为护叶，裹于书背，而亦黏其中缝，今俗谓之裹背装，以别于线装之护叶上下各半叶也，宋时初改册叶，多为蝴蝶装，书版之左上角，往往于阑外则书之篇题一小行，为便于翻检而设。今之装法，既以版心向外，而刻书者犹于此处刻字，殊可笑也。蝴蝶装所以有版心者，一以志书版之名目卷第，使印刷或装钉时不致紊乱，一以留粘贴之余地，使读者不致碍目。故书名之在二三字以上者，往往摘取其一二字以著之，绝无意义可言也。其庋置之法，乃以书背向上，书口向下，排比植立。不似线装之垒置者。何以知之，以北平图书馆藏原装宋本《欧阳文集》《册府元龟》等书，其书根上皆写书名卷第，自书背至书口，一行直下，而书口余幅之边际，皆曾受摩擦也。其分卷之法，不必以一卷为一册。有一册之中容数卷者，则以异色之纸或帛，粘贴于每卷首叶之书口，以为识别，如两文字典之标AB等字母之法，为其便于检寻也。北平图书馆藏《文苑英华》为宋景定元年（一二六〇年）装背，共每卷首叶即有黄帛标识，可以为证。此种装式，至元初犹存，不知废于何时也。

蝴蝶装之书叶皆单层，纸薄者尤易使正面与正面黏著，致翻检时多见纸背，故其后以书叶正折之，使书版两旁之余幅皆向书背，而版心之书名卷第皆向书口，于检寻更觉便利，于是版心遂有书口之称。其实蝴蝶装时并不以为书口也。叶既正折，则两旁余幅转而向后，可以钻钉，故以纸捻钉之。仍加护叶，以裹背法装之。其后复以裹背不便于裁切书背，乃改护叶为上下各一叶，而以线钉其书背，即今所谓线装也。线装之书，固较蝴蝶装易于检寻，然其弊则书口往往易裂。今书贾装旧书最喜椓纸，一椓纸而书口必不能保，此尤可恨也。改蝴蝶装为线装，不过略变其装置之法，于版片初无区别。且蝴蝶装之版心，至线装时而更著其效用。惟图画之书，利于反折，若改线装，则判而为二，如阮元仿宋刻绘图《列女传》，原书为蝴蝶装，仿刻则为线装，阅者即感其不便矣。

一九四七年秋，故宫博物院收得唐王仁昫《刊谬补缺切韵》一卷，为海内佚书。其装潢虽为卷子，而内涵散叶二十四叶。盖以两纸裱成一叶，故两面有字。其装为卷子也，则以第一纸表于卷内。自第二叶起，仅以叶之一端黏著卷上，以次错叠，如鱼鳞然。卷之则成卷轴，不见散叶之迹。宋濂《跋》称其“装潢之精，出自宣和内匠”，是犹北宋原装也。其后虽有“洪武叁拾壹年肆月初玖日重装”字样，意必修整原装，未更形式也。元王恽《玉堂嘉话》（卷二）“吴彩鸾《龙鳞楷韵》，柳诚悬题……，其册共五十四页，鳞次相积，皆留纸缝，天宝八年制。”与此卷形式相同，盖即龙鳞装也。

册叶之有函，亦如卷轴之有帙，所以防护之也。现在的制度有二种：一种是以硬纸为里，而外糊以布帛，函其四面，而露其两端，其名谓之帙，俗谓之函，其制即由卷轴之帙蜕变而来，不过故软为硬耳。一种是以木板两块，上下夹之，其名亦谓之帙，俗又谓之夹板。函之口为牙或骨之签二以键之，遂因牙签之旧名。板之两端横贯两带以束之，遂因带之旧名。其实并与卷轴异制矣。此两种制度；以言防护，则板不如函，然函是糊成，易生蠹，不适于卑湿之地，故南方多用夹板。

以上所说古今书籍之材质及形式之变迁，皆根据已往之记载，更证以遗留之实物，考其大略如是。罣漏之处，恐不能免。尚希望当世博雅之士，补其阙遗，正其谬误，则幸甚矣。

记汉居延笔[①]

我国古代之笔之保存于世者，曩推日本奈良正仓院所藏之唐笔为最早，此外无闻焉。不意今竟有更早于此者。爰就研究所得，尽先发表，以介绍于世之留心古代文化者。

一九三一年一月，西北科学考察团于旧蒙古额济纳土尔扈特旗之穆兜倍而近（即破城子）地方（其地在索果淖尔之南，额济纳河西岸，当东经一百至一百一度，北纬四十一至四十二度之间），发现汉代木简，其中杂有一笔，完好如故。今记其形制如下。

笔管以木为之，析而为四，纳笔头于其本，而缠之以枲，涂之以漆，以固其笔头；其首则以锐顶之木冒之。如此，则四分之木，上下相束而成一圆管。笔管长〇·二〇九米，冒首长〇·〇〇九米，笔头（露于管外者）长〇·〇一四米，通长〇·二三二米，圆径：本，〇·〇〇六五米，末，〇·〇〇五米。冒首下端圆径与末同。管本缠枲两束：第一束（近笔头之处）宽〇·〇〇三米，第二束宽〇·〇〇二米。两束之间相距〇·〇〇二米。笔管黄褐色；缠枲黄白色；漆作黑色；笔毫为墨所掩作黑色，而其锋则呈白色。此实物之状态也。

① 编者案：此文原载北京大学《国学季刊》三卷一号（一九三二年三月），是西北科学考察团短篇论文之一，又载《西北文物展览会特刊》（一九三六年，南京）。

按索果淖尔即古之居延海，汉属张掖郡，后汉属张掖居延属国。额济纳河即古之羌谷水，亦即弱水。穆兜倍而近之地，据木简所记，在当时为甲渠侯，为居延都尉所属侯官之一。复就所存木筒中之时代考之，大抵自宣帝以讫光武帝。若以最后之时代定之，此笔亦当为东汉初年之物，为公元第一世纪，距今且千八百余年矣。羽毛竹木之质，历千八百年而不朽，非沙碛之地，盖不克保存也。今定其名曰“汉居延笔”。

自来器物，必利用天然之材，而后事半功倍。笔管皆圆形，虚其中以纳毫，宜于用竹。而此以木者，盖西北少竹，材不易得，木则随地有之。征之简牍，亦木多而竹少，可以知其故矣。崔豹《古今注》言蒙恬造笔曰，“以柘木为管”。《晋书·五行志》曰：“晋惠帝时谣曰，‘荆笔杨板行诏书’。”是古有以木为笔管者矣。惟析而为四，而又冒其首，不知是何取义耳。

其笔头之制法，则《齐民要术》载魏韦诞《笔方》言之最详，惜多误字，致文义晦涩。其言曰：“作笔当以铁梳梳兔毫及羊青毛，去其秽毛，使不髯茹（以上据《御览》卷六〇五所引订）。讫，各别之。皆用梳掌痛拍整齐，毫锋端本各作扁极，令均调平好。用衣羊青毛，缩羊青毛（疑有脱误），去羊毫头二分许，然后合扁卷令极圆。讫，痛颉之（颉义未详）。以所整羊毛中或用衣中心（疑有脱误）。名曰笔柱，或曰墨池、承墨（《御览》引作‘羊青为心，名曰笔柱，或曰墨池’）。复用毫青衣羊青毛外（疑有脱误）、如作柱法。使中心齐，亦使平均，痛颉，内管中，宁随毛长者使深，宁小不大。笔之大要也。”宋苏易简《文房四谱》载王羲之《笔经》，亦详言其制法，其言曰：“采毫竟，以纸裹石灰汁，微火上煮令薄沸，所以去其腻也。先用人发杪数十茎，杂青羊毛并兔毛（原注云，‘凡兔毛长而劲者曰毫，短而弱者曰毳’），惟令齐平。以麻纸裹柱根令治（原注云，‘用以麻纸者，欲其体实，得水不胀’）。次取上毫薄薄布柱上，令柱不见，然后安之。”（《初学记》廿一纸部引“探毫竟，以麻纸裹柱根，次取上毫薄薄布令柱不见，然后安之”二十四字）又晋崔豹《古今注·问答释义篇》曰：“牛亨问曰：自古有书契以来，便应有笔。世称蒙恬造笔何也？（答曰：自蒙恬始造，即秦笔耳（《御览》卷六〇五引造作作，无即字）。以枯木（《御览》及马缟《中华古今注》并作柘木）为管，鹿毛为柱，羊毛为被，所谓苍毫（《御览》作鹿毫）、非兔毫竹管也。”

据以上之所述，是笔头之中心谓之柱，其外谓之被。柱用兔毫或鹿毫，被则独用羊毫。羊毫弱而兔毫鹿毫较强。以强辅弱，而后适用。晋王隐《笔铭》曰：“岂其作笔，必兔之毫，调利难秃，亦有鹿毛。”（《类聚》卷五八引）所谓调利难秃者，即取其强也。然则作柱者必以此二者为主要之材矣。此居延笔之柱已秃，不辨其为鹿为兔。而毫端呈白色者，必羊毫之被也。

其纳笔头于管也，必固之以漆。管外之缠束，或以麻，或以丝，而涂漆于其上。汉蔡邕《笔赋》言，“削文竹以为管，加漆丝之缠束”。晋傅玄《笔赋》言，“缠以素枲，纳以玄漆”。成公绥《弃故笔赋》言，“加胶漆之绸缪，结三束而五重”。（以上并见《类聚》卷五八）此笔纳柱于管中，是否用漆，无由得见，证以纳以玄漆之文，似当有之。其缠之之物似麻而非丝，即传玄之所谓枲，《说文》，“枲，麻也”。所谓三束五重者，当指每笔三束，而每束五重。今此笔祇二束，而每束不止五重，斯为异耳。素枲之上，犹存残漆，是殆防缠束之不固也。

笔之敝也，敝其笔头，管固无恙也。故古人之于敝笔，易笔头而不易管，如今之钢笔然。唐张彦远《法书要录》载何延之《兰亭记》曰：“智永即右军第五子徽之之后，与兄孝宾俱舍家入道，俗号永禅师。常居永欣寺阁上临书，所退笔头，置之大竹簏。簏受一石余，而五簏皆满。”观于此笔，既析其管，又缠以枲，与今制不同，而与唐人之说合，知唐以前人之易柱不易管，犹是汉以来相承旧法也。

笔制之长短，载籍罕有述之者。《方言》载扬雄《答刘歆书》云：“故天下上计孝廉及内郡卫卒会者，雄常把三寸弱翰，赍油素四尺，以问其异语。归即以铅摘次之于椠。”此言三寸者也。王充《论衡·效力篇》云：“智能满胸之人，宜在王阙。须三寸之舌，一尺之笔，然后自动。”此言一尺者也。汉之三寸，袛当今尺二寸二分弱，颇不便于把持，意者扬雄采录方言，随时随地写之，故怀小笔及油素，为其便于取携，归而录之于椠，非常制也。王充所言一尺之笔，乃常人所用者。王羲之《笔经》言，“毛杪合锋，令长九分，管修二握”（《文房四谱》引），亦与一尺之数相近。此笔通长〇·二三二米，以余所定刘歆铜斛尺准之，每尺当〇·二三一米，则正与王充之说合矣。

日本正仓院之笔，号称天平笔。《东瀛珠光》第二一六图所载天平宝物笔，其管上有墨书“文治元年八月二十八日开眼法皇用之天平笔”云云。据其说明所记，则后白河法皇启敕封库，取天平胜宝时，菩提僧正用以开眼之笔墨，亲为佛像开眼（吾俗谓之开光），见诸史籍。是墨书虽为文治元年所书，而笔仍是天平笔也。考天平当我国唐玄宗开元十七年至天宝八年，为公元七二九至七四九年。天平胜宝当玄宗天宝八年至肃宗至德元年，为公元七四九至七五六年。文治元年当南宋孝宗淳熙十二年，为公元一一八五年。天平时代为我国文物输入日本繁盛之时。正仓院所藏古物，多为唐制，故天平笔之制作，与王羲之《笔经》所记类多相合。《笔经》是否为晋时作品，虽不敢必，而非唐以后人所作，则可断言也。《笔经》言：“先用人发杪数十茎，杂青羊毛并兔毛，惟令齐平。以麻纸裹柱根令治。次取上毫薄薄布柱上，令柱不见，然后安之。”此天平笔被毫已脱，惟存其柱，柱根有物裹之，约占笔头之长五分之三，疑即麻纸也。今奈良有仿制之天平笔，卸而验之，则柱以羊毫为之，柱根裹麻纸数十重，纸之体积几倍于柱毫，故柱短而根粗，颇不相称。更以鹿毫薄薄布于其外。设去其鹿毫，则与二一六图完全相同。是知天平笔之制法，即本于《笔经》也。夫笔柱所以受墨，何以裹之以纸，且原注中又有“欲其体实得水不胀”之解，曩颇疑其非是，今见天平笔，始知确有此制矣。

汉居延笔制法不裹纸，柱虽短而根不粗，与今制略同。疑与韦诞《笔方》所述者同法，而非王羲之《笔经》之法也。今人见天平笔以为近古者，睹此可以废然反矣。

汉永光二年文书考释[①]

永光二年三月王（壬）戌朔己卯甲渠土（士）吏强以私印（第一简）

行侯事敢言之侯长郑㪟（赦）夂（父）墍之不夆死关（癸）巳（第二简）

予㪟寧（宁）敢言之（第三简）

令（令）丈（史）充（第一简背）

古之简册，以竹木为之，单独者谓之简，编连者谓之册。《春秋左传序》疏所谓“单执一札谓之为简，连编诸简乃名为策”，是也。册、策，二字古通。册为象形字，甲骨文及金文皆作[illegible]、[illegible]、[illegible]、[illegible]等形。《说文》所谓“象其札一长一短，中有二编之形”也。余曩著《中国书籍制度变迁之研究》仅据载籍为言，今见此编，始得一实证矣。惟载籍所记编连之物，或曰韦编（《史记·孔子世家》），或曰缥丝绳（刘向《别录》），或曰素丝纶（《穆天子传序》），或曰青丝纶（《南史·王僧虔传》），未有言以麻绳编连者。此册为寻常簿书，非书籍之比，故用麻耳。以刘歆铜斛尺（依故宫博物院藏铜斛仿制，比米

① 编者案：此册见《居延汉简甲编》二五五三。

〇·二三一）准之，简长一尺。《论衡·谢短篇》曰，“汉事未载于经，名为尺籍短书，比于小道”，谓此制也。永光二年为元帝即位之七年（前四十二年），距今一千九百七十三年矣。

此册为甲渠侯长上其长官之文书。甲渠者，居廷都尉所属侯官之一。士吏，令史，皆官名。强，充，皆人名。士吏者，主士卒之吏。《史记·绛侯世家》所谓军士吏壁门士吏（汉书脱吏字）是也。其位当在侯长下，故侯长有故，士吏得摄行侯事也。合史者，主书之官，故署名于简背，犹今之主稿人然。敢言之者，下白上之辞，《论衡·谢短篇》。“郡言事二府曰敢言之”，是也。以私印行侯事者，侯长丧父，出于仓卒，士吏依例摄行侯事。非侯长之职，故不得以官印行之也。予宁者，汉时成语，犹今言给丧假也。《汉书·哀帝纪》诏书有博士弟子父母死予宁三年之语。颜师古《注》曰：宁谓处家持丧服。盖汉制，仕者不为父母行服三年，其予宁者，不过自卒至葬后三十六日。己卯为三月十八日，癸巳为闰三月二日，强以十八日摄侯事，则郑坚之之死当在是日。逾十五日始予宁，不知何说也。赦字从亦，与《说文》或体同。父字从又从丿，同于篆书。合史二字近于章草。壬士二字，下画特长，为隶书所习见。盖西汉文字变化，故一篇之中兼有篆隶草也。

汉兵物簿记略[①]

·广地南部言永元五年六月官兵釜硙月言簿

承五月余官弩二张箭八十八发釜一口硙二合

今余官弩二张箭八十八发釜一口硙二合

赤弩一张力四石木关

陷坚羊头铜鍭箭卅八发

故釜一口锓有锢口呼长五寸

硙·合上盖缺二所各大如□

·右破胡隧兵物

·赤弩一张力四石五木破切繁往往绝

盲矢铜鍭箭五十发

硙一合敝尽不任用

右涧上隧兵物

·凡弩二张箭八十八发釜一口硙二合毋入出

永元五年六月壬辰朔一日壬辰广地南部

侯长信叩头死罪敢言之谨移六月见官兵物

① 编者案：此册印入《居延汉简甲编》一。又案以上两文载《考古通讯》一九五七年一期，题《居延汉简考释两种》。

月言簿一编叩头死罪敢言之

·广地南部言永元五年七月见官兵釜硙月言簿

承六月余官弩二张箭八十八发釜一口硙二合

今余官弩二张箭八十八发釜一口硙二合

·赤弩一张力四石木关

陷坚羊头铜镞箭卅八发

故釜一口鍉有锢口呼长五寸

硙·合上盖缺二所各大如□

·右破胡隧兵物

·赤弩一张力四石五木破切繁往往绝

盲矢铜镞箭五十发

硙一合敝尽不任用

·右涧上隧兵物

·凡弩二张箭八十八发釜一口硙二合毋出入

永元五年七月壬戌朔二日癸亥广地南部

侯长叩头死罪敢言之谨移七月见官兵釜硙

月言簿一编叩头死罪敢言之

·广地南部言永元六年七月见官兵釜硙月言簿

承六月余官弩二张箭八十八发釜一口硙二合

·赤弩一张力四石木关

陷坚羊头铜镞箭卅八发

故釜一口鍉有锢口呼长五寸

硙一合上盖缺二所各大如□

·右破胡隧

赤弩一张力四石五木破切往往绝

盲矢铜镞箭五十发

硙一合敝尽不任用

· 右涧上隧

· 凡弩二张箭八十八发釜一口硙二合 毋出入

永元六年七月丙辰朔二日丁巳广地

南部侯长叩头死罪敢言之谨移七月见官兵

釜硙月言簿一编叩头死罪敢言之

· 广地南部言永元七年正月尽三月见官兵釜硙四时簿

承六年十二月余官弩二张箭八十八发釜一口硙二合

· 赤弩一张力四石木关

陷坚羊头铜镞箭卅八发

故釜一口有锢口呼长五寸

硙一合上盖缺二所各大如□

· 右破胡隧

赤弩一张力四石五木破切檠往往绝

盲矢铜镞箭五十八发

硙一合敝尽不任用

· 右涧上隧

永元七年三月壬午朔一日壬午广地南

部侯长叩头死罪敢言之谨移正月尽三月见

官兵釜硙四时簿一编叩头死罪敢言之

· 广地南部言永元七年四月尽六月见官兵釜硙四时簿

承三月余弩二张箭八十八发釜一口硙二合

· 赤弩一张力四石木关

陷坚羊头铜镞箭卅八发

故釜一口有锢口呼长五寸

硙一合上盖缺二所各大如□

· 右破胡隧

· 赤弩一张力四石五木破切縈往往绝

盲矢铜镞箭五十发

硙一合敝尽不任用

· 右涧上隧

永元七年六月辛亥朔二日壬子广地南部侯

长叩头死罪敢言之谨移四月尽六月见官兵釜

硙四时簿一编叩头死罪敢言之

居廷都尉九年十二月廿七日廿八日谨诣府封完

入南书二封永元十年正月五日蚤食时时狐受孙昌

右汉永元五年至七年《兵物簿》，凡七十七简为一编，出土时裹作一卷。其入南书云云一简，即卷入编中。以如此之巨册，经千八百年而其编不绝，自汲郡竹书以后，盖绝无仅有者也。

前十六简为五年六月月言簿，次十六简为同年七月月言簿，又其次十五简为六年七月月言簿，又其次间一无字之简，又其次十四简为七年正月至三月四时簿，又其次十四简为同年四月至六月四时簿，又其次为无字之简一。所谓月言簿者，月报也；四时簿者，季报也。月言与四时各自为编，而又联属之，于此可以考见汉时簿书之程式矣。

其字为章草，颇难辨认，侯名姑定为南部。羊下一字与叩头之头同，盖羊头也。《方言》九云："凡箭三镰者谓之羊头。"今遗物中有矢，其镞正为三镰，可以证之。盲矢即《墨子·备穴篇》之矢宦，盖短矢也。《方言》云："其三镰长尺六者谓之飞宦。"遗物中之矢，即此。呼即罅字，《说文》，"罅，裂也"，谓釜口裂长五寸也。入南书一简，乃受害时之簿，犹今时收发簿也。细审此简与此簿无涉，不知何以阑入此编也。

西北科学考察团于一九三〇年在宁夏额济纳河东岸两汉烽隧遗址中，得竹木简牍一万余枚，是中国考古学上的重要发现。一九三一年夏天，马衡、刘复两先生开始整理研究，我也参加了这一工作。现在整理藏书，找到马师两篇汉简考释的文字，因抄寄中国科学院考古研究所。按马师后一篇考释，箭若干发原稿作若干枚，后改若干发，而劳榦《居延汉简考释》释文之部卷三簿录中器物类作枚，我以为马师根据汉简原物而作释文，较劳榦根据照片者尤为可靠，所以仍以作发字为正。赤弩劳作具弩，涧上隧劳作河上隧，劳的释文是不正确的。“缺二所”后，“各大如□”，□字劳作疎，与照片不合，且不可通，仍应存疑，作“□”。繁字即缴字，劳误作系。按《孟子·告子篇》曰，“思援弓缴而射之”，焦循《正义》曰，“缴为生丝缕之名，可用以系弓弋鸟”，所以此字当释为缴。“切繁往往绝”，切字有时书体与故相似。此册所附邮书一枚，左行“廿八日起诣府”，起字劳作谨，恐亦非是也。一九五六年十月二十八日传振伦记。

卷　八

序跋杂文

谈　刻　印①

余常闻之人曰，“某人善刻印，今之金石家也”，一般人以为刻印即是研究金石。其实金石二字，岂是指一支铁笔（刻字刀）与几方印石之谓？依此解释，未免浅之乎视金石学矣。盖金石者，乃指金文及碑版而言。金文者，商周以来铜器之文字；碑版者，秦汉以来刻石之文字也。治史学者每患文献之不足，乃于书籍之外搜寻其他史料。金石文字为当时人所记载，所谓直接史料，其可信之成分远胜于辗转传写之书籍。研究此项直接史料，始得谓之金石学。印为古代用为凭信之物，或刻于铜，或刻于玉，或刻地名官名，或刻私人姓名，当然为史料重要部分，而在金石学范围之内。刻印家欲知印之源流沿革，形式、文字之变迁，应先研究古印，自属当然之事。即以文字源流而言，不但古印应研究，即一切金石文字，也在研究之列。故金石家不必为刻印家，而刻印家必出于金石家，此所以刻印家往往被称为金石家也。人有难之者曰：“文字随时代而应用，一切文字皆当用现代的。何以刻印不用现代通行文字，而用已经废止之篆书，”此事从来尚少有人怀疑，但理由亦不难解答，盖印既是用为凭信之物，自应防人作伪。凡人之签名画押，无论古今中外，皆各有其一定形式，他人几乎难以辨

① 编者案:此文载《说文月刊》四卷合列本（一九四四年）。

认。印之所以利用废止之篆文，其用意亦同于签押。故自汉至于现代，不论官印私印，皆沿用篆文而不改。其意盖正欲利用其不现代化，除用者自身外，莫能辨其真伪也。今既欲谈刻印，不能不先谈古印。

古印之起源，约当春秋战国之世。《周礼》虽有玺节之说，但其书绝非周公所作。春秋时始有玺书，至战国时而盛行，卫宏《汉旧仪》所称“秦以前民皆为方寸玺”也。当时只谓之玺，尚无印之名称。此可谓为印玺之第一时期。秦始皇并兼天下，同一文字，印之制度亦成为方寸之定式。历两汉、魏、晋以至南北朝，大致相同。此可谓之第二时期。在此两时期中，公私文书皆用竹木之简牍，简牍之上，覆之以检，题署受书人于检上，又以绳约束之，封之以泥，钤之以印，如今之火漆封信者然。简牍狭长，故只适用方寸之印（晋以后纸虽盛行，但公文仍多用简）。隋唐以后，简牍完全废止，公私文书一律用纸。纸之篇幅较为宽大，方寸之印不甚适用，始改为大印。但其大之限度亦不过二寸余，且不论官阶之尊卑，皆同一式，一直沿用至于元代，此可谓之第三时期。明清两朝之印又稍大，并以官阶为大小之等级，最大者可至四寸，一律用宽边，此可谓之第四时期。以上所述皆为官印。至于私印，从第一时期以来，皆用姓名印，至唐李泌始有轩堂印（泌有“端居室”一印），宋贾似道始有闲章（似道有“贤者而后乐此”一印）。其实第一时期之敬上、敬事、明上、千秋、正行无私等，第二时期之日利、大吉、利行、大幸、长幸（幸字从犬从羊，前人误释年字）等，亦皆为闲章，但皆千篇一律，非如后世之个人专用者耳。兹将各时期之沿革变迁分述如下。

一、名称 第一时期，不论尊卑贵贱，皆称为玺，已如上述。玺字或从金作鉨，或从土作坋，或仅作尔字。秦并天下以后，惟天子称玺，普通官私印则皆称印。唐武后以玺音类死，改称为宝，故其后玺又或为宝。汉丞相、将军、御史大夫、二千石印皆曰章，盖以此等官职皆可直接奏事，印为封检所用，用之于章奏，故即变文曰章（古代检署之文，皆并印文读之，《汉书·王莽传》曰："梓潼人哀章作铜匮，为两检署，其一曰'天帝行玺金匮图'，其一署曰'赤帝行玺某传予黄帝金策书'。某者，高皇帝名也。"天帝行玺、赤帝行玺，盖皆封泥之文）有连称印章者，为官名字少，欲配合五字。《汉书·郊祀志》："汉改历，以正月为岁首，而色尚黄，官更印章以五字，因为太初元年。"张晏《汉书·武帝纪》注曰，"汉据土德，土数五，故用五，谓印文也。若丞相曰'丞相之印章'，诸卿及守相印文不足五字者，以'之'足之"，即其证也。第三时期印有称记或朱记者，犹今时之称钤印也。以其朱色，故又称朱记也。第四时期方者称印，长方者称关防。大抵因事添设之官或临时差遣者，则发关防。其卑微之官，印不由朝廷颁发者，则称钤记或戳记。以上皆为官印，名称皆见于印文。但自第二时期以后，印仍为普通称谓也。至私印又或称为图书或图章，盖宋代以后，用于收藏图书者，其文即曰某某之图书。一般人不明此原因，以为图书即私印之代名词，沿习成风，是犹用之章奏者即称为章也。图章二字，则又以图书与印章凑合而成者也。总之，在第三时期中，必有人误会印为官印之专称，私人不敢僭越，遂别造一名词以称私印耳。

二、形制　第一、第二时期之印，既以封简牍，又应系绶佩之于身，故尺寸只限于方寸，而其上必有钮，钮中有孔，用以贯绶。印之本身，高不过二分左右，连钮计之亦不过半寸余。官印面积多为方寸，第一时期官印亦有小于方寸者，至秦始整齐画一而一律为方寸。但亦有长方者，恰当方寸印之半，其名谓之"半通"，或"半章"。扬子《法言》十二曰，"五两之纶，半通之铜"。仲长统《昌言·损益篇》

曰，“身无半通青纶之命”。李贤注引《十三州志》曰，“有秩啬夫得假半章印”。今封泥中常见此等印文，多为乡官，盖卑微之职所用也。私印最大者亦不过方寸，而普通尺寸约当官印十之六七。第一时期私印较小，约三四分，甚有小至二分者。且形式复杂，甚多例外。第二时期虽较画一，但普通形式之外，尚有子母印及穿带印。以小印函于大印之内，谓之子母印。无纽而两面刻字，中有扁孔以穿革带者，谓之穿带印。大抵母印刻姓名，子印刻姓字，穿带印则姓名姓字分刻两面，或两面皆名而一面名上著臣字而不著姓。第三时期之印，方二寸余，尊卑一律，已如上述，但严格言之，并不正方，纵盖略赢于横。印大则不能佩，故隋唐虽有金紫、银青（金银指印，紫青指绶）之官号，事实上已非指所佩印绶而言。印钮之制，亦与第一、二时期不同（详后）。第四时期之印或关防等，皆细字宽边，大小随官阶而异，其钮略同于第三时期。

三、钮式 卫宏《汉旧仪》述印钮之制甚详，但只有橐驼、龟钮、鼻钮三种。今所见有文饰者，橐驼、龟钮之外，尚有其他动物如鹿钮、蛇钮等。无文饰者，除鼻钮之外，尚有坛钮、瓦钮、覆斗钮、橛钮等。坛者，祭祀之坛也，天坛、地坛、社稷坛等，筑土为之，分为阶层，上层小而下层大。印钮之形象之，故称坛钮，其形如坛。瓦钮者，形状如覆瓦。覆斗者，形如覆斗。鼻钮者，形如鼻，略如瓦钮而较小。橛钮者，形上设扁柄，可以两指夹之。第一时期印式虽繁，但钮形尚不复杂，多为坛钮。其余皆属第二时期。惟橛钮为第三时期所专有，因其时印大，又无佩绶作用，故适用橛钮也。然第一时期有狭长之印，亦皆用橛钮，他种印未之见也。第四时期之印更大而重，橛钮尚嫌太小，故又加长其柄，改扁为圆，以便把握。所以俗语称服官为“抓印把子”也。私印多为鼻钮，亦有用龟钮者，则为有官阶而合于定制者，非平民之制也。

四、文字与章法 许慎《说文解字》序曰："诸侯力政，不统于王……分为七国……言语异声，文字异形。"今所见第一时期之玺，文字诡奇，多不易识，与战国时其他文字如钱币及铜器、陶器、兵器之字皆自相似，且可相通。从前搜集古印之人因其不易识，往往摒而不录，故早期之印谱鲜见第一时期之印。潘氏《看篆楼印谱》已见收录，盖其时阮元等正搜集古器，研究金文。至晚清咸丰、同治之时，研究金文之风气大开，陶器古玺文字亦大事搜集，故晚出之印谱多有古玺。但一般人称为秦印，其实非尽秦国之物。第二时期之文字，字体在篆隶之间，即《说文序》所谓摹印或缪篆也。就文字以分时代，大体亦不难辨别。大抵秦与西汉字体最正，后汉、魏、晋文字，则不尽合于六书，故马援有正郡国印章之议。南北朝小学不讲，楷书尚多别体，何况篆书？故印文离奇，不能绳以六书者，皆南北朝之物也。第三、第四时期之文字，有屈曲盘回，使笔画填满以求匀称者，谓之九叠文，仅官印中有之耳。其文字排列之法，第一、第二时期大抵分作两行。汉太初印尚五字，则分作三行，末行往往一字，如□□将军章、偏将军印章等，章字必独占一行，虽"□□□千人"人字笔画较少，亦为一行。"蛮夷"印字多者亦分作三行。私印姓名两字或三字者，必作两行，复姓双名两字占一行（第二时期后期，双名多有分行写者），其双名而有印字者，姓与印字为一行，双名独占一行，盖回文读也。亦有姓名二字之外，加之印、私印、信印、印信等字者。第一时期之三字姓名有并列者，复姓之下往往著二小画以识之。第三、四时期私印，大致与第二时期同。

五、材质与刻铸 印之材质，第一时期最为复杂。卫宏《汉旧仪》曰："秦以前民皆佩绶，以金、玉、银、铜、犀、象为方寸玺，各服所好。”今所流传之先秦官私玺，确如卫说，但仍以铜质为多。第二时期者，据卫宏所载，铜质之外，有金银二种。诸侯王、列侯、飞丞相、大将军、御史大夫、匈奴单于皆金印，御史二千石银印，余皆铜质。以今所见实物证之，亦不尽符合。大抵铜质涂金涂银，即称金印银印，其以金银铸者，千百中之一耳。此时期之私印，铜之外亦有用玉者，其他材质，则不多见也。第三、四时期官印用铜，私印初亦用铜，自元王冕用花乳石刻私印，于是第四时期私印遂盛行用石矣。铜印多拨蜡所铸，文字亦同时铸成，亦有出自镌刻者。然武职皆临时封拜，则就铸成之印，凿刻官名以授与之，昔人谓之凿文。刻文先书而后刻，简有笔意可寻，凿文成于仓卒，多不先书，即书亦极草率，故多倾斜之势，此刻与凿之别也。玉印有琢者，有刻者，犀角象牙，则皆刻文矣。

六、阴阳文之别 顾大韶《炳烛斋随笔》曰：“凡物之凸起者谓之牡，谓之阳，凹陷者谓之牝，谓之阴。惟今之言章者，则以凹陷者为阳文，凸起者为阴文，盖古来之传说固然。古人之印章以印泥，故凸起处其印文反凹，而凹陷处其印文反凸，盖从其所印言之，非从其所刻言之也。”其言甚是。可见明代之称阴阳文，正与所刻相反，尚是古来传说。今则一般人只就所刻之阴阳称之，不知古说矣。自今以后，不复有封泥之制，吾人为免于混淆起见，不妨就纸上之颜色区别，称为朱文白文，较为明显易解。第一时期之印，朱文白文皆有之，惟官印白多于朱，私印则朱多于白。第二时期官印尽为白文，私印虽亦多白文，但间有朱文者，亦有一印之中朱白相间者。第三、第四时期官印尽属朱文，私印则不拘朱白。其用于图书者则多用朱文，以其不掩字也。

七、施用之方法 第一、第二时期，印以封检，其法已见上述。

《汉旧仪》称天子六玺皆以武都紫泥封。《东观记》谓邓训好以青泥封书，其故吏举国过赵国易阳，载青泥一补遗之。《续汉书·百官志》载守宫令所主有封泥，皆指封书之泥。其实即是地下之黏土，或更加以胶质，亦未可知。武都易阳所产，或尤为适用也。平时搓作小团，临用时以水湿透，黏于检上，以印钤之，印文即现于泥上。《后汉书·隗嚣传》言王元说嚣，请以一丸泥东封函谷关，言封函谷关如封书之易耳。余曾见一铜印，文曰“双弟印”，印面三字，分作三层，不可印纸，此正用以封泥者也。以前一般人未见封泥，不明此制。自晚清时始有发见，简牍已朽而泥独存，当时人尚有疑为铸印之土范者。吴式芬陈介祺始著《封泥考略》，余亦曾就北京大学所藏，编为《封泥存真》(商务印书馆出版)。十余年前，西北科学考查察在宁夏额济纳河附近发见两汉木简，简有封泥附著简上者，更可互相印证。至第三时期，以纸代简，泥不适用，乃改用水调朱，涂于印面以印于纸上，故又称水印。亦有用蜜调朱者，又谓之蜜印。所以必用红色之故，当缘字以墨书，红色盖于其上，不至掩字。涂朱总难匀称，故印文常有粗细。至第三时期中，始改用油艾调治，因古有封泥之名，即称为印泥，亦称印色。

古印之沿革变迁既已明了，方可进而言刻印。

近数十年来，刻印家往往袛讲刀法。能知用刀，即自以为尽刻印之能事。不知印之所以为印，重在印文。一印之中，少或二三字，多或十余字，字体之抉择，行欵之分配，章法之布置，在未写出以前，先得成竹于胸中，然后落墨奏刀，乃不失为理想中之印。周亮工《因树屋书影》曰:“古人如颜鲁公辈，自书碑，间自镌之，故神采不失。今之能为书，多不能自镌。自书自镌者，独印章一道耳。然其人多不善书，落墨已误，安望其佳？予在江南，见其人能行楷，能篆籀者，所为印多妙，不能者类不可观。执此求之，百不一爽也。”周曾选辑明以来诸家刻印为《赖古堂印谱》，去取至为精审。又作《印人传》，深知各作家之工力，故所言确有心得，非泛泛批评语也。盖刀法者，所以传其所书之文，使其神采不失。唐李邕书碑，多书黄仙鹤、伏灵芝、元省己刻、昔人有谓为邕之托名者。要之，书家恐俗家不谙笔法，不能传神耳。印之与碑，其理正同。且其设计之难，有甚于碑者，故必自书自镌，而后能踌躇满志。若徒逞刀法，不讲书法，其不自知者，非陋即妄。知而故作狡狯者，是为欺人也。往见一刻印家，摹拟近代人书画，亦有似处。至于刻印，则不知六书为何物。案头置《增篆康熙字典》一部，翻阅几烂，而印文仍多谬误。徒恃其运斤之力，以攻方寸之石，创拔弩张，狰狞可怖、毫无美感可言。彼则沾沾自喜曰，“此汉凿印之遗法也”，一何可笑至此。此盖代表陋而妄者也。汉印中之凿印，有刀法而无笔法，有横竖而无转折，为当时之“急就章”。作者偶一效之，原无不可，不能专以此名家也。

刻印古无专书，有之，自元吾丘衍《学古编》始。编首列《三十五举》，前半只言写篆书，后半始言刻印。次列《合用文集品目》，亦皆言篆书之取材；且第七、八两则，兼及隶书。可见刻印必自写篆隶始，吾丘氏固未常专授人以刀法也。刀法为一种技术，今谓之手艺。习之数月，可臻娴熟。研究篆体，学习篆书，则关于学术，古谓之小学，今谓之文字学，穷年累月，不能尽其奥藏，其难易岂可同日语哉？此所以刻印为研究文字学者之余事，不必成为专家，北海鲁公何尝以刻碑名耶？篆印等于书碑，自书自镌者固佳，即或不然，使熟谙我之篆法者镌之，亦无不可。杨沂孙善篆书，而不闻能刻印。余尝见一印，沂孙篆而他人刻之，是即等于沂孙所作主印也。《学古编》之后；有桂馥之《续三十五举》，聚前人之说，而略举己意，以补其阙，较吾丘之书尤为完备。后又有姚晏之《再续三十五举》，黄子高之《续三十五举》，于写篆刻印之法，各有发挥，几无剩义。学者于此数书留心研究，庶几不入岐途矣。

《说文解字》为研究文字学者唯一必读之书，即研究甲骨文金文，亦舍此别无途径。许氏于小学废绝之际，愤“巧说邪辞”之“变乱常行”，乃遵修旧文而作此书，厥功伟矣。但其时隶书盛行已久，其中积非成是，相沿不觉者，仍所不免。幸今日古器日出不穷，足资订正者亦复不少。如有字从月，非字旁画上出而下垂，皆与金文不合。盖有当从肉，非当作。许氏次非于飞下，而曰“从飞下翅”，是明当作非，为传写者摹误。况汉碑中隶书犹如此作，绝无似今楷书者，可证也。惟有字次于月下，而“从月又声”、则不得不谓为许氏之误也。学问所以求真，既明其非，则当从其是，不必如汉学家之笃守师说也。《说文》未收之字，见于汉印者正复不少。盖摹印、缪篆，本自为体，其体在篆隶之间。隶书所有之字，皆可入印。周亮工曰：“刘为汉姓，六书中竟无刘字。仆名亮，每为仆作印者多作谅，予甚以为不然。若刘，若亮，安得谓之俗字？”其言甚是。但亦有普通之字，《说文》遗漏而见于金石文字者，如铭字见汉碑额，又见于𠫑羌钟，免字见《三体石经》，又见免簠、免簋等器。知许氏所遗者当不少也。此外又有本为俗字，若易以正字，反为不合者，如佘姓本为余姓所改，余字本有二音，从余之荼入虞韵，读如涂，入麻韵者则读为池牙切，而减其一画。余字本有蛇音，后与余氏区分，则改其字为从入从示。今汉印中从余之徐，即有写作入下未者。又闫本阎姓，后亦分立，因改省写之闫，以示区别。又如昶字、杰字为名字中习见之字，昶字从日从永，为会意字，杰字从木从火，不知何以读为杰。凡此等字，皆应名从主人，依隶楷所从偏旁，而以缪篆之体写之。但以之写作小篆或古文，终嫌未安。往见吴昌硕刻印有一𠤘字，系仿先秦古鉨弥者，其字则采自礼器碑碑侧。汉隶从虍之字往往书作㒺，与雨头无别，在汉印中常见。此又变作田，成为皿上二田，则为别体。若为好奇而写作缪篆，尚无不可。今吴氏写作古文，则不无好奇之过。尤可笑者，乐山城内有一人家，榜其门曰某庐，亦效其体书之，则为贻误后学矣。学者可不慎诸？

文字之取材，吾丘氏于《学古编》中列《合用文集品目》，分为八则。在今日视之，已多不适用。盖材料日出不穷，如积薪之后来居上。况印刷之术今胜于古，尤不可同日而语。新出材料当经常参考、临写，并宜多读古玺印谱。但此类谱录，流传较稀，其原因为制谱不易，作谱者每次所钤拓，多或数十部，少或数部，较之金文拓本尤难搜集。无已，则求其采录最富而曾经影印者，则有商务印书馆出版之《十钟山房印举》。是书为潍县陈介祺所辑，选择既精，搜罗又富，当时号为《万印楼印谱》。钤拓虽多，亦祗百部。讫其身后，犹未装订。二十年前，始由陈氏后人装成传布，商务印书馆取以影印。印谱之中，此为集大成者矣。手此一编，无烦他求。惟其中皆第二时期之印，先秦古玺，尚付如。苟欲上窥第一时期之制作，非于晚出诸谱中求之不可。但购求不易，又不免望洋兴叹。有正书局曾印行《匋斋藏印》共四集，为刘鹗遗物后归端方者。此书编次芜杂，前后复出者甚多。钤拓既不精，印刷亦复窳劣。中收古玺为数不多，尚可窥见一斑。此外与印谱相辅而行者，则有封泥拓本。有影印本传世者，则有吴式芬陈介祺之《封泥考略》，王国维等之《齐鲁封泥集存》，周明泰之《续封泥考略》《再续封泥考略》及余所辑之《封泥存真》。此类封泥，印文多属西汉，字体章法，尤足取法也。

明以来刻印家，周亮工《印人传》及叶铭《续印人传》言之详矣。

然其沿革变迁，亦有其历史因果。当宋元之际，印章壹以新奇相矜，鼎彝壶爵之制，迁就对偶之文，水月、木石、花鸟之象，盖不遗余巧也（赵孟頫《印史序》语）。赵孟頫遂刱为圆朱文，文字一以小篆为宗，一洗新奇纤巧俗恶之弊。至明文氏父子（文征明、文彭），刻印卓然成家，与书画并立于艺术之林，成为文人治学之余事。文征明作品不多，文彭则作品虽多，而流传亦少。今之赝品充斥，等于宋徽宗之画鹰，赵孟頫之画马，千百中不能见一真迹。所可得见者，惟其本人书画之押尾印耳（书画亦多赝品）。其后何震梁千秋等皆宗文氏，世称文何。直至清初，流风未泯。其中惟程邃崛起于文何之后，而稍变其法。黄易称文何为南宗，程邃为北宗，盖有故也。自丁敬出而独树一帜，由元明以上溯秦汉，集印学之大成，遂成浙派。黄易、蒋仁、奚冈、陈鸿寿、陈豫钟、赵之琛等，皆其最著者，但亦各得其一体。邓石如善各体书，其作篆用汉碑额法，因以碑额入印，又别开蹊境，是为皖派，继之者则有吴让之。于是有目浙派为南宗，而皖派为北宗者矣。赵之谦汇合浙皖二派而自成一家，并镕冶钱币、诏版、镜铭及碑版之文以入印，故能奇趣横生，不为汉印所囿，此其所长也。其后研究古文字学者如陈介祺、潘祖荫、吴大澂等，访求先秦遗文，不遗余力，鼎彝之外，兼及兵器、陶器、古玺之属。于是玺文乃大出，与六国钱币、兵器、陶器之文，多可相通。吴昌硕曾入吴大澂幕，又与杨沂孙同时。杨写小篆，大澂写金文，而昌硕写石鼓文。其时明安国所藏宋拓石鼓十本未出，号称宋拓者，只有天一阁范氏藏本，而又久佚，所传惟阮元及张燕昌之复刻本耳。吴氏又惑于赵宧光草篆之说，思欲以偏师制胜，虽写石鼓而与石鼓不似。吾友某君尝调之曰："君所写者，乃实行写石鼓文耳。"吴氏亦笑而自承。其刻印亦取偏师，正如其字。且于刻成之后，椎凿边缘，以残破为古拙。程瑶田曰："今之业是者，务趋于工致以媚人。或以为非，则又矫枉而过正。自以为秦汉铸凿之遗，而不知其所遵守者，乃土花侵蚀坏烂之剩余。岂知藐姑射之神人，固肌肤若冰雪、绰约如处子者乎？”可见貌为古拙，自昔已然，不自吴氏始也。独怪吴氏之后，作印者什九皆效其体，甚至学校亦以之教授生徒，一若非残破则不古，且不得谓之印者，是亟宜纠正者也。

兹为之结论曰：印章既为古制，又为凭信之物，所用文字，又为废止二千年之篆书，则作一印宜如何慎重，岂可标新立异，率尔操觚？况收藏印多用于古书籍及书画，尤不可以恶劣之印污损名迹。此责应由刻印家负之，固无疑也。故刻印家有其应具备之道德，有其应充实之学识，亦有其应遵守之规律在。一、篆文须字字有来历，不可乡壁虚造不可知之书，圆朱文尤以此为重要之条件。惟人名、地名，遇后起字为《说文》所无者，宜以缪篆写之，所谓名从主人也。二、近来古玺日多，用印及刻印者，多喜仿效，宜视其文字恰合者应之。否则宁拒其请求，免贻不识字之讥。三、刀以传其所书之文，故印章首重篆文，次重刀法，不可徒逞刀法，而转失笔意。刻印家苟能遵守此简单规律，则道德学识自寓于其中。而非陋即妄之弊，狡狯欺人之风，或多少可以矫正之欤？